U0564922

《中华人民共和国反垄断法》
专家修改建议稿及详细说明

主　编◎时建中
撰稿人◎（按撰写章节顺序排序）
刘武朝　韩　伟　钟　刚
焦海涛　仲　春　黄　晋
杨　旸　孟雁北　周　围
郜　庆　戴　龙　刺　森
魏　艳　郝俊淇

中国政法大学出版社
2020・北京

图书在版编目（CIP）数据

《中华人民共和国反垄断法》专家修改建议稿及详细说明/时建中主编. —北京：中国政法大学出版社，2020.8
ISBN 978-7-5620-9620-7

Ⅰ.①中…　Ⅱ.①时…　Ⅲ.①反垄断法—研究—中国　Ⅳ.①D922.294.4

中国版本图书馆CIP数据核字(2020)第154569号

书　名　《中华人民共和国反垄断法》专家修改建议稿及详细说明
Zhonghua Renmin Gonghe Guo Fan Longduan Fa Zhuanjia Xiugai Jianyi Gao Ji Xiangxi Shuoming
出版者　中国政法大学出版社
地　址　北京市海淀区西土城路 25 号
邮寄地址　北京 100088 信箱 8034 分箱　邮编 100088
网　址　http://www.cuplpress.com (网络实名：中国政法大学出版社)
电　话　010-58908435(第一编辑部) 58908334(邮购部)
承　印　保定市中画美凯印刷有限公司
开　本　720mm × 960mm　1/16
印　张　19.75
字　数　344 千字
版　次　2020 年 8 月第 1 版
印　次　2020 年 11 月第 1 次印刷
印　数　1 ~ 3000 册
定　价　59.00 元

序 PREFACE

我国《反垄断法》已经颁布、施行10多年，在此期间，执法机构和法院处理了众多具有重大影响的垄断案件。《反垄断法》的实施对保障市场公平竞争、推动经济健康发展起到了重要作用，我国反垄断法的国际影响力也在不断增强。但另一方面，我国当前的经济发展状况与《反垄断法》颁布时相比已经呈现出较大的变化趋势，这一变化趋势引发的新型问题需要反垄断法作出有效回应。在《反垄断法》实施过程中，一些之前未曾预料到的执法或司法难题也不断涌现。此外，当前学界对反垄断法的研究也较10多年前更为深化，很多理论新知也应吸收进反垄断法制度之中。基于上述背景，《反垄断法》的修订工作有必要尽快启动。

中国政法大学竞争法研究中心（CCCL）自2015年起便开始着手《反垄断法》修改建议稿的起草工作。2015年7月，我们组建了专门的研究团队，商定了工作计划。2016年初，我们设计了《反垄断法》修订的调研问卷，既在我们的微信公众号"竞争法微网"上发布，也向众多高校、律所、企业定向发送，目的是尽可能多地收集《反垄断法》实施过程中面临的真实问题，为《反垄断法》的完善提供方向。2016年5月，我们完成了《反垄断法》专家修改建议稿的初稿。之后，我们通过各种方式对初稿进行完善，包括召开近10次内部碰头会、多次全国性学术研讨会，并专门征求过执法机构的意见。在此期间，我们前后形成了8个版本的修改建议稿，并于2019年5月正式在"竞争法微网"上公布，向全国征求意见。经过再次修改，形成了目前《反垄断法》专家修改建议稿的定稿版本。

我们的建议稿，试图从以下方面对我国现行《反垄断法》提出修改建议：

第一，修正制度不足。我国《反垄断法》制定之初，学界对反垄断法的研存在争议。在这种情况下，不妨借助《反垄断法》修订的契机，将其规定在《反垄断法》之中，实现公平竞争审查制度的真正"入法"。

正是在上述目标或期待的指引下，我们的建议稿在某些方面可能显得步子大了一些。这可能也是学者建议稿和官方建议稿的一种重要区别。不论我们的建议最终有多少被采纳，这项工作本身就具有重要意义：在规范层面，它能为我国《反垄断法》的制度完善提供方向；在实践层面，它有利于执法机构更好地运用《反垄断法》来处理各种垄断行为；在理论层面，它能为反垄断法学术活动提供研究素材或研究方向。

在具体内容上，为了让修法建议更为务实，我们大致按照"现行条文—修改建议[illegible]"的体例来论证每项建议。[illegible]

[illegible]

[illegible]

时建中

2020年5月16日

[illegible]

目录 CONTENTS

第一章　总则

一、立法目的

（一）现行条文

第一条　为了预防和制止垄断行为，保护市场公平竞争，提高经济运行效率，维护消费者利益和社会公共利益，促进社会主义市场经济健康发展，制定本法。

（二）修改建议

第一条　为了预防和制止垄断行为，保护市场自由竞争与公平竞争，提高经济运行效率，鼓励创新，维护消费者利益和社会公共利益，促进社会主义市场经济健康发展，制定本法。

（三）修改说明

立法目标是反垄断法发展史上最具争议的话题之一。世界主要国家和地区的竞争立法大多具有多元化的目标，但由于不同国家和地区的经济环境、理论积累等存在差异，各国在反垄断法立法目标的具体选择与组合方面并不完全相同。在我国《反垄断法》立法过程中，对于立法目标的选择也曾多次反复。[1]最终，我国《反垄断法》第1条将立法目标确定为“预防和制止垄断行为，保

〔1〕例如2004年2月送审稿及2005年7月、9月、11月修改稿在立法目标部分并未提及经济效率，2006年6月送审稿的修改稿明确指出“提高经济运行效率”是该法立法目标之一。再如，2002年2月的“征求意见稿”在立法目标中规定了“保护经营者合法权益”的内容，但2004年和2005年送审稿删除了这一规定，2006年6月送审稿再次规定“保护经营者合法权益”，最终通过的《反垄断法》又删除了这部分内容。

护市场公平竞争，提高经济运行效率，维护消费者利益和社会公共利益，促进社会主义市场经济健康发展”。随着我国反垄断法理论研究的深入及执法经验的积累，再次审视我国《反垄断法》立法目标的科学性与合理性仍有必要。

1. 关于“公平竞争”与“自由竞争”的选择

竞争是提高效率最理想的手段，[1] 这是当代社会的普遍共识。维护市场竞争是反垄断的直接目标之一，但如何在规范层面上具体表述竞争目标是我国《反垄断法》立法之初颇具争议的话题。在立法过程中，人们先后提出过自由竞争、公平竞争和有效竞争等不同观点。由于有效竞争属于经济学上的概念，难以直接在法律规范中使用，因此有关分歧也主要集中于自由竞争与公平竞争的选择上。

第一，自由竞争与公平竞争的内涵不同。自由竞争是指市场主体能够自由地进入或退出市场，参与市场竞争，其竞争自由不应受到不合理的限制。一定程度上，自由竞争是要解决市场上有无竞争或竞争多少的问题。公平竞争是指竞争者之间进行公开、平等、公正的竞争。公平竞争是要解决在已有竞争的前提下，竞争方式和手段是否正当的问题。[2] 可见，自由竞争是公平竞争的前提和基础，没有自由竞争，公平竞争则无从谈起。

第二，《反垄断法》与《反不正当竞争法》均涉及市场竞争问题，但两法关于竞争的基本理念和价值追求不同。《反垄断法》主要通过规制竞争者之间的协调、滥用市场支配地位、过度集中、滥用行政权力排除限制竞争等行为，以消除竞争者参与竞争的经济障碍或行政障碍，使市场参与者时时感受到市场竞争的压力，因此，自由竞争应是《反垄断法》固有的价值追求。《反不正当竞争法》则是通过规制混淆、诋毁商誉等违背商业道德的不正当竞争手段，以实现竞争方式和手段的公平。目前，我国《反垄断法》与《反不正当竞争法》中的条文均表述为“公平竞争”，未能体现出两法在价值追求和立法理念上的不同，增加“自由竞争”这一表述有助于正确区分两法的立法目标。

第三，“自由、平等、公正、法治”是社会主义核心价值观的基本内容之一。“自由”与“公平”也是现代市场经济条件下竞争秩序的核心要求。党的十八届三中全会明确提出要“使市场在资源配置中起决定性作用”，充分发挥市场主体的自主性和创造性，简政放权，激发市场主体活力，实质上就是要给予市

---

〔1〕 路德维希·艾哈德：《来自竞争的繁荣》，祝世康、穆家骥译，商务印书馆 1983 年版，第 154 页。
〔2〕 孔祥俊：《反垄断法原理》，中国法制出版社 2001 年版，第 211 页。

场中的各类主体更大的自由度，保证其能够自主参与市场竞争。将“自由竞争”的价值目标引入立法，既符合国际上反垄断法理论的主流发展趋势，也能体现我国社会主义市场经济体制改革的最新理念和成果。

当然，《反垄断法》在追求自由竞争的同时，并未完全排除公平竞争的理念。例如，在我国《反垄断法》第17条所规定的各种滥用市场支配地位的行为中，超高定价和差别待遇等主要是指通过剥夺上下游企业或消费者的利益来谋取垄断利润的行为；拒绝交易、限定交易、搭售等排他性行为则主要指通过对竞争对手的排挤或封锁，以维持其市场垄断地位，进而谋取垄断利润的行为。上述行为一方面是排除、限制了竞争自由，另一方面也是不合理、不公平的竞争行为。

基于上述理由，我们认为，在立法目标中增加“自由竞争”这一表述是必要的。

2. 增加“鼓励创新”这一立法目标

很多学科都对创新进行了研究，其中与反垄断法密切相关的是经济学上的创新。竞争与创新的关系问题是经济学中的主要争议问题之一。在这方面，目前主要有三种理论：①熊彼特认为，竞争与创新之间存在负相关关系，他认为垄断者比竞争市场上的中小企业更具创造力；②阿罗认为，竞争与创新之间存在正相关关系，因为创新激励是基于超越竞争对手的需求；③阿格因则通过实证分析认为两者之间是倒U形关系，不足或过度的竞争都会给创新造成负面影响。当然，熊彼特的理论也并未否定反垄断法对于鼓励创新的价值，而基于阿罗和阿格因的理论，我们可以认识到竞争是创新的驱动器，进而可以看出反垄断法对于创新的促进作用。[1]

当前，数字经济正成为各国经济增长的重要引擎。正如经济合作与发展组织（Organization for Economic Co-operation and Development，OECD）于2012年发布的《数字经济报告》所指出的，数字经济是用来描述数字技术集中型市场的一个涵盖性术语。数字经济市场具有动态竞争与技术密集的特征，需要持续与开放的创新。目前学界对数字经济背景下反垄断法的变革方向及执法政策尚未形成一致的意见，概括而言主要有三种观点：第一种观点认为，竞争执法机构在数字经济领域执法时应整体适用宽松的政策。例如，在经营者集中的反垄断审查领域，参与集中的经营者因始终面临持续性的技术创新威胁，即使集中，

---

〔1〕 韩伟主编：《数字市场竞争政策研究》，法律出版社2017年版，第25页。

其可能导致的竞争损害也有限，甚至集中双方在资产和业务上的互补反而可能加快创新。因此，严格的经营者集中审查控制政策所带来的收益有限，完全的禁止集中更可能造成阻碍创新的不利后果，适用更为宽松的执法政策是最优的选择。第二种观点认为，传统的反垄断法框架已经难以适用于数字经济领域，需要专门构建针对数字经济领域反垄断的特殊制度。第三种观点则认为，既有的反垄断法框架仍能解决数字经济领域的执法难题，但需要对传统法律法规进行修订。

有关创新与竞争政策关系的研究已经表明，反垄断法应注重创新与竞争之间的平衡。在数字经济背景下，反垄断法面对创新应做出适当的调整。执法部门应从强调静态效率与价格变化向强调动态效率与鼓励创新转变。当前，在我国实行"创新驱动发展"战略的背景下，反垄断法应更加注重保护创新。因此，我们建议将"鼓励创新"作为立法目标写入《反垄断法》的第 1 条。

3. 关于"社会公共利益"立法目标是否保留的问题

学界对是否在立法目标中表述"维护社会公共利益"也一直存在不同的认识。一种观点认为，《反垄断法》的立法目标中应删除"维护社会公共利益"的表述。[1] 综合而言，反对将"维护社会公共利益"作为立法目标的主要理由有：①社会公共利益是我国立法、执法及理论研究中一个模糊且颇具争议的概念。社会公共利益的外延非常宽泛，立法上很难穷尽其所有内容。由于社会公共利益这一概念的宽泛性，导致其具有多层次、多样化的特点。因此，我国现行立法中较少将社会公共利益直接作为立法目标。②在现行反垄断法的目标中，公平竞争秩序、经济效率、消费者利益也是社会公共利益的应有之意，如果将本条所规定的社会公共利益对应上述公共利益之外的其他社会公共利益，则与通常理解的社会公共利益内涵不符。③就现行立法而言，《反垄断法》中有两条关于社会公共利益的表述：第 15 条第 1 款第 4 项规定的"为实现节约能源、保护环境、救灾救助等社会公共利益的"和第 28 条规定的"符合社会公共利益的，国务院反垄断执法机构可以作出对经营者集中不予禁止的决定"。显然，这两条所规定的社会公共利益实为反垄断法价值追求之特殊例外。换句话说，目前在具体条文中体现的社会公共利益主要是非竞争因素。立法目标是立法、执法和司法裁判的准则与依据，具有基础性地位，应具有普遍性的特点，而不应

---

〔1〕 参见张俊："我国《反垄断法》的立法目的研究"，载《重庆工商大学学报（社会科学版）》2012 年第 5 期。

将非竞争因素的例外或特殊价值追求作为最基本的立法目标。

尽管上述观点具有一定的合理性，但我们认为，在现阶段我国《反垄断法》的立法目标中仍应保留“社会公共利益”。这里的“社会公共利益”既有竞争因素，也有非竞争因素。首先，经济法是维护社会公共利益的法律部门，反垄断法作为经济法体系的重要组成部分，将维护社会公共利益作为其立法目标之一并无不妥。其次，各国反垄断法的目标尽管不同，但在不少国家的反垄断法立法中，均会为非竞争因素预留空间，以便实现竞争价值之外的其他追求。再次，反垄断法的实施具有很强的政策性特点，保留维护“社会公共利益”这一表述也与目前我国社会主义市场经济的发展阶段和现实相符。

（四）相关立法或规定

1. 澳大利亚《2010 年竞争与消费者法》(2010)

第 2 条　本法目的

本法目的是通过促进竞争和公平交易以及保护消费者来增进澳大利亚人的福利。

2. 日本《禁止私人垄断及确保公正交易法》(2013)

第 1 条　本法目的，是通过禁止私人垄断、不正当的交易限制及不公平的交易方法，防止事业支配力的过度集中，排除因联合、协议等方法形成的生产、销售、价格、技术等的不正当的限制以及其他的对事业活动的不正当约束，促进公平的、自由的竞争，发挥事业者的创造性，繁荣经济，提高工资及国民实际收入水平，以确保一般消费者的利益并促进国民经济民主、健康的发展。

3. 韩国《规制垄断与公平交易法》(2016)

第 1 条　目的

本法的目的，是防止经营者滥用市场支配地位和经济力的过度集中，规制不正当的协同行为及不公平的交易行为，促进公平自由竞争，鼓励创造性的经营活动，保护消费者，确保国民经济的均衡发展。

4. 我国香港特别行政区《竞争条例》(2012)

本条例旨在禁止妨碍、限制或扭曲在香港的竞争的行为；禁止大幅减弱在香港的竞争的合并；设立竞争事务委员会及竞争事务审裁处；以及就附带和相关的事宜订定条文（序言部分）。

二、适用范围

（一）现行条文

第二条　中华人民共和国境内经济活动中的垄断行为，适用本法；中华人民共和国境外的垄断行为，对境内市场竞争产生排除、限制影响的，适用本法。

（二）修改建议

第二条　中华人民共和国境内的垄断行为，适用本法；中华人民共和国境外的垄断行为，对境内市场竞争产生排除、限制影响的，适用本法。

（三）修改说明

本条是关于《反垄断法》空间效力的规定，原则性地规定了《反垄断法》的适用不仅及于我国境内的垄断行为，而且及于发生于我国境外但对我国竞争市场产生影响的垄断行为。

不过，本条第一句话中，将境内的垄断行为表述为“经济活动中的垄断行为”似有不妥。通常而言，经济活动一般表现为从事或参与商品生产、经营或提供经营性服务的行为。首先，我国垄断行为既包括经济性垄断，也包括行政性垄断。其规定“经济活动中的垄断行为”适用本法，而《反垄断法》第五章规定的滥用行政权力排除、限制竞争行为又未必全部涉及经济活动或者与经济活动直接相关。其次，本条一方面规定境内“经济活动”中的垄断行为适用本法，另一方面在规定境外垄断行为适用本法时又未限定为“经济活动”，前后规定也缺乏一致性。最后，从《反垄断法》适用的范围和对象看，体育活动、医疗行业、教育行业等领域的垄断行为同样适用本法，“经济活动”的表述难以完全涵盖上述领域。基于此，我们建议删除“经济活动”的表述。

（四）相关立法或规定

1. 韩国《规制垄断与公平交易法》(2016)

第2-2条　域外行为的适用

任何发生在本国领域外的行为，如果对国内市场产生影响，适用本法。

2. 俄罗斯《关于商品市场竞争和限制垄断活动的俄罗斯联邦第948-1号法》(2005)

第3条　这项法律对俄罗斯全境有效。本法适用于俄罗斯联邦各商品市场中的竞争的各种商务关系。这些商务关系是指俄罗斯和外国的法人、联邦行政权力机构、俄罗斯各部门的行政权力机构和各市政当局以及自然人参与的商务关系。当上述主体在俄罗斯联邦领土之外从事的活动或签订的协议，可能对俄罗斯联邦市场中的竞争产生限制或其他负面效应时，本法也将适用。

3. 芬兰《竞争法》(2004)

第2条第4款 除非国会另有规定，本法不适用于对芬兰境外竞争的限制，只要这种限制并不损害芬兰消费者的利益。按照芬兰与外国达成的协议，或者为保护芬兰的对外贸易，国会可以将本法的效力延伸至国外的限制竞争行为。

三、垄断行为的范围

(一) 现行条文

第三条　本法规定的垄断行为包括：

(一) 经营者达成垄断协议；

(二) 经营者滥用市场支配地位；

(三) 具有或者可能具有排除、限制竞争效果的经营者集中。

(二) 修改建议

第三条　本法规定的垄断行为包括：

(一) 经营者达成垄断协议；

(二) 经营者滥用市场支配地位；

(三) 具有或者可能具有严重排除、限制竞争效果的经营者集中。

(三) 修改说明

1. 关于垄断行为的外延问题

反垄断法是规范市场主体活动，保护市场竞争的法律。大多数国家规定了垄断协议、滥用市场支配地位以及具有或可能具有限制竞争效果的经营者集中三种经济性垄断行为。我国《反垄断法》立法时，对于是否规制行政性垄断存在较大分歧，最终立法从我国国情出发，设专章对行政性垄断予以规范，并未将行政性垄断行为纳入本条“垄断行为”的规定之中。

对于这样的立法处理，目前存在两种不同的观点：

一种观点认为，既然行政机关和法律、法规、规章授权管理公共事务的组织滥用行政权力排除限制竞争的行为属于《反垄断法》调整的范围，而本条规定垄断行为的外延时又将其排除在外，这使得法律条文在逻辑上陷入矛盾，且理解上容易产生歧义，即认为行政性垄断不是垄断行为。因此，建议将行政性垄断加入本条之中。

另一种观点认为，行政性垄断与三种经济垄断在主体、表现形式、责任方式等方面存在较大差异，特别是现行立法第六章“对涉嫌垄断行为的调查”的相关规定均指向经济性垄断，如果把行政性垄断纳入该条“垄断行为”之中，在立法技术上无法与第六章的相关规定进行有效衔接。

我们认为，行政性垄断的调查手段及法律责任均无法按照经济性垄断的规定进行处理，将行政性垄断行为单独作为一条更具有合理性。

2. 关于经营者集中的表述

当前各国对经营者集中均根据其损害竞争的严重程度进行规制，即通常只规制那些具有严重排除、限制竞争效果的经营者集中。美国在判断是否需要规制经营者集中方面采用的是“实质减少竞争或趋于产生垄断”的标准，体现为《克莱顿法》第7条对可能“实质性减少竞争或趋于产生垄断”的收购行为的禁止。欧盟采用的是严重阻碍有效竞争的标准——欧盟《第139/2004号合并控制条例》第2条规定：“如果合并不会严重阻碍共同市场或其重大部分的有效竞争，特别是不会产生或者加强市场支配地位时，应宣布与共同市场相协调；如果合并严重阻碍共同市场或其重大部分的有效竞争，特别是能够产生或者加强市场支配地位时，应宣布与共同市场不相协调。”我国实践中，执法机构也是以经营者集中对竞争损害的严重程度作为是否对其进行规制的标准。

基于此，我们建议在列举经营者集中行为时将其表述为“具有或者可能具有严重排除、限制竞争效果的经营者集中”。

（四）相关立法或规定

1. 美国《谢尔曼法》(1890)

第1条　任何限制州际间或者与外国之间的贸易或者商业的契约，以托拉斯形式或其他形式的联合，或共谋，都是非法的。任何人签订上述契约或从事上述联合或共谋，将构成重罪。

2. 日本《禁止私人垄断及确保公正交易法》(2013)

第2条　本法所称的私人垄断，是指事业者无论单独还是采取与其他事业者结合、通谋以及其他任何方式，排除或控制其他事业者的事业活动，违反公共利益，实质性限制一定交易领域内竞争的行为。

3. 俄罗斯《关于商品市场竞争和限制垄断活动的俄罗斯联邦第948-1号法》(2005)

第4条　垄断行为——是指具有支配地位的经济实体或人的集团的滥用行为，反垄断立法所禁止的协议或协同行为，以及由联邦法律认定的其他行为(不作为)。

四、行政性垄断的一般规定

(一) 现行条文

第八条　行政机关和法律、法规授权的具有管理公共事务职能的组织不得滥用行政权力，排除、限制竞争。

(二) 修改建议

第四条　行政机关和法律、法规、规章授权的具有管理公共事务职能的组织不得滥用行政权力，排除、限制竞争。

(三) 修改说明

我们建议，将"行政机关和法律、法规授权的具有管理公共事务职能的组织"改为"行政机关和法律、法规、规章授权的具有管理公共事务职能的组织"。

现行《反垄断法》第8条是禁止行政主体滥用行政权力，排除、限制竞争的原则性规定。行政主体滥用行政权力排除、限制竞争的行为，本质上是一种强制性垄断，即运用市场之外的强制手段，消除经营者的竞争对手，从而保持经营者对市场的垄断。其表现形式多样，或利用行政权力针对某个特定经营者施加不平等待遇，或设置市场进入壁垒将不特定的经营者群体排除出市场之外。这类行为的后果是扭曲自由、公平的竞争机制，妨碍建立统一、开放和竞争的市场秩序，使社会资源不能得到合理和有效的配置。这一统领性条款非常重要，其中，对行政主体的法定范围的界定尤为重要。

不过，从现行《反垄断法》第8条的规定看，滥用行政权力的主体是"行政机关和法律、法规授权的具有管理公共事务职能的组织"，即行为主体包括两部分：行政机关和授权组织。该条内容的表述清晰，法理分析也层次分明，但在实践中常会面临一些问题。

行政机关的范围相对明确，在实践中异议不大，主要问题在于授权组织的范围。根据现行《反垄断法》第8条的规定，授权组织所具有的管理公共事务的权力，只能源自法律、法规，但现实情况是，具有管理公共事务职能的所谓"授权组织"范围模糊，尚无统一认定标准，也无统一权威解释。授权组织的权力有些源自法律、法规，但也有一些源自规章，甚至有些组织虽无明确授权却因历史原因控制着核心资源，行使着"类公共事务职能"。在实践层面上，授权组织的范围难以界定，特别是我国正处于巨大的社会转型过程之中，这一现象尤为明显。法律规定脱离现实、现实层面界定不清是导致行政权力被滥用的原因之一。明确界定行政主体的范围，是行政性垄断相关条文修改中应该首先关注的问题。

2014年11月1日修改后的《行政诉讼法》第2条规定，"公民、法人或者其他组织认为行政机关和行政机关工作人员的行政行为侵犯其合法权益，有权依照本法向人民法院提起诉讼。前款所称行政行为，包括法律、法规、规章授权的组织作出的行政行为"。其中，"前款所称行政行为，包括法律、法规、规章授权的组织作出的行政行为"是2014年修改后的新增条款，进一步明确了授权行政主体范围。

基于此，在《反垄断法》中厘定滥用行政权力排除、限制竞争行为的主体范围时，我们建议将"规章"规定下来，作为授予具有管理公共事务职能组织行政权力的来源。这不仅能够结合现实发展来扩大授权组织的范围，使法律规定能够更好地发挥作用，也可以与《行政诉讼法》相衔接与协调。

后文中，对《反垄断法》中涉及行政主体的内容均作统一修改。

（四）相关立法或规定

俄罗斯《竞争保护法》(2016)

第3条　本法适用于保护竞争的关系，包括预防和制止由俄罗斯的法人和外国的法人，联邦行政机关、联邦各主体国家权力机构、地方自治机关、其他行使上述机关的职能的机关或组织，以及国家预算外资金、俄罗斯联邦中央银行、作为个体经营者的自然人从事的垄断活动和不公平竞争的关系。

五、公平竞争审查制度的原则性规定

（一）新增条文

第五条　行政机关和法律、法规、规章授权的具有管理公共事务职能的组织制定或者起草涉及市场主体经济活动的规定，应当进行公平竞争审查。

（二）修改说明

2016年《国务院关于在市场体系建设中建立公平竞争审查制度的意见》（国发〔2016〕34号文件）正式建立了我国的公平竞争审查制度。建立公平竞争审查制度是防止滥用行政权力排除、限制竞争的一项创新性的顶层设计，是我国确立竞争政策基础性地位迈出的关键一步，是维护市场公平竞争的一项重大制度性安排。通过公平竞争审查，可以确保产业政策在制定和实施过程中都能贯穿公平竞争的理念和要求，体现出竞争政策的基础性地位。我们建议，将公平竞争审查制度纳入《反垄断法》总则之中，既反映我国《反垄断法》立法与现阶段国情相适应的特色，又体现出我国反垄断法对规制行政性垄断的制度创新之处。

六、竞争政策的基础性地位

（一）现行条文

第四条　国家制定和实施与社会主义市场经济相适应的竞争规则，完善宏观调控，健全统一、开放、竞争、有序的市场体系。

（二）修改建议

第六条　国家制定和实施与社会主义市场经济相适应的竞争规则，坚持竞争政策的基础性地位，健全统一开放、竞争有序的市场体系。

（三）修改说明

1. 建议删除“完善宏观调控”的规定

本条初衷是处理竞争政策与宏观调控等其他经济政策的关系。由于反垄断法具有很强的政策性，在不同的国家，或者同一国家的不同发展阶段，其侧重点和执法的宽严都不同，因此，从我国实际出发，“制定和实施与社会主义市场经济相适应的竞争规则”的规定似乎并无不妥。但将“完善宏观调控”纳入本条可能存在问题：一方面，反垄断法属于竞争政策的范畴，而非宏观调控法，有关完善宏观调控的规定没有必要置于《反垄断法》之中；另一方面，该条规定不但未能明晰竞争政策与宏观调控的关系，反而会造成二者的混乱，难免会令人联想到竞争规则的制定和反垄断执法会受到“宏观调控”目标和宏观调控政策的影响。因此，我们建议删除该条中有关“完善宏观调控”的规定。

2. 建议增加“坚持竞争政策的基础性地位”的表述

一个国家的经济政策包括财政政策、货币政策、产业政策、竞争政策等不同的范围和内容，竞争政策是其重要的组成部分。竞争政策是指一切能够促进和维护市场开放和竞争的政策的总称，包括反垄断政策、管制放松政策、减少政府补贴政策等。反垄断法是贯彻和实施竞争政策的重要工具。尽管现行《反垄断法》第 9 条将“竞争政策”确立为法律概念，但并未明确竞争政策的地位及其与其他经济政策的关系。

随着政府与市场关系的改革以及竞争执法的深入，竞争政策的基础性地位已逐渐被社会接受，并体现在党和国家的一系列文件中。例如，党的十八大三中全会所作《中共中央关于全面深化改革若干重大问题的决定》中明确指出“建设统一开放、竞争有序的市场体系，是使市场在资源配置中起决定性作用的基础”。2015 年《中共中央、国务院关于推进价格机制改革的若干意见》（中发〔2015〕28 号）更是明确指出“加强市场价格监管和反垄断执法，逐步确立竞争政策的基础性地位”。2016 年《国务院关于在市场体系建设中建立公平竞争审查制度的意见》（国发〔2016〕34 号）也明确规定：各地区、各部门要按照确立竞争政策基础性地位的要求，有针对性地制定政策措施，及时研究新经济领域市场监管问题，不断完善市场竞争规则，加快形成统一开放、竞争有序的市场体系。基于此，我们建议在该条中规定“坚持竞争政策的基础性地位”，以体现党和政府有关市场和政府关系改革的最新成果和理念。

七、允许依法集中的规定

（一）现行条文

第五条　经营者可以通过公平竞争、自愿联合，依法实施集中，扩大经营规模，提高市场竞争能力。

（二）修改建议

建议删除本条。

（三）修改说明

第十届全国人大常委会第二十二次会议对《反垄断法》草案进行初次审议时，该条并未见于该草案之中。初审之后，有观点指出，制定《反垄断法》应从我国现阶段经济发展的实际情况出发，既要防止经营者过度集中，又要有利于国内企业通过依法兼并做大做强，发展规模经济，提高产业集中度，增强竞争力。[1] 在这一背景之下，该条加入了《反垄断法》。

我们建议《反垄断法》修订时删除该条，理由如下：首先，在《反垄断法》立法之初，由于人们对反垄断法的认识不到位，不少人担心反垄断法禁止经营者集中会不利于我国企业做大做强。事实上，反垄断法并不禁止所有的经营者集中，企业依法集中是企业自主经营权的反映，这些都已成为学界共识，无须在立法之中进行特别强调。其次，在立法技术上，将该条置入总则，在位置和结构上显得突兀、不协调，破坏了总则的立法结构。再次，该条所使用的“联合”一词的具体含义并不清晰。“自愿联合”的表述，难免使人对该词的含义产生误解。

---

〔1〕 参见全国人大法律委员会关于《中华人民共和国反垄断法（草案）》修改情况的汇报。

八、禁止滥用市场支配的一般规定

（一）现行条文

第六条　具有市场支配地位的经营者，不得滥用市场支配地位，排除、限制竞争。

（二）修改建议

建议在总则中删除本条。

（三）修改说明

该条是在人大第二次审议时增加的条款，其目的在于说明，《反垄断法》并不反对支配地位的状态，仅反对滥用市场支配地位行为。该内容和理念在本法第3条关于垄断行为的范围以及第三章中均已体现，此处再次强调，有重复之感。另外，从条文逻辑结构上看，该条与上下条文之间也缺乏衔接性。基于此，我们建议在总则中删除该条，将相关表述调整至第三章。

九、特定行业的反垄断法适用

（一）现行条文

第七条　国有经济占控制地位的关系国民经济命脉和国家安全的行业以及依法实行专营专卖的行业，国家对其经营者的合法经营活动予以保护，并对经营者的经营行为及其商品和服务的价格依法实施监管和调控，维护消费者利益，促进技术进步。

前款规定行业的经营者应当依法经营，诚实守信，严格自律，接受社会公众的监督，不得利用其控制地位或者专营专卖地位损害消费者利益。

（二）修改建议

第七条　关系国民经济命脉和国家安全的行业以及依法实行专营专卖的行业，国家对其经营者的合法经营活动予以保护，并对经营者的经营行为及其商品和服务的价格依法实施监管和调控，维护消费者利益，促进技术进步。

前款规定行业的经营者应当依法经营，公平公正地参与市场竞争，不得利用其控制地位或者专营专卖地位从事本法禁止的垄断行为。

（三）修改说明

关于本条的修改，存在两种不同的观点：

一种观点认为，《反垄断法》修订时应删除该条。该条是针对国有经济占控制地位的关系国民经济命脉和国家安全的行业以及依法实行专营专卖的行业两类特定行业的特殊规定，根据现行规定：一方面，此类经营者的合法经营权利受到保护；另一方面，这类经营者的经营行为也受到规范。本条规定并不能使这两类行业获得《反垄断法》管辖的豁免。在《反垄断法》实施以来的执法实践中，该条实际上也并没有给这两类特殊企业提供足够的抗辩理由，执法机构也并没有对其实施的排除、限制竞争行为依据该条给予特殊对待。也就是说，该条实际上处于闲置状态。另外，《反垄断法》第 1 条规定了市场主体公平竞争，第 4 条规定建立统一、开放的市场体系，而本条又对两类特殊企业给予特别对待，似乎与《反垄断法》的立法理念相冲突。该条规定也给国外不少公司和学者提供了批评我国竞争立法和执法的口实和依据。

另一种观点认为，应保留本条并作出相应的修改。我们也主张，目前应保留该条。其一，本条涉及关系国民经济命脉和国家安全和依法实行专营专卖的两类行业。该两类行业主要包括重大基础设施和重要矿产资源，提供重要公共产品和服务行业，以及支柱性产业和高新技术产业中重要骨干企业。这些重要行业和重要领域对政治、国防、社会总体经济及民生具有重大意义，在一定程度上承担着更多的商业目标之外的功能。同时，该两类行业又属于自然垄断行业或管制型行业，对其进行监管需要反垄断法和管制法等多种方式。因此，有必要予以特殊强调。其二，从现有条文看，其立法精神并非给予这两类行业在反垄断法上的豁免，因此保留该条并不会导致适用上的问题。不过，在保留的同时，可以删除第 1 款中“国有经济占控制地位的”表述。因为一方面，未来民营企业可能进入该领域，另一方面，删除之后可以强调国有企业与民营企业在市场经济中的平等地位。

此外，在保留本条基本框架的前提下，建议将本条第 2 款修改为“前款规定行业的经营者应当依法经营，公平公正地参与市场竞争，不得利用其控制地位或者专营专卖地位从事本法禁止的垄断行为”。一方面，直接明确这两类行业不能获得《反垄断法》的豁免，如果相关企业利用其控制地位和专营地位实施垄断行为，仍然会受到《反垄断法》的规制，以回应将原条文视为行业豁免的不当理解。另一方面，目前这两类行业中的企业实际上获得了相对于其他企业在税收、补贴、贷款等方面的竞争优势，规定其“公平公正地参与市场竞争”，目的是希望在不同所有制、不同行业背景的企业之间营造公平竞争的环境。这样修改也符合《中共中央关于全面深化改革若干重大问题的决定》中关于“国家保护各种所有制经济产权和合法利益，保证各种所有制经济依法平等使用生产要素、公开公平公正参与市场竞争、同等受到法律保护，依法监管各种所有制经济”的表述。

（四）相关立法或规定

《欧盟运行条约》

第106条 （1）对于公共企业以及成员国赋予特殊权利或者专有权利的企业，各成员国既不应当制定也不应当以强力维持任何与本条约包含的规则相抵触的措施，尤其是与本条约第18条和第101条至第109条各项规定相抵触的措施。

（2）被委托经营普遍经济利益服务的企业，或者具有创造税收收入的企业，应当接受本条约规则的约束，特别是其中的竞争规则，只要适用这些规则在法律上或者事实上不会妨碍上述企业履行被委派的特定任务。贸易发展不应被影响到违背欧盟利益的程度。

（3）欧盟委员会应确保本条规定的适用，必要时，应向成员国发布适当的指令或者（针对成员国作出适当的）决定。

十、反垄断委员会

（一）现行条文

第九条 国务院设立反垄断委员会，负责组织、协调、指导反垄断工作，履行下列职责：

（一）研究拟订有关竞争政策；

（二）组织调查、评估市场总体竞争状况，发布评估报告；

（三）制定、发布反垄断指南；

（四）协调反垄断行政执法工作；

（五）国务院规定的其他职责。

国务院反垄断委员会的组成和工作规则由国务院规定。

（二）修改建议

第八条　国务院设立反垄断委员会，负责组织、协调、指导反垄断工作，履行下列职责：

（一）研究拟订有关竞争政策；

（二）组织调查、评估市场总体竞争状况，发布评估报告；

（三）制定、发布反垄断指南；

（四）协调反垄断行政执法工作和公平竞争审查工作；

（五）国务院规定的其他职责。

国务院反垄断委员会的组成和工作规则由国务院规定。

（三）修改说明

本条是关于反垄断委员会及其职责的规定。由于我国《反垄断法》颁布后由三家执法机构分别负责反垄断执法工作，设立反垄断委员会以协调反垄断执法机构之间的工作是必要的。2018 年国务院机构改革后，由新成立的国家市场监督管理总局承担反垄断执法工作。虽然形成了统一执法的模式，但反垄断委员会仍予以保留并承担组织、协调和指导反垄断工作的职责。随着公平竞争审查制度的建立和实施，有关公平竞争审查工作的协调、指导工作也应为反垄断委员会应有之职责。基于此，我们建议增加规定反垄断委员会对公平竞争审查工作承担协调、指导职责的内容。

（四）相关立法或规定

德国《反对限制竞争法》（2017）

第 44 条　反垄断委员会的任务

（1）反垄断委员会应当每两年编写一份专家意见书，评估德意志联邦共和国商业集中度的水平和预期发展，对有关集中控制的法律规定的适用作出评价，并就竞争政策的其他热点问题发表意见。专家意见将涵盖过去两个完整日历年的情况，并将在下一年的 6 月 30 日前完成。联邦政府可以指示反垄断委员会准备进一步的专家意见。此外，反垄断委员会可以自行准备意见。

(2) 反垄断委员会仅受本法规定的授权约束，其活动应独立进行。起草意见时，少数人持不同意见的，可以在意见中表示。

(3) 反垄断委员会应向联邦政府提交其专家意见。联邦政府应立即按照第1款第1句的规定向立法机构提交意见，并在合理期限内提出其意见和评论。专家意见由反垄断委员会公布。对于根据第1款第1句提出的意见，应在联邦政府向立法机构提出意见时提出。

十一、反垄断执法机构

（一）现行条文

第十条 国务院规定的承担反垄断执法职责的机构（以下统称国务院反垄断执法机构）依照本法规定，负责反垄断执法工作。

国务院反垄断执法机构根据工作需要，可以授权省、自治区、直辖市人民政府相应的机构，依照本法规定负责有关反垄断执法工作。

（二）修改建议

第九条 国务院规定的承担反垄断执法职责的机构（以下统称国务院反垄断执法机构）依照本法规定，负责反垄断法执法工作。

国务院反垄断执法机构根据工作需要，可以授权省、自治区、直辖市人民政府相应的机构，依照本法规定负责有关反垄断执法工作。

对本法规定的垄断行为，有关法律、行政法规规定由其他执法机构调查处理的，反垄断执法机构仍可以进行调查处理，必要时可以征求其他执法机构的意见。其他执法机构进行处理的，应当将调查情况和处理结果通报国务院反垄断委员会。

（三）修改说明

本条是关于执法机构的规定。《反垄断法》实施后的很长一段时间内，我国的反垄断执法工作由商务部、国家发展和改革委员会、原国家工商行政管理总局三家机构分别负责。这种分散执法的模式，存在一定的问题：①执法经验分散于不同部门，难以充分共享吸收，同时，将执法权分配到几个不同机构，在实践中也影响了执法效能；②三家执法机构均隶属于所属部委，导致执法机构的地位与反垄断执法的需求不符；③可能导致案件管辖和法律适用的冲突和不一致；④增加了国际交流与合作的成本。

2018 年国务院机构改革后，新成立的国家市场监督管理总局承担反垄断执法职责，统一执法的模式形成。不过，反垄断执法机构与其他行业监管机构之间在竞争事务上的关系问题一直未能明确。

目前，电力、保险、银行、铁路、民航、证券等行业监管部门依据相关行业立法中有关竞争条款的规定，各自在其职权范围内享有对竞争事务进行行业监管的职权。如何处理反垄断执法机构与行业监管机构关于竞争事务的管辖或职责重复问题，在我国《反垄断法》制定过程中也一直存在争议。《反垄断法》草案一审稿第 44 条曾规定，有关法律、行政法规规定应当由有关部门或者监管机构调查处理的，由有关部门或行业监管机构处理，有关部门或者监管机构应当将调查处理结果通报国务院反垄断委员会。在后来的审议过程中这一条被删除。

从国际上看，对这一问题的处理主要存在三种模式：一是将反垄断执法权授予行业监管机构；二是由反垄断执法机构统一行使监管权；三是建立反垄断执法机构与行业监管机构的合作监管模式。

结合我国行业监管立法的现实和《反垄断法》实施以来的执法管辖实践，我们建议将本条设计为：对本法规定的垄断行为，有关法律、行政法规规定由其他执法机构调查处理的，反垄断执法机构仍可以进行调查处理，必要时可以征求其他执法机构的意见；其他执法机构进行处理的，应当将调查情况和处理结果通报国务院反垄断委员会。

（四）相关立法或规定

1. 日本《禁止私人垄断及确保公正交易法》（2013）

第 27-2 条　公正交易委员会为完成前条第 1 款的任务，掌管下列事务。

（i）有关私人垄断的规制；

（ii）有关不正当交易限制的规制；

（iii）有关不公正的交易方法的规制；

（iv）有关垄断状态的规制；

（v）有关与所掌管的事务相关的国际合作；

（vi）除以上各项外，根据法律（包括基于法律规定的命令）规定属于公正交易委员会掌管的事务。

2. 韩国《规制垄断与公平交易法》(2016)

第35条 公平交易委员会的设立

(1) 为独立履行本法宗旨，在国务总理之下设立公平交易委员会。

(2) 公平交易委员会作为中央行政机关之一，依政府组织法第2条之规定执行职务。

3. 我国香港特别行政区《竞争条例》(2012)

第129条 设立竞委会

(1) 现凭借本条，设立一个名称为“竞争事务委员会”的团体。

(2) 竞委会是法人团体，并可——

(a) 取得、持有和处置动产及不动产；

(b) 以本身名义起诉及被起诉；及

(c) 在对法人团体属可能的范围内，可行使有完全行为能力的成年自然人可行使的一切权利及权力，享有该等自然人可享有的一切特权，和招致该等自然人可招致的一切法律责任。

(3) 附表5（载有在组成、行政及财务方面的条文）就竞委会具有效力。

第130条 竞委会的职能

竞委会具有以下职能——

(a) 调查可能违反竞争守则的行为，及强制执行本条例的条文；

(b) 提高公众对竞争的价值以及本条例如何促进竞争的了解；

(c) 推动在香港经营业务的业务实体采纳适当的内部监控及风险管理制度，以确保该等业务实体遵守本条例；

(d) 就在香港境内及境外的竞争事宜，向特区政府提供意见；

(e) 就影响香港市场竞争的事宜，进行市场研究；及

(f) 促进对香港竞争法律的法律、经济及政策方面的研究，以及促进关于该等方面的技巧发展。

十二、行业协会维护市场竞争秩序的义务

(一) 现行条文

第十一条 行业协会应当加强行业自律，引导本行业的经营者依法竞争，维护市场竞争秩序。

第十六条　行业协会不得组织本行业的经营者从事本章禁止的垄断行为。

（二）修改建议

第十条　行业协会应当加强行业自律，引导本行业的经营者依法竞争，维护市场竞争秩序。

行业协会不得从事和组织本行业的经营者从事本法禁止的垄断行为。

（三）修改说明

在反垄断法中，对行业协会的规制主要是抑制其实施的限制竞争行为。自《反垄断法》实施以来，执法机构查处了不少有关行业协会的案件，当前在《反垄断法》中强调对行业协会的规制仍有必要。

现行《反垄断法》关于行业协会的规定，除总则中的专门条款外，"垄断协议"一章中还有一条，即《反垄断法》第16条的规定——"行业协会不得组织本行业的经营者从事本章禁止的垄断行为"。我们建议，为了确保相关规定的系统性、统一性，可将行业协会的规定统一放至总则之中，分则中不再规定行业协会问题。

此外，行业协会实践中既可以自身从事垄断行为，也可以组织本行业的经营者从事垄断行为；行业协会组织本行业经营者从事的垄断行为虽主要是垄断协议，但又不限于垄断协议，还可能包括其他垄断行为。基于此，一方面需要规定行业协会自身不得"从事"垄断行为，另一方面需要将行业协会组织本行业经营者从事的垄断行为从垄断协议扩展为"本法禁止的垄断行为"。

（四）相关立法或规定

1. 国家市场监督管理总局《禁止垄断协议暂行规定》（2019）

第十四条　禁止行业协会从事下列行为：

（一）制定、发布含有排除、限制竞争内容的行业协会章程、规则、决定、通知、标准等；

（二）召集、组织或者推动本行业的经营者达成含有排除、限制竞争内容的协议、决议、纪要、备忘录等；

（三）其他组织本行业经营者达成或者实施垄断协议的行为。

本规定所称行业协会是指由同行业经济组织和个人组成，行使行业服务和自律管理职能的各种协会、学会、商会、联合会、促进会等社会团体法人。

2. 德国《反限制竞争法》(2017)

第 24 条　竞争规则的定义、申请承认

(1) 工商协会和职业协会可在其业务范围内制定竞争规则。

(2) 竞争规则是指那些规范企业竞争行为，抵制竞争中有悖正当竞争原则或有效竞争原则的行为，并鼓励在竞争中符合这些原则的行为规定；

(3) 工商协会和职业协会可以向卡特尔当局提出承认竞争规则的申请；

(4) 有关承认竞争规则的申请书应包括以下内容：工商协会和职业协会的名称、法律形式和通讯地址；其代表人的姓名和通讯地址；竞争规则在业务方面和地域方面的适用范围表述；竞争规则的文本。

十三、经营者和相关市场的定义

(一) 现行条文

第十二条　本法所称经营者，是指从事商品生产、经营或者提供服务的自然人、法人和其他组织。

本法所称相关市场，是指经营者在一定时期内就特定商品或者服务（以下统称商品）进行竞争的商品范围和地域范围。

(二) 修改建议

第十一条　本法所称经营者，是指从事或参与商品生产、经营或者提供服务的自然人、法人和非法人组织。

本法所称相关市场，是指经营者在一定时期内就特定商品或者服务（以下统称商品）进行竞争的商品范围和地域范围。

(三) 修改说明

垄断行为的实施主体在大多数的国家的立法中并无特别的规定。例如，美国反托拉斯法中没有“经营者”的概念，《谢尔曼法》的适用范围为“任何人”。根据联邦最高法院的判例，美国反托拉斯法中的“人”具有极为广泛的含义，除了自然人、合伙、公司、非公司组织及其他被联邦法、州法及外国法所承认的商业实体外，还包括在诉讼中作为被告的政府机关和政府官员。也即任何主体，不论是私人经济实体还是公权机构，不论是否具有相应的主体资格，只要从事了违反《谢尔曼法》的行为，均可受到规制。欧盟竞争法通过“undertaking”这一概念表述竞争法的适用主体。日本则使用“事业者”这一概念，以拓展反垄断法适用主体的外延。

我国现行《反垄断法》使用“经营者”的概念，这可能导致主体范围过窄，亦可能导致一些非经常性从事经营活动的组织参与市场活动时，产生了是否适用竞争法的争议。因此，建议在现有定义中加入“参与”二字，以将那些非经常性从事经营活动的组织纳入调整范围，即只要它们“参与”了某种经营活动，即可视为反垄断上的经营者。

另外，2017 年 3 月 15 日通过的《中华人民共和国民法总则》与《中华人民共和国民法通则》不同，《民法总则》在规定民事主体制度时，没有采纳《民法通则》只规定公民（自然人）和法人的民事主体二分法，而是采用了自然人、法人和非法人组织的三分法。2020 年 5 月 28 日通过的《中华人民共和国民法典》延续了《民法总则》的分类。2017 年 11 月 4 日修订通过的《中华人民共和国反不正当竞争法》在规定“经营者”这一概念时，也采用了自然人、法人和非法人组织的表述方法。

（四）相关立法或规定

1. 日本《禁止私人垄断及确保公正交易法》（2013）

第 2 条　本法所称事业者是指从事商业、工业、金融业及其他行业的事业者。为事业的利益从事活动的干部、从业人员、代理人及其他人员在适用下款及第三章的规定时，视为事业者。

2. 韩国《规制垄断与公平交易法》（2016）

第 2 条　定义

（1）“企业”是指从事制造业、服务业以及其他经营活动的人。执行人员、雇员、代理人或者其他为企业利益行事的人，适用企业组织的有关规定，视为企业。

第二章　垄断协议

一、禁止垄断协议的总体规定、垄断协议的含义

（一）现行条文

第十三条第二款　本法所称垄断协议，是指排除、限制竞争的协议、决定或者其他协同行为。

（二）修改建议

第十二条　经营者之间不得达成、实施垄断协议。

本法所称垄断协议，是指具有排除、限制竞争目的或者效果的协议、决定或者协同行为。

认定协同行为，应当考虑下列因素：

（一）经营者的市场行为是否具有一致性；

（二）经营者之间是否进行过意思联络或者信息交流；

（三）经营者能否对行为的一致性作出合理解释；

（四）应当考虑的其他因素。

（三）修改说明

1. 垄断协议的定义

垄断协议的定义在现行《反垄断法》中被置于第13条，这使得法律实施过程中出现该定义条款是否适用于现行法第14条的争议。为避免这类适用争议，我们建议将定义条款独立规定，作为本章的第1条。

现行定义对垄断协议具体类型的表述是“协议、决定或者其他协同行为”，这容易让人误解协议、决定都属于“协同行为”的具体类型，从而混淆协议、

决定与协同行为的关系。为避免上述歧义，我们可以删除“其他协同行为”中的“其他”二字，使“协同行为”与“协议”“决定”呈并列关系，也即说，垄断协议的具体体现形式是“协议”“决定”和“协同行为”三个大类。

2. 协同行为的认定

协同行为的认定是实践中的难点问题，认定协同行为过程中需要考虑的因素有必要进一步澄清。实际上，《反垄断法》颁布后，国家发展和改革委员会和原工商行政管理总局的配套规章已对此进行了相应的完善，国家市场监督管理总局于2019年发布的《禁止垄断协议暂行规定》再次进行了相应的细化。我们建议在《反垄断法》修订时，对协同行为的考虑要素进行列举。

认定协同行为的考虑因素中，对意思联络或信息交流的分析与判定，是执法部门在个案中面临的最大挑战。并非所有信息（经常体现为数据）的交流都有助于协同行为，反垄断法实施机构在认定协同行为过程中，需要重点关注竞争者之间所交流信息的特征，比如信息所涉及的主题、信息的时间属性以及信息的聚合程度等。就信息所涉主题而言，一般来看，对未来定价意图的信息交流最具风险。信息的时间属性也在反垄断执法部门的分析中占有重要地位。较之交流历史信息，交流现在的甚至未来的信息更容易形成协同行为。对历史信息的交流不太可能产生共谋后果，因为历史信息如特定历史数据，不能表明竞争者未来的行为，也无助于对市场形成共识。信息的聚合程度也是执法部门需要考虑的重要因素。一般来说，交流分散的信息，导致反竞争效果的可能性最高。相较于企业层面的一般数据交流，真正的聚合数据（即当企业层面的单个信息十分难以识别时所形成的数据）的交流，产生限制竞争效果的可能性更小。此外，一般而言，真正公开信息的交流不太可能违反反垄断法。真正的公开信息是指，通常所有竞争者和消费者都可同等获取（从获取信息的成本角度而言）的信息。交流信息的方式也是反垄断法实施机构在认定协同行为过程中分析竞争者之间的信息交流问题时需要重点考虑的因素。企业既可以直接通过第三方交换信息，也可以建立公共信息共享组织。信息交流可能面向公众，也可能仅在有限的竞争者之间进行，各国反垄断法实施机构普遍认为私下的信息交流更为可疑。同样值得注意的是，通过第三方（如行业协会）进行的信息交流，并不能降低信息交流促成协同行为的可能性。此外，间接的或纵向的信息交流，也可以像直接的竞争者之间的信息交流一样，用以形成协同行为。[1]

---

〔1〕 韩伟主编：《OECD竞争政策圆桌论坛报告选译》，法律出版社2015年版，第52页。

（四）相关立法或规定

1. 国家市场监督管理总局《禁止垄断协议暂行规定》(2019)

第五条　垄断协议是指排除、限制竞争的协议、决定或者其他协同行为。

协议或者决定可以是书面、口头等形式。

其他协同行为是指经营者之间虽未明确订立协议或者决定，但实质上存在协调一致的行为。

第六条　认定其他协同行为，应当考虑下列因素：

（一）经营者的市场行为是否具有一致性；

（二）经营者之间是否进行过意思联络或者信息交流；

（三）经营者能否对行为的一致性作出合理解释；

（四）相关市场的市场结构、竞争状况、市场变化等情况。

2. 欧盟《横向合作协议指南》(2011)[1]

第24段 依据《欧盟运行条约》第101条第1款，具有限制竞争的目的是指从本身性质来看就有限制竞争的可能。协议一旦具有反竞争的目的，那么就没必要再审查其对市场所造成的实际或潜在的效果。

第26段 如果横向合作协议没有限制竞争的目的，那么必须考虑其是否产生了明显的限制竞争的效果，实际的和潜在的限制竞争的效果都必须纳入考虑范围。换言之，该协议必须至少有可能产生反竞争的效果。

第60段 信息交流只有在形成了协议、协同行为或行业协会的决定，或者成为上述行为的一部分时，才可以依据《欧盟运行条约》第101条对其进行评估。协议、协同行为或行业协会决定的存在，本身并不意味着它们必然会产生《欧盟运行条约》第101条第1款中的限制竞争。协同行为的概念，与欧盟法院的判例法相一致，是指企业之间在尚未达成所谓的专门协议之前所实施的一种协调行为，通过该行为，企业之间有意用其实际合作来取代竞争风险。判断协同行为存在与否所需的协调与合作标准，并不要求存在实际的行动方案，而应依据关于竞争的条约中的相关条款的固有概念来理解，据此，每个企业应单独决定其在内部市场上所采取的策略和给予消费者的条件。

---

〔1〕 全称是“Guidelines on the applicability of Article 101 of the Treaty on the Functioning of the European Union to horizontal co-operation agreements”。

（五）典型案件："密码器"案

2016年9月18日，安徽省工商局对海基业公司作出行政处罚，认为该公司与兆日公司、信雅达公司采取协调一致的行为在安徽省分割支付密码器销售市场，违反了《反垄断法》及《工商行政管理机关制止滥用行政权力排除、限制竞争行为的规定》。海基业公司不服该行政决定向国家工商行政管理总局申请复议，后者维持该行政处罚决定。而后海基业公司向北京市西城区人民法院提起诉讼，一审法院认为安徽省工商局及国家工商行政管理总局所作决定并无不当，驳回原告的全部诉讼请求。海基业公司不服一审判决，向北京市第二中级人民法院提起上诉。二审法院着重分析了该案的争议焦点，即"协同行为的认定"。

二审法院认为，以协同行为方式达成垄断协议的认定标准和考虑因素主要有以下五点：①是否符合达成垄断协议行为的主体要件；②客观上经营者之间是否存在一致性市场行为；③主观上经营者之间是否进行过意思联络或者信息交流；④经营者能否对一致性行为作出合理解释；⑤相关市场的结构情况、竞争状况、市场变化情况、行业情况等因素。最终，北京市二中院认为，一审判决认定事实清楚，适用法律正确，审理程序合法，故驳回上诉，维持一审判决。

本案中，二审法院总结的认定协同行为的五个要素中，第一点是前提性的主体要件，第四点则可以从当事人抗辩的角度去理解。因此，该案明确的五个要素中，实质性标准与考虑因素是第二点（一致行为）、第三点（意思联络或信息交流）以及第五点（市场特征）。

二、横向垄断协议

（一）现行条文

第十三条第一款　禁止具有竞争关系的经营者达成下列垄断协议：

（一）固定或者变更商品价格；

（二）限制商品的生产数量或者销售数量；

（三）分割销售市场或者原材料采购市场；

（四）限制购买新技术、新设备或者限制开发新技术、新产品；

（五）联合抵制交易；

（六）国务院反垄断执法机构认定的其他垄断协议。

该类行为既限制了达成协议的竞争对手之间的竞争，即限制了参与协议的竞争对手可选择的交易方的范围，同时也削弱了协议主体之外的其他竞争对手带来的竞争约束，因为其限制了被排挤的竞争对手的交易方的选择范围，比如让特定竞争对手无法充分获得特定的上游原料（原料封锁），或者无法接触下游重要的分销渠道或者接触重要的客户（客户封锁）。此外，这类协议也会限制上下游经营者在交易对象方面的可选择范围。同时，这类联合抵制行为还会限制协议主体所在市场的产出，并最终提高价格。第二种类型的联合抵制即竞争者联合抵制非竞争者（即交易对手）意味着利润的损失，这类行为即使能在较短时间内实施也不可能长期维持。市场机制很可能可以解决该问题，结果可能是交易方转向可替代产品或者因无利润而导致联合抵制流产。因此，这类行为不应原则禁止。

值得注意的是，理论上看，联合抵制交易还可能涉及上下游企业之间的合作，这类行为属于纵向协议，应由纵向协议相关条款规范。考虑到纵向协议的竞争影响更为复杂，相关的纵向联合抵制行为不应原则禁止。[1]

2. 新增“固定或者变更个人信息保护水平等质量方面的条件”的垄断协议

随着数字经济的发展，特别是大量多边、零价商业模式的推行，围绕质量展开的非价格方面的竞争日益凸显。目前来看，质量维度中的隐私保护会越来越重要。相应地，通过反垄断法确保竞争对手之间围绕隐私保护度展开有效的竞争，在未来经济发展中便非常关键。目前中国在积极推进个人信息保护相关的立法工作，基于此，我们建议将竞争对手之间固定或者变更个人信息保护水平等质量方面的条件的协议作为一种原则禁止的垄断协议类型，以回应数字经济的发展趋势，确保竞争对手围绕隐私保护度展开竞争。

隐私保护度竞争属于质量竞争的一种类型。与价格一样，在很多市场中产品质量是竞争的关键因素，产品或服务提供给消费者的质量水平，是竞争的重要一面。除价格外，质量也许是决定消费者是否会购买某种产品最为重要的因素。此外，对质量的考虑往往会驱动市场创新，提升动态效率。特定市场中，质量竞争的程度可能基于产品的同质性或替代性程度，以及消费者对价格的敏感度而变化。至少原则上来看，产品质量的下降（如果价格不进行相应调整）

〔1〕 参见侯利阳：“垄断行为类型化中的跨界行为——以联合抵制为视角”，载《中外法学》2016年第4期。

和产品价格上涨一样（如果质量不进行相应调整），都会对消费者福利造成损害。[1]

需要指出的是，要精确评估质量属性，并从竞争的角度去判定质量因素带来的影响，是非常困难的。因此，尽管大部分国家、地区的竞争执法部门都承认，质量在竞争执法中可以扮演关键性角色，但很少有执法部门系统性地将质量评估纳入到竞争分析过程中。质量固有的变动性、主观性特性，使得对质量因素进行评估，特别是对质量水平进行定量评估，会非常困难。目前竞争执法部门在必要时都倾向于借助定性方法去评估产品的质量。这类方法包括对事前或事中市场调查收集的材料，或者客户调查以及访谈收集的材料进行分析，以及对那些被调查企业的内部文件与商业实践进行分析。上述途径获得的市场信息构成偏好分析的基础，也可以基于这些信息通过其他分析工具对市场的竞争动态进行评估。相反，通过健全的计量经济工具去量化一个市场中产品质量的水平，在执法中还非常的罕见。但是，这类分析工具的开发是近年学术研究的重要主题，很可能在未来这类工具会获得更广泛的运用。作为一种让竞争执法部门对质量进行具体定量分析的潜在工具，“特征价格模型”（hedonic price models）获得了关注，这种方法通过考虑质量对产品价值的影响，将名义价格转换为实际价格。但是，一些与会者对这种方法的运用提出一定程度的质疑，因为他们认为大部分环境下这种方法所依赖的必要市场数据很难被获取。另一种技术，主要关注对那些代表质量水平的核心变量进行分析，比如分析企业为那些服务人员支付薪水所产生的开支。竞争执法部门对质量进行定性或定量分析的另一种可能的替代性方法是聘用质量方面的行业专家。这种方法就被美国执法部门在一系列涉及医院行业的合并案件中所使用。[2]

3. 调整兜底条款的表述方式

现行《反垄断法》第 13 条、第 14 条和第 17 条在列举垄断协议与滥用市场支配地位行为时，都有一个兜底条款，但均将“国务院反垄断执法机构认定的其他……”作为兜底条款的表述方式，这意味着有权认定其他垄断行为的主体是“国务院反垄断执法机构”。这种规定大大缩小了兜底条款的适用主体，不仅可能给执法机构带来沉重负担，也不利于垄断行为的有效规制。

从理论上看，既然国务院反垄断执法机构可以认定其他垄断行为，法律、

---

〔1〕 参见韩伟主编：《OECD 竞争政策圆桌论坛报告选译》，法律出版社 2015 年版，第 279~284 页。

〔2〕 韩伟主编：《OECD 竞争政策圆桌论坛报告选译》，法律出版社 2015 年版，第 279~284 页。

行政法规自然也可以作出规定。此外,《反垄断法》的实施除了执法机构的执法活动,还包括私人提起的损害赔偿诉讼活动,如果法院不具有兜底条款所规定的垄断行为的认定权,也会给司法程序带来严重困扰。

基于此,我们建议将兜底条款调整为"法律、行政法规规定的或者国务院反垄断执法机构、具有垄断案件管辖权的人民法院认定的其他……"。横向垄断协议、纵向垄断协议与滥用市场支配地位行为的兜底条款采用同样的表述方式,后文不再赘述。

(四)相关立法或规定

1. 国家市场监督管理总局《禁止垄断协议暂行规定》(2019)

第七条 禁止具有竞争关系的经营者就商品或者服务(以下统称商品)价格达成下列垄断协议:

(一)固定或者变更价格水平、价格变动幅度、利润水平或者折扣、手续费等其他费用;

(二)约定采用据以计算价格的标准公式;

(三)限制参与协议的经营者的自主定价权;

(四)通过其他方式固定或者变更价格。

第八条 禁止具有竞争关系的经营者就限制商品的生产数量或者销售数量达成下列垄断协议:

(一)以限制产量、固定产量、停止生产等方式限制商品的生产数量,或者限制特定品种、型号商品的生产数量;

(二)以限制商品投放量等方式限制商品的销售数量,或者限制特定品种、型号商品的销售数量;

(三)通过其他方式限制商品的生产数量或者销售数量。

第九条 禁止具有竞争关系的经营者就分割销售市场或者原材料采购市场达成下列垄断协议:

(一)划分商品销售地域、市场份额、销售对象、销售收入、销售利润或者销售商品的种类、数量、时间;

(二)划分原料、半成品、零部件、相关设备等原材料的采购区域、种类、数量、时间或者供应商;

(三)通过其他方式分割销售市场或者原材料采购市场。

前款规定中的原材料还包括经营者生产经营所必需的技术和服务。

第十条 禁止具有竞争关系的经营者就限制购买新技术、新设备或者限制开发新技术、新产品达成下列垄断协议：

（一）限制购买、使用新技术、新工艺；

（二）限制购买、租赁、使用新设备、新产品；

（三）限制投资、研发新技术、新工艺、新产品；

（四）拒绝使用新技术、新工艺、新设备、新产品；

（五）通过其他方式限制购买新技术、新设备或者限制开发新技术、新产品。

第十一条 禁止具有竞争关系的经营者就联合抵制交易达成下列垄断协议：

（一）联合拒绝向特定经营者供应或者销售商品；

（二）联合拒绝采购或者销售特定经营者的商品；

（三）联合限定特定经营者不得与其具有竞争关系的经营者进行交易；

（四）通过其他方式联合抵制交易。

2.《欧盟运行条约》

第101条第1款 企业之间签订的各项协议，企业协会的决定和协同行为，如果可能影响成员国之间贸易，且以阻止、限制或者扭曲欧盟内部内竞争为目的或有此效果，则被视为与欧盟内部市场不相容而被禁止。尤其是指下列行为：

（a）直接或间接地施加不公平的购买或销售价格，或者其他不公平的交易条件；

（b）限制或者控制生产、销售、技术开发或者投资；

（c）划分市场或者供货来源；

（d）对同等交易条件的其他交易方适用不同的条件，从而使其处于不利的竞争地位；

（e）要求交易相对方接受与合同标的在性质上或者商业惯例上无关的额外义务，作为缔结合同的前提条件。

3. 美国《谢尔曼法》（1980）

第1条 任何限制州际间或者与外国之间的贸易或者商业的契约，以托拉斯形式或其他形式的联合，或共谋，都是非法的。任何人签订上述契约或从事上述联合或共谋，将构成重罪。

（五）典型案件："番禺动漫协会案"

对联合抵制本质认知的模糊直接反映在我国第一例联合抵制案件之中，这就是"番禺动漫协会案"。该案于2015年7月由广东省工商局作出处罚决定。

涉案企业番禺动漫协会为在广州市注册的管理动漫游艺行业、开展交流培训活动的社团法人。该协会除了具有管理职能之外，还主办番禺商用动漫游戏产业博览会（GAGA展），协办广州电子游戏产业展（GTI展）。

2012年，涉案企业在其“第二届理事工作会议”中与参会的19家会员企业签订《会展联盟协议书》。会后，该协会又向其他会员企业征集签名，最终有52家会员企业成为签约企业。涉案协议主要涉及内容有三：①除本协议约定的特殊情况外，会员单位仅参加由本协会主导、主办或者承办的广州会展，如GAGA展、GTI展，并在参与上述会展过程中遵守协会的相关指引，共同打造文明办展、参展的良好行业氛围。②会员单位如需参与非协会主导、主办或者承办的其他广州会展，须在参展前30天书面向协会提出申请，并由协会书面批示方可。③会员单位一致同意，抵制非法会展、绝不参加与本行业无关或者协会认为不应参加的会展。

广东省工商局认为，《反垄断法》第13条禁止的垄断协议的构成要件包括：行为人之间存在竞争关系；行为人达成了协议、决定或者其他协同行为；行为人达成的协议、决定或者其他协同行为具有排除、限制竞争的效果。本案中的涉案行为符合这三个要件：首先，涉案协议的签署者是52家会员企业，这些企业都从事动漫游艺开发，属于经营同种或类似业务的独立经营者，具有明显的竞争关系；其次，涉案协议由这52家会员企业达成，并签字、盖章；再次，涉案协议对签署企业参加展览会的选择进行了限定，其实质是各签署企业联合抵制了广州市范围内除当事人主导、主办或者承办的动漫会展之外的其他动漫会展，这将排斥、限制动漫游戏会展行业本应有的自由竞争，对广州市动漫游戏会展市场的健康发展产生现实或潜在的危害。基于此，涉案行为属于《反垄断法》第13条禁止的联合抵制行为。最后，鉴于番禺动漫协会在该案中的组织角色，广东省工商局仅对协会作出了行政处罚。[1]

三、纵向垄断协议

（一）现行条文

第十四条 禁止经营者与交易相对人达成下列垄断协议：

---

〔1〕 参见粤工商经处字〔2015〕第2号。

（一）固定向第三人转售商品的价格；

（二）限定向第三人转售商品的最低价格；

（三）国务院反垄断执法机构认定的其他垄断协议。

（二）修改建议

第十四条　禁止经营者与交易相对人达成下列垄断协议：

（一）固定向第三人转售商品的价格；

（二）限定向第三人转售商品的最低价格；

（三）协议一方市场份额超过百分之三十，限制经销商实施被动销售的地域限制或者客户限制；

（四）协议一方市场份额超过百分之三十，限制经销商之间交叉供货的地域限制或者客户限制；

（五）法律、行政法规规定的或者国务院反垄断执法机构、具有垄断案件管辖权的人民法院认定的其他垄断协议。

本法所称经销商，是指从事商品经销与服务的经营者。

本法所称被动销售，是指经销商应客户的主动要求销售商品。经销商通过不针对特定主体的互联网营销活动实施销售，视为被动销售。

本法所称交叉供货，是指同一上游经营者的经销商之间互相销售商品。

本法所称地域限制，是指限制经销商只能或者不得在特定区域销售商品。

本法所称客户限制，是指限制经销商只能或者不得向特定客户销售商品。

（三）修改说明

1. 修改思路

我国现行《反垄断法》对纵向垄断协议的规定，仅直接涉及纵向价格协议，对纵向非价格协议仅在第 14 条的兜底条款中间接体现。因此，某种意义上可以说，目前我国有关纵向非价格垄断协议的规制整体上处于空白状态。纵向非价格协议是市场主体日常运营中大量涉及的协议类型，考虑到国外（特别是欧盟）有相关禁止性规定，我国法律也有相关的兜底条款，企业在日常运营中有关纵向非价格限制竞争协议的合法性判断，面临很大的不确定性。律师在从事相关咨询业务时，往往也很难提出实际性建议，甚至实践中有时会通过国外规则，特别是欧盟规则提供法律建议。因此，有关纵向非价格垄断协议的规则细化，市场各方都非常期待。

地域限制与客户限制在我国市场交易中较为常见，有些行为已经对市场竞争造成了负面影响，也对相关市场的消费者权益造成损害，因此有必要完善法律，对相关行为予以规范。近年我国部分反垄断案件中已经出现地域限制与客户限制的问题。比如，“奔驰案”中，北京奔驰于2011年2月25日发布“双限”商务政策，其中包括了“限制区域”：禁止授权经销商通过指定的第三方在非责任区域或异地摆车销售；禁止在非责任区域或在异地以任何方式进行广告宣传招揽顾客。为了更好地执行此政策，北京奔驰还提出了15万元以及暂扣当月返利的惩罚措施。“北京锐邦诉强生公司垄断案”中，双方在2008年签订的合同中约定锐邦公司在强生中国公司、强生上海公司指定的相关区域销售两被告的缝线产品，附件七更是对锐邦公司的经销区域以及经销指标作出了明确的规定。

此外，为提出更加有针对性的修法建议，我们进行了大量的调研工作，很多市场主体及律所等组织都反馈，基于我国市场发展现状，《反垄断法》有必要适度规范纵向非价格协议行为，特别是部分地域限制与客户限制行为。

可见，将一些理论与实践证明很可能导致严重反竞争效果的地域限制与客户限制明确原则禁止，同时尊重当事人个案抗辩的权利，有利于有效竞争市场机制的维系，也可以提升市场预期。在本建议稿中，我们采取了折中方案，既没有选择美国的消极不干预方式，也没有完全照搬欧盟的激进规制模式，而是结合我国现状，针对地域限制与客户限制这两类实践中问题最为突出的行为类型进行规范。之所以选择这两类非价格限制，主要是考虑到了以下三大因素：一是我国的立法体系以及执法模式均接近欧盟，特别是目前《反垄断法》第13条、第14条和第15条形成的“原则禁止+例外豁免”模式，与《欧盟运行条约》第101条第1款的“核心限制”（原则禁止）与第3款的“个案抗辩”（例外豁免）模式具有很大的趋同性；二是我国幅员辽阔，“统一开放、竞争有序”的全国性市场也是我国追求的目标；三是基于我国市场发展现状以及近年相关执法体现出的问题（比如强生案、白酒行业、汽车行业系列案件），我们可以发现，地域限制与客户限制在我国属于非常普遍的纵向非价格限制方式。

值得注意的是，本建议稿有别于欧盟2010年《纵向协议集体豁免条例》有关地域限制与客户限制的禁止性规定。欧盟《纵向协议集体豁免条例》第4条确立的不得适用集体豁免的“核心限制”中，（b）类行为直接涉及地域限制与客户限制。但针对（b）类行为，欧盟的原则禁止并非严格意义上的“负面清单”或者“黑色清单”，因为豁免条例一方面原则禁止地域限制与客户限制，另一方面又列出了四类可以实施的地域限制与客户限制情形，也即说，欧盟严格禁止的是这四类可以实施的地域限制与客户限制之外的其他类型的地域限制与客户限制。但哪些具体的地域限制或客户限制被禁止，条例并未列明，这在一定程度上加大了规则适用上的不确定性。本建议稿采取了严格意义上的“负面清单”模式，即直接明确两种类型的地域限制与客户限制不得实施，这两类行为属于欧盟原则禁止的地域限制与客户限制范围。因此，从规制范围看，本建议稿禁止的地域限制与客户限制的范围比欧盟要窄。

2. 修改内容

本建议稿修改了我国现行《反垄断法》中的纵向垄断协议规定，将两类纵向非价格垄断协议行为新增为原则禁止的行为。新增的两类原则禁止行为涉及纵向非价格垄断协议中最为普遍的地域限制与客户限制。地域限制，是指限制经销商只能或者不得在特定区域销售商品；客户限制，是指限制经销商只能或者不得向特定客户销售商品。

新增禁止的两类行为涉及供应商与经销商之间签订的协议（基于各自的市场力量，协议可能由供应商发动，也可能由经销商发动）。依据建议稿，供应商与经销商可以达成各类地域限制与客户限制的协议，但有两类地域限制和客户限制的协议原则上不得实施。

第一类是“限制经销商实施被动销售的地域限制和客户限制”。被动销售是指经销商未主动营销，但应个别客户的主动要求，向该客户提供商品。基于规定，在设置地域限制和客户限制条款时，供应商可以要求经销商不得实施主动销售，即经销商不能主动地在为其确定的地域或客户范围外进行营销，但是，供应商不能要求经销商连“被动销售”都不得实施。对“被动销售”的限制比对“主动销售”的限制更严，相应地，相关协议对竞争产生的负面影响也会更突出，因此本款予以原则禁止。考虑到通过互联网实施商品营销日益重要，建议稿明确，经销商通过不针对特定主体的互联网营销活动实施销售，视为被动销售。也即是说，经销商的这类行为供应商也不得限制。

第二类是“限制经销商之间交叉供货的地域限制和客户限制”，即供应商可以通过地域限制或客户限制要求经销商不得主动向其授权的地域或客户群之外的其他地域的客户或其他客户群进行营销，但不能进一步限制经销商从与其他地域或其他客户群对应的经销商那里获得协议相关的商品或服务。这类限制在我国日常生活中也很常见，且反竞争效果明显。

值得注意的是，本建议稿增加了协议主体市场份额的要求，即是说，只有供应商或经销商在相关市场的市场份额超过30%时，才原则禁止两类具体的地域限制与客户限制行为。欧盟经验中，判断纵向协议中企业市场力量的一个重要阀值是30%的市场份额，即超过30%市场份额的主体签订的纵向协议，导致反竞争效果的风险会更高。欧盟对于"核心限制"并没有设置协议主体市场份额的要求。考虑到纵向非价格协议对市场竞争的影响在理论界仍存在争议，且我国《反垄断法》实施时间不长，竞争文化仍待建设，建议稿采取了相对保守的模式，即增加了对协议主体的市场份额要求，使得"原则禁止"的协议范围缩小，市场干预力度降低。

本条禁止的两类地域限制和客户限制通常会严重限制竞争，导致高价并减少消费者的选择，但并不影响涉案主体依据《反垄断法》中的垄断协议豁免规定主张个案抗辩的权利。也即是说，经营者达成这些协议，如果能够证明其行为符合《反垄断法》的豁免规定，仍可以主张个案豁免。

3. 主要理由

由于纵向协议的经济原理更为复杂，且理论与实务界并未达成广泛共识，因此这部分法律的修订难度很大。本修订建议主要借鉴欧盟立法例，同时结合我国市场发展现状，只新增两类原则禁止行为，建议稿对纵向非价格垄断协议的规制，整体上采取了较为审慎的态度。

（1）经济学理论。较之横向垄断协议，纵向垄断协议的经济学原理更为复杂，也更存争议。一般而言，纵向垄断协议往往是一种有效率的市场安排，传统经济学理论界对于纵向垄断协议往往持支持的态度，特别是芝加哥学派。随着各国经济的不断发展以及经济学理论研究的深化，近几十年经济学理论界对纵向垄断协议的认识更为深入，特别是有关纵向非价格垄断协议的经济效应的认识日益深刻。很多以往认为不会导致负面效果的纵向非价格协议行为，也被认为存在一定的反竞争风险，以及损害消费者权益的风险。

基于经济学理论，地域限制和客户限制可能削弱品牌内竞争、分割市场、助长价格歧视。有效实施的地域限制和客户限制导致其他经销商难以获得供货，阻碍更有效率的新型经销模式的推广，使商品和服务价格维持在高位。但是，有时地域限制和客户限制也能够提高经销效率，比如，在经销商需要为保护和建立品牌形象进行特定投资时，地域限制能产生显著的效率。而执法实践和理论研究也证明，不具有市场显著力量的经营者设置的一些类型的地域限制和客户限制，通常能够提高经销服务质量、增进经销效率、提高中小经销商经营效率和竞争力，一般不会严重限制相关市场的竞争，并且能够使消费者分享由此产生的利益。

因此，对于特定的地域限制与客户限制，如果市场自身无法解决，有必要通过法律明确相关规则，特别是相关负面清单规则，通过公共权力对市场运行进行干预。限制经销商实施被动销售的地域限制和客户限制，以及限制经销商之间交叉供货的地域限制和客户限制，这两大类行为通常会严重限制竞争，导致高价并减少消费者的选择。因此，有必要在法律层面进行规则完善，提升我国在这方面对市场的适度规制力。

（2）国外经验。有关纵向非价格垄断协议方面的反垄断规制，美国由于受到相关经济学派的影响（特别是芝加哥学派），对纵向非价格问题持消极态度，即基本上不予规制。欧盟竞争法对纵向非价格垄断协议则相对积极，除明确禁止纵向固定价格等纵向价格协议外，还明确原则禁止了部分纵向非价格协议（仍通过《欧盟运行条约》第 101 条第 3 款设置了个案抗辩的规则）。我国现行《反垄断法》有关纵向垄断协议规则的设置与欧盟类似，欧盟规则体系对我国更具参考价值。

值得注意的是，整体而言，纵向非价格协议的经济效应更为复杂，考虑到我国的市场发展现状、竞争文化基础以及执法能力（特别是经济分析能力），为避免对市场过度规制，建议稿并未全盘借鉴欧盟的规则经验，而只是规范了目前从理论与实践来看，导致反竞争效果可能性最大以及实践中较为常见的两类地域限制与客户限制行为，对于欧盟禁止的其他纵向非价格限制行为，建议稿并未借鉴。

（四）相关立法或规定

1. 国家市场监督管理总局《禁止垄断协议暂行规定》（2019）

第十二条　禁止经营者与交易相对人就商品价格达成下列垄断协议：

（一）固定向第三人转售商品的价格水平、价格变动幅度、利润水平或者折扣、手续费等其他费用；

（二）限定向第三人转售商品的最低价格，或者通过限定价格变动幅度、利润水平或者折扣、手续费等其他费用限定向第三人转售商品的最低价格；

（三）通过其他方式固定转售商品价格或者限定转售商品最低价格。

2. 欧盟《纵向限制集体豁免条例》(2010)[1]

第4条　不适用集体豁免待遇的核心限制

本条例第2条规定的豁免不适用于直接或间接地、单独或与各方控制下的其他因素相结合而具有下列目的的纵向协议：

(a) 限制购买商决定销售价的能力，但供应商可以规定最高销售价或者建议销售价，只要最高销售价或者建议销售价不因来自任何当事方的压力或激励而成为固定或最低销售价格。

(b) 限制购买商销售合同商品或服务的地域或客户的范围，但可以对购买商的营业场所（place of establishment）加以限制，且以下情形除外：

(i) 限制购买商向供应商为自己保留的专有地域或专有客户，或该供应商分配给其他购买商的专有地域或专有客户，从事主动销售，但不得限制该购买商的客户的销售；

(ii) 限制从事批发的购买商对最终用户的销售；

(iii) 在供应商为运作选择性分销体系而保留的地域内，限制该分销体系成员对未授权分销商的销售；

(iv) 限制购买商将为组装目的而供应的零部件出售给使用该零部件生产产品的客户，如果该客户的产品与零部件供应商的产品是同类的。

(c) 限制选择性分销体系中从事零售的成员向最终用户的主动或被动销售，但可以禁止该体系成员在未经授权的营业场所从事经营。

(d) 限制选择性分销体系中的分销商的交叉供应，包括处于不同贸易环节的分销商间的交叉供应。

(e) 零部件的供应商与使用该零部件组装产品的购买商订立协议，限制该供应商将零部件作为配件出售给最终用户，或出售给未经该购买商授权而维修其产品的修理商或其他服务提供商。

（五）典型案件：法国 Sarl Kitch Moto v. SA Suzuki France 案

本案涉及一家企业对巴黎商事法庭一项裁决的上诉。Sarl Kitch Moto 是 SA Suzuki France 的授权分销商。为使双方的关系符合欧盟 1999 年《纵向协议集体

[1] 全称是“Commission Regulation (EU) No 330/2010 of 20 April 2010 on the application of Article 101 (3) of the Treaty on the Functioning of the European Union to categories of vertical agreements and concerted practices”，一般简称 VRBER。

豁免条例》，双方于2001年达成了一项新的分销协议。协议第2条规定，Kitch Moto不得在未经Suzuki授权的任何营业场所主动或被动销售合同商品；Kitch Moto不得向任何未经Suzuki授权的分销商销售合同商品；在向其他分销商销售商品时，Kitch Moto有义务确认该分销商已是Suzuki在欧盟市场上授权的分销商。在Kitch Moto若干次向其授权区域之外销售Suzuki摩托车之后，Suzuki终止了该分销协议。Kitch Moto认为Suzuki的终止协议行为过分且不当，遂向巴黎商事法庭起诉，后因不满巴黎商事法庭的裁决，又上诉至巴黎上诉法庭。

欧盟1999年《纵向协议集体豁免条例》第4条（b）款规定，“禁止供应商限制购买商销售合同商品或服务的地域范围或客户范围，但以下情况除外：禁止购买商向供应商为自己保留的排他销售地域或排他客户群，或向该供应商分配给另一购买商的排他销售地域或排他客户群从事主动销售，但不得限制购买商的客户进行销售”。Kitch Moto主张，Suzuki仅可以禁止授权分销商向授权地域之外的主动销售。Kitch Moto认为该分销协议第2条禁止被动销售，因此违反了1999年《纵向协议集体豁免条例》的规定，遂要求巴黎上诉法庭认定该分销协议第2条是无效的合同条款。巴黎上诉法院认为Kitch Moto未能证明该分销协议第2条违反了1999年《纵向协议集体豁免条例》第4条（b）款禁止“限制购买商的客户进行销售”。此外，巴黎上诉法庭指出，该条例第4条（c）款允许“供应商禁止选择性分销体系的成员在未经授权的营业场所进行销售”。[1]

四、算法合谋及平台轴辐合谋

（一）新增条文

第十五条　经营者不得利用算法等技术手段达成本章禁止的垄断协议。

网络平台经营者不得组织或者协调平台内的经营者达成本章禁止的垄断协议。

（二）修改说明

随着数字技术的发展，商业模式的算法驱动（与数据驱动等属性相辅相成）属性日益明显，利用算法等技术手段达成垄断协议将是反垄断法律适用面临的

〔1〕 苏华：《分销行为的反垄断规制》，法律出版社2012年版，第145~146页。

新挑战。建议稿的本条规定原则性地回应了算法等技术手段对垄断协议达成的影响，并给具体执法预留了空间。需要说明的是，利用算法等技术手段达成垄断协议本身并不构成独立的原则禁止性垄断协议类型，建议稿主要是强调了算法等技术在新时代的工具属性。此外，该条建议稿还对平台问题予以回应，在网络平台经营者可能帮助达成垄断协议方面，提出了原则性要求。

随着我国数字经济的深入发展，网络平台在我国经济生活中的地位越来越突出。现实生活中，平台经营者有时会要求入驻企业执行统一的销售策略。此外，平台经营者也容易成为“轴辐协议”中的“轴心”，这一协议类型则是实务中的难点问题。由于网络平台并非行业协会，具体行为中相对其他主体，网络平台一般不构成具有竞争关系的经营者，有时很难认定其责任。因此，有必要将网络平台这一日益重要的新兴主体形式在法律中列明，禁止其以各种方式从事垄断协议活动。

建议稿增加了“网络平台经营者”这一主体类型，主要是考虑到，随着我国互联网行业对传统行业影响的加深，网络交易占经济的比例会持续提升，通过网络平台实现的垄断协议可能会成为突出的问题，有必要将网络平台经营者作为一种独立的主体类型予以明确列举。

此外，建议稿除了使用“组织”，还增加了“协调”一词，主要想强调某些情况下网络平台并不一定积极主动地组织实施垄断协议，有可能应平台成员的要求作为协调中心形成垄断协议，比如协调竞争对手之间的价格、数量或地域等。

本条规定涉及网络平台参与轴辐协议（hub-and-spoke conspiracy）这一难点问题。“轴辐协议”也被称为“轮轴协议”“中心辐射型协议”，它是兼具横向与纵向垄断协议属性的一种特殊形态，也是经营者为规避法律而产生的一种更加隐蔽的垄断协议形式。“轴辐协议”大致可以界定为：以特定主体为中心，多个具有竞争关系的主体之间达成的限制产品的价格、数量、销售地域等条件的垄断协议形式。尽管轴辐协议不一定需要通过网络平台实现，实践中充当“轴心”角色的主体可以有多种类型，[1] 但考虑到我国互联网交易的迅猛发展，网络平台很可能成为日后出现的轴辐协议的热点领域，故本次修改建议稿仅就网络平台参与轴辐协议的情形作出了规定。

---

〔1〕 焦海涛：“反垄断法上轴辐协议的法律性质”，载《中国社会科学院研究生院学报》2020年第1期。

（三）相关立法或规定

原国家工商行政管理总局《网络交易平台经营者履行社会责任指引》（2014）

第十六条　网络交易平台经营者应通过适当方式要求平台内经营者严格遵守《消费者权益保护法》、《产品质量法》、《反不正当竞争法》、《合同法》、《商标法》、《广告法》、《侵权责任法》、《网络交易管理办法》等法律法规和规章。

（四）典型案件

2015年12月16日，美国康涅狄格州的一名居民Spencer Meyer，代表他自己以及有类似情况的乘客，在美国纽约南区联邦地区法院向Travis Kalanick（Uber联合创始人、前任CEO）提起反垄断民事集团诉讼，主张Kalanick与那些利用Uber定价算法的司机之间达成了合谋，限制了司机之间的价格竞争，损害了包括原告在内的Uber乘客的利益，违反美国联邦《谢尔曼法》以及纽约州《唐纳利法》（Donnelly Act）。

就横向合谋而言，原告主张，当司机同意Uber提供的书面协议相关条款并接受使用Uber应用的乘客时，即表明他们同意参与一项合谋。司机通过Uber应用收取车费，Uber应用则基于Uber的定价算法为所有的Uber司机设置车费。原告认为，Uber司机抛弃了司机之间本应存在的竞争。原告认为，由于Uber的定价算法可以产生超竞争水平的价格，这为Uber司机提供了“一致的合谋动机”。原告认为，Kalanick作为价格固定合谋的组织者以及同时作为一名Uber司机，应承担相应法律责任。原告主张，他与他所代表的集体已经受到被告垄断行为的损害。这是因为，如果Kalanick不协调Uber司机合谋固定车费，司机之间应该展开价格竞争，Uber的车费本应该比现在的价格“低得多”。原告还认为，Kalanick的设计降低了市场产出，正如独立第三方的研究显示，“提价”模型带来的影响是降低需求，从而使得价格人为地维持在高位。基于这些理由，原告认为Kalanick违反了美国联邦《谢尔曼法》以及纽约州《唐纳利法》。[1]

---

〔1〕 韩伟、胡铁：“美国Uber反垄断案争点：算法合谋”，载微信公众号“数字市场竞争政策研究”（2017年12月19日）。

五、安全港

（一）新增条文

第十六条　具有竞争关系的经营者达成的协议、决定或者协同行为不属于本法第十三条第一项至第六项所列情形，且协议各方在相关市场上的市场份额合计不超过百分之十五，可以推定协议不具有排除、限制竞争的效果，有证据证明协议排除、限制竞争的除外。

经营者与交易相对人达成的协议、决定或者协同行为不属于本法第十四条第一款第一项至第四项所列情形，且协议各方在相关市场上的市场份额均不超过百分之二十五，可以推定协议不具有排除、限制竞争的效果，有证据证明协议排除、限制竞争的除外。

（二）修改说明

除原则禁止的几类垄断协议外，市场上还存在大量其他类型的垄断协议，这些协议理论上仍面临《反垄断法》原则禁止协议中兜底条款的威慑。为进一步提升市场预期，本条为这些垄断协议确定了“安全港”，即不属于原则禁止的典型垄断协议类型，但又符合本条规定的市场份额标准的话，推定不具有排除、限制竞争效果，从而便于市场主体自我审核，降低法律风险，提升市场预期。也就是说，通过原则禁止条款的“负面清单”结合本条的“安全港”，对于范围广泛（几乎无法完全明确列举）的各类协议类型，市场主体可以知晓哪些协议原则上不得达成，也可以知晓哪些协议原则上可以达成，从而可以大大提高市场预期。

依据 OECD 的梳理，安全港有助于法律的遵守，使执法更具可预测性且更为有效。虽然安全港可能使得执法漏掉部分反竞争行为，但通常认为，较之对促进竞争的商业行为予以错误的执法，执法中漏掉部分反竞争行为导致的成本要更低。为最大限度地降低出错的可能性，有时也会基于个案情形，通过详细的市场分析去推翻“安全港”。[1]

---

〔1〕 OECD, *Safe Harbours and Legal Presumptions in Competition Law*, 2017.

（三）相关立法或规定

1. 欧盟《纵向限制集体豁免条例》（2010）

第3条 适用本条例第2条规定的豁免的条件是：供应商在其销售合同商品或服务的相关市场占有的市场份额不超过30%，并且购买商在其购买合同商品或服务的相关市场占有的市场份额不超过30%。

2. 欧盟《非重要协议通告》（De Minimis Notice）（2014）[1]

第8段 欧盟委员会认为，协议虽可能影响成员国间的贸易，并具有阻碍、限制或扭曲内部市场中竞争的效果，但却不构成《欧盟运行条约》第101条下显著限制竞争的情形如下：

（a）协议是在任何相关市场上实际或潜在的竞争者之间订立的（竞争者之间达成的协议），且在受该协议影响的任何相关市场上，协议各方的总市场份额不超过10%；

（b）协议是在任何相关市场上非实际或潜在的竞争者之间订立的（非竞争者之间达成的协议），且在受该协议影响的任何相关市场上，协议各方的市场份额不超过15%。

第9段 如果难以确定协议是在竞争者之间达成的还是非竞争者之间达成的，则适用10%的门槛。

第10段 不同供应商或分销商之间订立的货物或服务销售协议，若其累积的效果（cumulative effect）对相关市场的竞争产生了限制（对市场产生相似效果的平行网络协议所产生的累积的封锁效果），则不论协议是在竞争者之间达成的还是在非竞争者之间达成的，第8段和第9段中规定的市场份额门槛均降低到5%。市场份额不超过5%的单个供应商或分销商通常不被视为会容易产生累积的封锁效果。若具有相似效果的平行（网络）协议在相关市场上占有的份额小于30%，则不太可能产生累积的封锁效果。

---

〔1〕全称是“Notice on agreements of minor importance which do not appreciably restrict competition under Article 101（1）of the Treaty on the Functioning of the European Union”，简称“De Minimis Notice”。

六、垄断协议豁免

（一）现行条文

第十五条　经营者能够证明所达成的协议属于下列情形之一的，不适用本法第十三条、第十四条的规定：

（一）为改进技术、研究开发新产品的；

（二）为提高产品质量、降低成本、增进效率，统一产品规格、标准或者实行专业化分工的；

（三）为提高中小经营者经营效率，增强中小经营者竞争力的；

（四）为实现节约能源、保护环境、救灾救助等社会公共利益的；

（五）因经济不景气，为缓解销售量严重下降或者生产明显过剩的；

（六）为保障对外贸易和对外经济合作中的正当利益的；

（七）法律和国务院规定的其他情形。

属于前款第一项至第五项情形，不适用本法第十三条、第十四条规定的，经营者还应当证明所达成的协议不会严重限制相关市场的竞争，并且能够使消费者分享由此产生的利益。

（二）修改建议

第十七条　经营者能够证明只有达成垄断协议才能实现下列第一项至第六项的经济效率或者社会公共利益，协议不会排除或者严重限制相关市场的竞争，并且能够使消费者分享由此产生的利益的，不适用本法第十三条、第十四条、第十五条的禁止性规定：

（一）有利于改进技术、研究开发新产品的；

（二）统一产品规格、标准或者实行专业化分工，有利于提高产品质量、降低成本、增进效率的；

（三）有利于提高中小经营者经营效率，增强中小经营者竞争力的；

（四）有利于实现节约能源、保护环境、救灾救助等社会公共利益的；

（五）经济不景气时，有利于缓解销售量严重下降或者生产明显过剩的；

（六）能够实现经济效率或者社会公共利益的其他情形。

为保障对外贸易和对外经济合作中的正当利益而达成垄断协议的，不适用本法第十三条、第十四条、第十五条的禁止性规定。

（二）修改说明

由于现行《反垄断法》第15条与第13条、第14条组成“原则禁止+例外豁免”的关系，该条的功能主要是基于个案情形，给第13条、第14条所列协议类型一个抗辩机会。该条的内容实质体现了特定协议类型带来的实际经济影响的复杂性，以及特定环境下竞争政策与非竞争政策的权衡。

1. 将豁免情形的表述从“目的”改为“效果”

现行法中，豁免情形被表述为“为……的”，即采取的是“目的”要件。从条文字面意思看，经营者申请豁免时，只需证明达成协议的目的属于这些情形。实际上，经营者需要证明的并非协议的“目的”（目的也难以证明），而是证明协议产生的实际“效果”，豁免机制实际上是在协议产生的“反竞争效果”与条文所列的“其他积极效果”之间所作的权衡取舍。因此，目前“为……的”这一表述“目的”的措辞方式应调整为表述“效果”的措辞方式。

2. 豁免条件中增加“必要性”的要求

现行法对豁免条件的规定，并没有提及涉嫌违法的协议对于实现豁免情形涉及的积极效果的必要性。理论上看，要对那些“原则禁止”，即反竞争风险很高的协议进行豁免，条件应该趋于严苛，而协议对于豁免情形的必要性则是核心的要件之一。也即是说，只有达成协议是实现豁免情形相关的积极效果的必要条件，才能给予这类协议豁免。如果并非必要，则表明可能存在一些反竞争效果更低甚至没有反竞争效果的协议，同样可以实现豁免情形中的积极效果，这种情形下豁免就没有正当性与合理性。增加规定“只有达成垄断协议才能实现下列第1项至第6项的经济效率或者社会公共利益”，体现的就是“必要性”这一豁免条件。

（四）相关立法或规定

《欧盟运行条约》第101条第3款

在下列情况下，本条第1款的规定可以不予适用：

——企业之间签订的某项协议或者某类协议；

——企业协会做出的某项决定或者某类决定；

——某种协同行为或者某类协同行为；

如果上述协议、决定、协同行为有助于改进商品的生产或销售，或者有助于促进技术或者经济进步，并使消费者能够公平地分享到由此而来的收益，并且上述协议、决定、协同行为不会：

（a）对企业施加实现上述目标并非必不可少的限制；

（b）使得企业得以在相关产品的重要部分消除竞争。

七、反竞争效果推定

（一）新增条文

第十八条　本法第十三条第一项至第六项、第十四条第一款第一项至第四项所列的垄断协议，可以推定具有排除、限制竞争的效果，经营者能够证明所达成的协议符合本法第十七条规定的，国务院反垄断执法机构可以豁免协议适用本法的禁止性规定。

（二）修改说明

我国《反垄断法》实施以来，针对部分垄断协议类型，特别是限定最低转售价格这类纵向垄断协议，在违法性认定时，是否需要进一步充分论证协议的反竞争效果，成为理论与实务界的争议焦点。考虑到列举的那些原则禁止的协议类型是基于长期经验总结，行政执法中对这类高概率导致反竞争效果的协议还要进行充分的竞争效果评估会耗费大量的执法资源，且个案中即便推定这类协议具有限制竞争效果，当事人仍可基于豁免条款主张抗辩，因此本建议稿对这类协议明确规定，执法机构在实践中可以径直推定其具有反竞争效果，从而节约执法成本。

从理论上看，在保障执法决定正确的同时，还要确保作出正确决定的机制所需要的运行成本不能太高，竞争法规则在这方面面临着较大的挑战。竞争法规则必须在基于详细经济分析的准确性与基于明确规则的法律与商业确定性之间寻求平衡。决策理论（decision theory）为这种平衡提供了一套框架。该理论认为，法律体系应尽量降低错误成本和执行成本。为降低这些成本，可以有两种做法：一是设置明确的规则（明确规定某些行为被禁止或被允许），这可以最大限度降低执法成本，但可能产生巨大的错误成本；二是确立一套标准（比规则更模糊，且通常设定一个更难衡量的规范性基准，例如消费者福利），这需要进行详细分析，可以最大限度降低错误成本，但会增加执行成本。竞争法体系已从形式化的、明确的规则，转向需要详细经济分析的证据标准体系。这使得错误成本降低，尤其是假阳性错误成本。然而，伴随对复杂经济分析依赖度的提升出现的一个问题是，是否存在一个收益递减点，即达到这一点后，将导致额外的执法成本，使得降低错误成本带来的好处不再具有优势。因此，为了有效执行竞争法，有必要采用结构化方法，并依赖法律推定与举证责任方面的规则设计。推定规则反映了法律制度针对特定事实带来的可能影响与相应的法律后果的推论。适用推定规则时，执法部门在某些情况下不必进行详细的经济分析，从而降低执法成本，同时降低错误风险。法律推定存在许多支持理由，如过去的经验、经济理论、证据接近度以及易于执行。[1]

（三）相关立法或规定

欧盟《纵向限制指南》（Guidelines on Vertical Restraints）（2010）

（47）《集体豁免条例》第4条以清单形式列举了导致纵向协议整体不适用《集体豁免条例》的核心限制。如果一项协议含有核心限制，该协议将被推定违反了《欧盟运行条约》第101条第（1）款。同时，该协议将被推定不大可能满足第101条第（3）款的条件，因此集体豁免将不适用于该协议。但是，经营者可以在个案中依据第101条第（3）款证明协议的促进竞争效果。当经营者证明其协议中的核心限制导致了可能的效率，且该协议总体而言满足了第101条第（3）款的条件，委员会在最终评估协议是否满足第101条第（3）款的条件之前，将需要有效评估该协议对竞争造成的可能的消极影响。

八、兜底条款及算法与平台条款的反竞争效果评估

（一）新增条文

第十九条　依据本法第十三条第七项、第十四条第一款第五项、第十五条认定经营者达成的垄断协议排除、限制竞争，可以考虑下列因素：

（一）经营者达成、实施垄断协议的事实；

（二）经营者在相关市场的市场份额及其对市场的控制力；

（三）相关市场的市场集中度；

---

[1] OECD, Safe Harbours and Legal Presumptions in Competition Law, 2017.

（四）相关市场的竞争状况；

（五）垄断协议对商品价格、质量等方面的影响；

（六）垄断协议对市场进入、技术进步、创新的影响；

（七）垄断协议对消费者的影响；

（八）类似垄断协议的市场覆盖率；

（九）与认定垄断协议排除、限制竞争有关的其他因素。

（二）修改说明

本条列举了分析垄断协议竞争影响最为重要的系列因素，目的是为执法部门对具体案件的分析提供一定的指引，即分析过程中对这些因素予以重点关注。整体而言，分析垄断协议竞争影响的因素大致涉及协议本身、协议主体、协议所处市场环境等几大方面。值得注意的是，这些因素并未完全列举，且不同因素在不同案件中的权重存在差异，执法部门应灵活适用。所列因素中，“类似垄断协议的市场覆盖率”，主要是考虑多个类似协议（特别是纵向协议）导致的“累积效应”，即执法部门需要警惕同一市场中出现大量的纵向协议（尽管单个协议主体的市场份额很低）且市场覆盖率很高（比如超过50%），这种情形下大量类似协议可能导致反竞争性“累积效应”。

（三）相关立法或规定

欧盟《纵向限制指南》（Guidelines on Vertical Restraints）（2010）

（111）在评估市场份额超过了30%上限的案件时，委员会将会进行完整的竞争分析。依据《欧盟运行条约》第101条第（1）款确定纵向协议是否对竞争产生了显著的限制，以下因素尤为重要：

（a）协议的性质；

（b）协议各方的市场地位；

（c）竞争者的市场地位；

（d）合同商品的购买商的市场地位；

（e）进入障碍；

（f）市场成熟度；

（g）贸易环节；

（h）产品性质；

（i）其他因素。

第三章　滥用市场支配地位、相对优势地位

一、禁止滥用市场支配地位的总体规定、市场支配地位的含义

（一）现行条文

第十七条第二款　本法所称市场支配地位，是指经营者在相关市场内具有能够控制商品价格、数量或者其他交易条件，或者能够阻碍、影响其他经营者进入相关市场能力的市场地位。

（二）建议条文

第二十条　具有市场支配地位的经营者，不得滥用市场支配地位，排除、限制竞争。

本法所称市场支配地位，是指经营者在相关市场内具有的能够独立于其竞争对手、交易相对人以及消费者而控制商品价格、数量或者其他交易条件的市场地位。

（三）修改说明

1. 增加总体性规定

在《反垄断法》第 3 章中，可以增设禁止滥用市场支配地位的总体性规定。具体做法是，将总则中的规定“具有市场支配地位的经营者，不得滥用市场支配地位，排除、限制竞争”调整至第 3 章第 1 条。增设总体性规定有两个好处：一是能够统领起该章，表明立法对滥用市场支配地位行为的总体态度；二是能够明确滥用市场支配地位行为的违法性标准，即在立法上明确什么是“滥用”。

我国现行《反垄断法》第 17 条第 1 款的禁止性规定，容易被理解为只要实施了法律列举的行为而又没有正当理由，不论是否可能产生排除、限制竞争的效果，都构成违法的滥用。这就忽视了滥用市场支配地位行为应当具有的效果要件——如果不会产生排除、限制竞争的效果，法律没必要禁止这类行为。也许有人会说，具有市场支配地位的经营者，只要实施第 17 条列举的行为，就会产生排除、限制竞争的效果，即具备市场支配地位的主体标准已经意味着必然会产生排除、限制竞争效果。其实不然，如果具有市场支配地位的经营者只是偶然实施这类行为，如只实施了一次、只对一个客户实施，或者只持续了一天时间，则不大可能会产生排除、限制竞争效果，法律就没必要对这类行为予以限制。因此，具有市场支配地位的经营者只有实施了具有或者可能具有“排除、限制竞争”效果的行为，才应被认定构成违法的滥用市场支配地位。

将“排除、限制竞争”确定为滥用市场支配地位行为的构成要件，可能还面临一个质疑，即《反垄断法》所规定的“以不公平的高价销售商品或者以不公平的低价购买商品”，其主要效果（包括目的）并不在于排除、限制竞争，而在于直接获取高额垄断利润。因此一旦确立“排除、限制竞争”的效果要件后，这类行为就无法被包含进去。其实，反垄断法之所以禁止各种排除、限制竞争行为，就是防止在市场竞争被排除或者限制之后，经营者可以随意提高价格（如果是购买的话，则是压低价格）。对企业来说，排除、限制竞争只是手段（或者说暂时目的），提高价格才是最终目的。既然以提高价格为目的的限制竞争手段都构成违法，没有理由不去禁止直接提高价格的行为。更重要的是，这两者本身也难以分割：如果竞争不被排除或限制，经营者就无法提高价格；如果经营者能够持续地提高价格，则必然意味着竞争已被排除或限制。所以，经营者能够“以不公平的高价销售商品或者以不公平的低价购买商品”这一事实，已经意味着“排除、限制竞争”的效果要件得到了满足。

2. 将市场支配地位的定义条款前提

现行《反垄断法》关于滥用市场支配地位制度的条文共 3 条：第 17 条第 1 款列举具体的滥用行为，第 2 款是市场支配地位的定义；第 18 条规定了市场支配地位的认定因素；第 19 条规定了市场支配地位的推定。这种条文顺序不符合滥用市场支配地位行为的规制应先认定市场支配地位，再判断是否存在滥用行为的基本思路。基于此，建议将市场支配地位的定义前提至具体的滥用行为之前，即在总体性规定之后对市场支配地位进行定义。

这样一来，本章的条文顺序基于如下逻辑关系重新调整：首先，总体性规定，紧随其后规定什么是市场支配地位；其次，规定市场支配地位的认定因素，以及市场支配地位的推定；最后，规定滥用市场支配地位行为的具体表现。

关于市场支配地位的定义条款，我们建议和总体性规定放在一起，作为第 2 款。之所以如此，主要是考虑到我国一贯以来的立法传统。定义条款在立法中的位置，我国一直以来的做法是：如果被定义的概念统辖范围涵盖整部法律，则大多放在总则之中，如《反垄断法》中“经营者”“相关市场”的概念；如果被定义项只是某分则中的概念，则一般置于分则中该概念首次出现之后，例如，“垄断协议”的概念放在《反垄断法》第 13 条第 2 款，“市场支配地位”的概念放在第 17 条第 2 款。基于此，市场支配地位的定义与总体性规定放在一起是比较适合的。

3. 市场支配地位定义的修改

现行《反垄断法》将市场支配地位界定为两种能力：一是控制商品价格、数量或者其他交易条件的能力；二是阻碍、影响其他经营者进入相关市场的能力。两种能力是选择关系，即只要具备其中一种能力就属于拥有市场支配地位。这两种能力的表述，不够全面且与其他条文存在重复，建议作出如下修订：

（1）对“控制商品价格、数量或者其他交易条件”的能力作出限定。市场支配地位本质上是一种相对于竞争对手的地位，判断一个经营者是否拥有市场支配地位，主要看其在决定商品价格时能否不受竞争对手的竞争约束，以及交易相对人是否具有足够的抗衡能力，最终看其能否独立于消费者。

在竞争性市场之上，企业提价会导致消费者流向竞争对手，最终导致涨价行为无利可图，但如果市场上的产品绝大多数来自于涨价行为人，且涨价之后，行为人的竞争对手无法通过扩大产出来吸引消费者，潜在竞争者也无法进入相关市场，则消费者转移现象就很难发生，或只会存在少量的消费者转移，故无法对涨价行为人的利润产生足够影响。这时，基本可以认定涨价行为人具有市场支配地位。这就是美国司法部与联邦贸易委员会《知识产权许可的反托拉斯指南》所说的，“市场力量是指在相当长的时间内能够将价格维持高于或将产量维持低于竞争水平而获利的能力”。欧盟《关于适用欧共体条约第 82 条查处市场支配地位企业排他性滥用行为的执法重点指南》（以下简称欧盟《排他性滥用行为执法指南》）[1] 同样指出，如果一家企业能够在一段时期内以高于竞争水

---

〔1〕 Guidance on the Commission's enforcement priorities in applying Article 82 of the EC Treaty to abusive exclusionary conduct by dominant undertakings, OJ [2009] C 45/7.

平的高价盈利，说明该企业没有受到充分有效的竞争约束，因此该企业通常被认为具有市场支配地位。

可见，市场支配地位的本质，是经营者的涨价行为不受竞争约束，或者说涨价仍然有利可图。单纯地看经营者控制商品价格或其他交易条件的能力，不足以反映市场支配地位的本质。多数较大型的企业都可以相对自由地决定自己商品的价格或其他交易条件，一定程度上也会影响市场上商品的价格或交易条件，但如果这种控制能力受到竞争对手的竞争约束、交易相对人的抗衡，那么最终便无法独立于消费者来设定交易条件。因此，我们建议对《反垄断法》所表述的"控制商品价格、数量或者其他交易条件"设置一些限制，强调"能够独立于其竞争对手、交易相对人以及消费者"来控制商品价格或其他交易条件，使其更符合经济学上市场力量的含义，并更具有现实意义。欧盟《排他性滥用行为执法指南》就将市场支配地位界定为一种关于"经济力量"（economic strength）的地位，这种地位使得拥有者能够在很大程度上独立于竞争者、客户，最终独立于消费者，从而使其能够在相关市场上阻碍有效竞争的维持。[1]

此外，现行《反垄断法》不仅将支配地位表述为"控制商品价格"的能力，也包括控制商品"数量或者其他交易条件"的能力。一般来说，控制"数量或者其他交易条件"仅当能够带来"控制商品价格"的能力时才能带来支配地位，因而其只是控制价格的手段，其本身不应成为定义市场支配地位的内容。基于此，有学者主张，未来《反垄断法》修订时应删除控制"数量或者其他交易条件"的表述。[2] 在传统市场上，商品或服务主要通过价格来盈利，企业的支配力也就体现为控制价格的能力，所以在价格之外又规定"数量或者其他交易条件"没有太大必要，但在以互联网经济、数字经济等为代表的新经济形态下，情况有所不同。

互联网经济与数字经济下，典型的市场结构是双边市场（乃至多边市场），在面对普通用户时，企业常常免费提供服务，以此来积累用户，以便在另一边向其他经营者收费。这时因不存在面对用户的"价格"，控制"价格"的能力也就无从谈起，但如果某个企业具有锁定用户的能力，则通常具有市场支配地位。

---

〔1〕 Guidance on the Commission's enforcement priorities in applying Article 82 of the EC Treaty to abusive exclusionary conduct by dominant undertakings, OJ [2009] C 45/7, para. 10.

〔2〕 许光耀："互联网产业中双边市场情形下支配地滥用行为的反垄断法调整——兼评奇虎诉腾讯案"，载《法学评论》2018 年第 1 期。

例如，在视频平台上，如果经营者增加用户观看广告的时间、频率，用户也不会发生大量流失，则通常能证明该经营者具有较大的市场力量。这时，广告时长与频率的增加，并不属于“价格”范畴，但却可归入“其他交易条件”。所以，《反垄断法》中的控制“数量或者其他交易条件”，在互联网行业等经济形态中具有一定的现实意义，尽管这并非立法本意，却属于“意外收获”，所以我们建议保留这一表述。只不过，这里的“其他交易条件”到底包括哪些内容，需要配套规范予以解释。国家市场监督管理总局《禁止滥用市场支配地位行为暂行规定》（2019）第5条第2款将其解释为：除商品价格、数量之外能够对市场交易产生实质影响的其他因素，包括商品品种、商品品质、付款条件、交付方式、售后服务、交易选择、技术约束等。该解释仍以传统商品或服务市场为基础，不足以兼顾互联网行业等经济形态的特殊性。

（2）删除“阻碍、影响其他经营者进入相关市场”的表述。“阻碍、影响其他经营者进入相关市场”的能力，主要指潜在竞争者的市场进入是否困难。市场进入的难易程度，一定程度上能够反映当前经营者的市场力量。但将“阻碍、影响其他经营者进入相关市场”的能力作为市场支配地位本身看待，可能存在一些问题：

第一，《反垄断法》第18条在规定市场支配地位的认定因素时，已经将“其他经营者进入相关市场的难易程度”作了列举，在定义条款与认定因素中涉及同一个问题，不仅存在重复，也不符合定义条款相对抽象、认定因素明确具体的基本逻辑。

第二，“阻碍、影响其他经营者进入相关市场”的能力可能过于宽泛，与市场支配地位之间不存在必然关系——即使在有效竞争的市场上，在位企业的竞争行为也会影响其他经营者的市场进入，尤其当市场竞争已过于激烈或利润已经偏低时，但这些企业未必具有市场支配地位。

此外，“阻碍、影响其他经营者进入相关市场”的能力与“控制商品价格、数量或者其他交易条件”的能力也非并列关系。从本质上看，“阻碍、影响其他经营者进入相关市场”通常被作为控制商品的价格、数量或其他交易条件的手段。企业经营的目的是营利，要想通过提价实现盈利，就必须确保市场进入是困难的。如果市场进入非常困难，现实竞争又不足的话，当前经营者就有足够的能力去提高价格；相反，如果市场进入较为容易，则当前经营者面临较大的潜在竞争约束，也就无法真正控制商品价格。所以说，市场进入的难易程度，实际上是从另一个角度（即考察潜在竞争）反映当前经营者的市场支配能力，它与控制价格的能力不是并列关系，而是判断是否能够控制价格的一个因素。

基于上述分析，我们认为，“阻碍、影响其他经营者进入相关市场”的能力实际上可以被“控制商品价格、数量或者其他交易条件”的能力所吸收。如果一个企业能够控制商品价格等交易条件，基本意味着其具有阻碍或影响他人市场进入的能力；如果其无法阻碍或影响他人的市场进入，也就很难控制商品价格等交易条件。

在美国与欧盟的竞争法均以控制价格能力作为市场支配地位的本质情况下，我国《反垄断法》修订中完全可以删除“阻碍、影响其他经营者进入相关市场”的表述，但这不影响执法机构认定企业是否具有市场支配地位时考察潜在竞争情况。换言之，其他经营者进入相关市场的难易程度可以作为市场支配地位的认定因素之一，但不宜作为市场支配地位本身。

综上，我们建议将市场支配地位的定义修改为“本法所称市场支配地位，是指经营者在相关市场内具有的能够独立于其竞争对手、交易相对人以及消费者而控制商品价格、数量或者其他交易条件的市场地位”。

（四）相关立法或规定

1. 国家市场监督管理总局《禁止滥用市场支配地位行为暂行规定》（2019）

第五条　市场支配地位是指经营者在相关市场内具有能够控制商品或者服务（以下统称商品）价格、数量或者其他交易条件，或者能够阻碍、影响其他经营者进入相关市场能力的市场地位。

本条所称其他交易条件是指除商品价格、数量之外能够对市场交易产生实质影响的其他因素，包括商品品种、商品品质、付款条件、交付方式、售后服务、交易选择、技术约束等。

本条所称能够阻碍、影响其他经营者进入相关市场，包括排除其他经营者进入相关市场，或者延缓其他经营者在合理时间内进入相关市场，或者导致其他经营者虽能够进入该相关市场但进入成本大幅提高，无法与现有经营者开展有效竞争等情形。

2. 美国司法部与联邦贸易委员会《知识产权许可的反托拉斯指南》（Antitrust Guidelines for the Licensing of Intellectual Property）（2017）

第 2.2 条　市场力量是指在相当长的时间内能够将价格维持高于或将产量维持低于竞争水平而获利的能力……

3. 欧盟委员会《关于适用欧共体条约第82条查处市场支配地位企业排他性滥用行为的执法重点指南》(2009)

(10) 支配地位是指某个企业拥有的一种经济力量地位，这种地位使其有力量在相当程度上独立于其竞争者、客户，最终独立于消费者，从而使它能够在相关市场上阻碍有效竞争的维持。

(11) 委员会认为如果一家企业能够在一段时期内以高于竞争水平的高价盈利，说明该企业没有受到充分有效的竞争约束，因此该企业通常被认为具有市场支配地位。

4. 德国《反对限制竞争法》(2017)

第18条　市场支配地位

(1) 如果一个企业作为某类商品或者工商业服务的供应者或需求者，在相关产品市场和相关地域市场上符合了以下条件，即具有市场支配地位：

①没有其他竞争者，

②没有面临实质上的竞争，或者

③相对于其竞争者具有突出的市场地位。

二、市场支配地位的认定因素

（一）现行条文

第十八条　认定经营者具有市场支配地位，应当依据下列因素：

（一）该经营者在相关市场的市场份额，以及相关市场的竞争状况；

（二）该经营者控制销售市场或者原材料采购市场的能力；

（三）该经营者的财力和技术条件；

（四）其他经营者对该经营者在交易上的依赖程度；

（五）其他经营者进入相关市场的难易程度；

（六）与认定该经营者市场支配地位有关的其他因素。

（二）建议条文

第二十一条　认定经营者具有市场支配地位，可以依据下列因素：

（一）该经营者在相关市场的市场份额，市场份额根据相关商品的销售金额、销售数量或者其他重要指标确定；

（二）相关市场的竞争状况，包括竞争者的数量及市场份额、相关市场的发展状况，以及创新和技术变化等因素；

（三）该经营者控制销售市场或者原材料采购市场的能力；

（四）该经营者相对于竞争对手的财务能力和技术条件；

（五）其他经营者对该经营者在交易上的依赖程度；

（六）该经营者拥有的用户数量以及用户对其产品或者服务的依赖程度；

（七）该经营者控制和处理相关数据的能力；

（八）交易相对人对该经营者的抗衡能力；

（九）其他经营者进入相关市场的难易程度；

（十）与认定该经营者市场支配地位有关的其他因素。

（三）修改说明

市场支配地位的本质是经营者的涨价行为不受竞争约束。竞争性市场下，经营者涨价会导致消费者转向替代性的竞争对手，既包括现实竞争者，也包括潜在竞争者。市场支配地位的存在意味着，即便经营者涨价，大多消费者也无法转移，要做到这点，必须满足两个基本条件，即现实竞争者无法扩大产出，潜在竞争者无法进入市场。这两个条件不满足的话，涨价行为就会导致大量的消费者转移，涨价行为将无利可图，经营者也就不具有市场支配地位。

基于此，认定经营者是否具有市场支配地位，主要考察现实竞争者扩大产出的能力和潜在竞争者市场进入的能力。这也就是欧盟《排他性滥用行为执法指南》所说的“市场扩张或市场进入”（expansion or entry）问题。

现有竞争者无力扩大产出，通常意味着当前经营者拥有较大的市场份额（即市场上大多产品由该经营者提供），以及相对于竞争对手来说更具有财务能力和技术条件（即竞争对手能力有限，无法有效扩大产出）。现行《反垄断法》第 18 条第 1 项、第 3 项考察的就是这些内容。第 18 条第 5 项考察的是潜在竞争问题，即“其他经营者进入相关市场的难易程度”。第 18 条第 2 项即“该经营者控制销售市场或者原材料采购市场的能力”和第 4 项即“其他经营者对该经营者在交易上的依赖程度”，兼有考察市场扩张和市场进入的问题。某个经营者如果作为生产方控制了大部分销售渠道，作为销售者控制了大部分采购渠道，或者大部分交易相对人对特定经营者具有较大的依赖性，则市场存在明显的“封锁效应”，这时不论现有竞争对手扩大产出，还是潜在竞争者进入市场，都将十分困难。

总的来说，竞争是一个动态过程，对市场支配地位的认定不能仅依据现有的市场状况，尤其不能只看企业的市场份额。市场扩张与进入会给当前经营者带来较大的竞争约束。如果市场扩张或进入是可能、及时与充分的，则可以阻止企业提高价格，市场支配地位也就难以存在。此外，企业面临的竞争约束还有可能来自客户，当客户具有一定的抗衡力量时，经营者提价也将非常困难。

基于上述认识，我们建议对市场支配地位的认定因素作出如下修改：

1. 将“应当考虑”改为“可以考虑”

在“应当考虑”之下，《反垄断法》的表述是义务性的，意味着在每个案件中认定市场支配地位，执法机构均须考虑法律列举的每个因素。这不仅对执法机构造成过重负担，而且在有些案件中也是没必要的。

法律可以列举尽可能多的因素，实践中，应由执法机构根据个案情况选择具体的考虑因素。有些案件中，基于列举的因素中的某几项，就可以认定经营者是否具有支配地位，这时没必要再对其他因素逐一考察。基于此，我们建议将“应当考虑”改为“可以考虑”，并适当增加考虑因素的内容。

2. 提出“市场份额”的计算依据

在传统经济领域，市场份额主要是指经营者商品的销售金额在相关市场上的比重，但在新经济领域，商品的销售金额不一定能够完全代表企业的市场力量，商品的销售数量、积累的用户数量等重要指标，也能反映企业实力。即便在传统经济领域，有些特殊行业中，仅依据销售金额判断市场份额也不够准确，如对大型物流企业来说，“运力”就是一个判断企业市场力量的重要指标。

基于上述考虑，我们在“该经营者在相关市场的市场份额”之后，增加了市场份额的计算依据，即“市场份额根据相关商品的销售金额、销售数量或者其他重要指标确定”。

3. “相关市场的竞争状况”独立成项

在现行《反垄断法》中，市场支配地位的第一项认定因素是“该经营者在相关市场的市场份额，以及相关市场的竞争状况”，即“市场份额”与“相关市场的竞争状况”共同构成一项认定因素。之所以这样规定，主要是考虑到对市场份额的判断不能孤立地进行，要和“相关市场的竞争状况”相结合。

这次修改，我们建议将二者分开，理由如下：

第一，如前所述，在市场份额因素方面，我们建议增加计算依据的内容，这样一来，“相关市场的竞争状况”如果再和市场份额放在一起，则第一项认定因素就显得过长。所以，第一个理由主要是基于形式上的考虑。

第二，“相关市场的竞争状况”因素在新经济形态下显得越发重要。市场支配地位首先通过市场份额表现出来，低市场份额通常是表明缺乏实质性的市场力量，相反，市场份额越高，高市场份额持续的时间越长，就越能作为认定市场支配地位的证据。但是，仅依据市场份额，而没有对企业面临的各种竞争约束进行全面考察，还不能直接认定市场支配地位的存在。市场份额只是认定市场支配地位的因素之一，而且必须与相关市场的竞争状况结合起来考虑。在新经济形态下，如互联网经济中，市场份额不仅难以判断，高市场份额也未必代表市场支配能力，奇虎360诉腾讯案的判决书明显地反映了这一点。欧盟《排他性滥用行为执法指南》也指出，对市场支配地位的评估应考虑市场的竞争结构（competitive structure of the market）。鉴于市场结构的重要作用，我们建议将原本放在第18条第1项中的“相关市场的竞争状况”独立作为一项认定因素。

第三，“相关市场的竞争状况”到底如何判断，实践中主要是分析高市场份额的持续时间、现有竞争者的数量及市场份额、潜在竞争者情况、相关市场的发展状况（成熟程度）、产品的差异化程度，以及创新和技术变化等因素。这些因素既可以在《反垄断法》中进行重点列举，也可以通过指南、法规或规章等配套文件予以明确。所以，修改建议中的“包括竞争者的数量及市场份额、相关市场的发展状况，以及创新和技术变化等因素”，既可以保留，也可以删除。

第四，将“市场份额”与“相关市场的竞争状况”分开表述，不会导致人们过于强调市场份额的作用，而忽视相关市场竞争状况的影响。因为市场支配地位很难单独依靠某一个因素确定，通常只有在综合考虑各个因素后才能得出结论。所以，不论是二者放在一起还是分开表述，在实践中往往都要予以考虑，不会因为分开表述，就使得人们忽视“相关市场的竞争状况”这个因素。相反，分开表述之后，它和“市场份额”相并列，更加凸显了其重要性。

4. 将“该经营者的财力和技术条件”修改为“该经营者相对于竞争对手的财务能力和技术条件”

第一，将“财力”修改为“财务能力”。除了市场份额外，财务能力一定程度上也能反映经营者是否受到了足够的竞争约束。现行法中的“财力”更多着眼于静态的资产规模，范围较窄，不能包含动态的融资能力、盈利能力等。财务能力是一个专门的经济学术语，由财务管理能力、财务活动能力、财务关系能力和财务表现能力等子系统综合构成，它是企业能力在财务方面的综合体现，更能充分地反映企业的经济能力与市场力量。

第二，增加了“相对于竞争对手”的限定。市场支配地位是一种相对于竞争对手的地位，考察经营者的财务能力和技术条件，目的是将该经营者与竞争对手相比，看其竞争对手是否也具有足够的财务能力和技术条件来扩大产出。如果竞争对手也有足够的财务能力和技术条件扩大产出，该经营者就很难阻止消费者转向其竞争对手，也就很难具有市场支配地位。所以，将财务能力和技术条件作为认定因素时，应坚持相对性标准，重点是分析竞争对手的相关能力。

5. 增加“该经营者拥有的用户数量以及用户对其产品或者服务的依赖程度”

交易相对人或用户等主体对经营者的依赖程度，很大程度上能够反映该经营者的市场力量。交易相对人或用户对该经营者具有较强的依赖性，一般意味着该经营者具有较大的市场份额，或者对这些主体来说特别重要，否则它们可以转向该经营者的竞争对手。我国《反垄断法》对这个因素有所考虑，体现为“其他经营者对该经营者在交易上的依赖程度”，但内容不够全面，我们建议增加一项内容，即“该经营者拥有的用户数量以及用户对其产品或者服务的依赖程度”。

之所以将“用户”突出出来，主要有两个原因：一是我国《反垄断法》表述依赖性时使用了“经营者”的概念，我们通常讲的依赖性，主要也指上下游经营者对该经营者的依赖程度，如供货商对大型零售商的依赖程度。但实际上，对该经营者具有依赖性的主体，可能是上下游经营者，也可能是用户。用户不一定就是反垄断法上的“经营者”，可能是终端消费者，也可能是并不参与市场经营的组织。所以，“用户”并不能被《反垄断法》上的“经营者”所包含；二是在互联网经济、数字经济等新经济形态下，经营者控制的用户数量以及用户对该经营者产品或服务的依赖程度，是反映经营者市场力量的最重要指标之一。我国《电子商务》第22条明确提及“用户数量”在判断电子商务经营者市场支配地位时的作用。

实践表明，用户的消费偏好、消费习惯很大程度上能够反映经营者的市场力量。在传统领域这种判断也是成立的，如欧盟的联合商标案就是如此，但在互联网经济和数字经济等情形下，用户的依赖性更容易发生，也更能代表企业的支配力，用户数量（及背后的数据量）是反映企业竞争力的重要因素，企业之间的竞争很大程度上体现为用户争夺。此外，因网络效应（或称“网络外部性”）而产生的用户“锁定效果”，主要指的就是用户无法转移、不愿转移或转移成本过高的问题。如果存在较强的用户“锁定效果”，也即消费者对该经营者具有较强的依赖性，基本可以反推该经营者具有市场支配地位。

6. 增加“该经营者控制和处理相关数据的能力”

与传统的实体经济相比，在数字经济中，经营者的关注重点大多已不再是土地、厂房、机器设备等传统生产资料，而是数据、用户流量、知识产权等要素，尤其是数据，它构成了数字经济最重要的能源和资源。对企业来说，掌握的数据越多，竞争优势就越大。数据本身就是核心生产力，也是所有竞争的核心。加上网络效应的影响，先进入市场的经营者将在短期内聚集大量用户，进而获得大量数据，而后进入市场的竞争者难以获得全部数据，或者获取成本较大，进而使得企业间的竞争力发生重大变化。

但是，必须同时承认，数据的价值除了数据规模外，还依赖于算法和数据技术。[1] 大数据的运用不仅是存储数据、建立数据中心，关键是对数据的变现和分析，把不同的数据聚合，这才是大数据的价值来源。[2] 所以，掌握数据本身不一定能给企业带来很强的市场力量，它只是数据影响企业市场力量的前提，在掌握数据后，还要看企业的数据处理能力。

基于此，我们提出，在数字经济下，企业市场力量可以通过其“控制和处理相关数据的能力”反映出来。在这里，判断标准不仅是企业“控制”数据的能力，更要看企业“处理”数据的能力。

7. 增加“交易相对人对该经营者的抗衡能力”

经营者占有较大的市场份额，通常能代表支配地位的存在，但在交易相对人具有足够的抗衡能力时，经营者很难控制市场。抗衡能力在欧盟竞争法中被表述为“抵消性买方力量”（countervailing buyer power），也即客户讨价还价的能力。[3] 之所以考虑抗衡能力，是因为经营者面临的竞争约束，不仅可能由现实的或潜在的竞争对手施加，也可能由客户施加。一个经营者即便拥有较高的市场份额，在面对的客户具有足够的讨价还价能力时，也不能做到独立决策。

抗衡能力的一个典型例子是经营者与交易相对人互为客户，且交易对双方来说都特别重要。这时，经营者在当前交易中对交易相对人提价，则交易相对人在另外一个交易中也可以对该经营者提价。这种相互制约的力量使得经营者的市场份额即便很高也无法控制商品的价格，即无法支配市场。在华为诉交互

〔1〕 Nils-Peter Schepp, Achim Wambach, *On Big Data and its Relevance for Market Power Assessment*, Journal of European Competition Law & Practice, 2016, 7 (2), p. 122.

〔2〕 曾雄：“数据垄断相关问题的反垄断法分析思路”，载《竞争政策研究》2017 年第 6 期。

〔3〕 Guidance on the Commission´s enforcement priorities in applying Article 82 of the EC Treaty to abusive exclusionary conduct by dominant undertakings, OJ [2009] C 45/7, para. 12.

数字通信有限公司（Inter Digital Communications，IDC）案中，一二审法院在认定 IDC 是否具有支配地位时，就考察了这种抗衡力量。法院指出，由于 IDC 不进行任何实质性生产，仅以专利许可作为其经营模式，华为公司无法通过标准必要专利的交叉许可来制约交互数字。故就本案来说，交互数字通信有限公司（Inter Digital Communications，IDC）在与华为公司进行 3G 标准必要专利许可谈判时，具备控制华为公司使用其 3G 标准必要专利的价格、数量及其他交易条件的能力。[1]

我国《反垄断法》没有单独规定抗衡能力作为市场支配地位的认定因素，但第 18 条第 4 项即"其他经营者对该经营者在交易上的依赖程度"与抗衡能力有一定的关联。一般来说，依赖性与抗衡能力之间是反相关关系：依赖性越强，抗衡能力就越弱，依赖性越弱，抗衡能力就越强；反过来，抗衡能力越强，依赖性就越弱，抗衡能力越弱，依赖性就越强。所以，通过对"交易上的依赖程度"的扩大解释，一定程度上可以将抗衡能力包含进来。但依赖性与抗衡能力毕竟存在差异，前者仅反映交易双方之间的单向关系，后者则反映交易双方的相互制约作用，依赖性的存在并不必然排斥抗衡能力。例如，交易相对人即便对经营者具有较大的依赖性，但如果其规模足够大，对经营者来说特别重要，或者经营者对其也有依赖性，则其也可能具有足够的抗衡能力。所以，为了更充分、有效地评估经营者的市场力量，仍有必要对抗衡能力作出独立规定。

（四）相关立法或规定

1. 国家市场监督管理总局《禁止滥用市场支配地位行为暂行规定》(2019)

第六条　根据反垄断法第十八条第一项，确定经营者在相关市场的市场份额，可以考虑一定时期内经营者的特定商品销售金额、销售数量或者其他指标在相关市场所占的比重。

分析相关市场竞争状况，可以考虑相关市场的发展状况、现有竞争者的数量和市场份额、商品差异程度、创新和技术变化、销售和采购模式、潜在竞争者情况等因素。

第七条　根据反垄断法第十八条第二项，确定经营者控制销售市场或者原材料采购市场的能力，可以考虑该经营者控制产业链上下游市场的能力，控制销售渠道或者采购渠道的能力，影响或者决定价格、数量、合同期限或者其他

[1] 参见广东省高级人民法院民事判决书（2013）粤高法民三终字第 306 号。

交易条件的能力，以及优先获得企业生产经营所必需的原料、半成品、零部件、相关设备以及需要投入的其他资源的能力等因素。

第八条　根据反垄断法第十八条第三项，确定经营者的财力和技术条件，可以考虑该经营者的资产规模、盈利能力、融资能力、研发能力、技术装备、技术创新和应用能力、拥有的知识产权等，以及该财力和技术条件能够以何种方式和程度促进该经营者业务扩张或者巩固、维持市场地位等因素。

第九条　根据反垄断法第十八条第四项，确定其他经营者对该经营者在交易上的依赖程度，可以考虑其他经营者与该经营者之间的交易关系、交易量、交易持续时间、在合理时间内转向其他交易相对人的难易程度等因素。

第十条　根据反垄断法第十八条第五项，确定其他经营者进入相关市场的难易程度，可以考虑市场准入、获取必要资源的难度、采购和销售渠道的控制情况、资金投入规模、技术壁垒、品牌依赖、用户转换成本、消费习惯等因素。

第十一条　根据反垄断法第十八条和本规定第六条至第十条规定认定互联网等新经济业态经营者具有市场支配地位，可以考虑相关行业竞争特点、经营模式、用户数量、网络效应、锁定效应、技术特性、市场创新、掌握和处理相关数据的能力及经营者在关联市场的市场力量等因素。

第十二条　根据反垄断法第十八条和本规定第六条至第十条认定知识产权领域经营者具有市场支配地位，可以考虑知识产权的替代性、下游市场对利用知识产权所提供商品的依赖程度、交易相对人对经营者的制衡能力等因素。

2. 欧盟委员会《关于适用欧共体条约第82条查处市场支配地位企业排他性滥用行为的执法重点指南》(2009)

(12) 对市场支配地位的评估将考虑市场的竞争结构，特别是以下因素：

——现有供应渠道、市场地位、实际的竞争对手（占支配地位企业和其竞争对手的市场地位）带来的约束；

——实际竞争对手未来扩张或潜在竞争对手的进入威胁带来的约束；

——客户讨价还价能力（抵消性买方力量）带来的约束。

3. 德国《反对限制竞争法》(2017)

第18条　市场支配地位

(3) 在评估企业相对于其竞争者的市场地位时，特别要考虑该下列因素：该企业的市场份额；财力；进入采购或者销售市场的渠道；与其他企业的联合；其他企业进入市场所面临的法律上或事实上的障碍；本法适用范围内和适用范围外的企业与该企业之间存在的现实的或潜在的竞争；该企业将其供应或者需求转向其他商品或者服务的能力；市场相对方转向其他企业获得商品或服务的可能性。

4. 我国香港特别行政区《竞争条例》(2012)

第 21 条　滥用市场权势

(3) 在不局限在断定某业务实体是否在市场中具有相当程度的市场权势时可考虑的事宜的原则下，以下事宜在作出上述断定时可列入考虑——

(a) 业务实体的市场占有率；

(b) 业务实体作出定价及其他决定的能力；

(c) 竞争者进入有关市场的任何障碍；及

(d) 在根据第 35 条发出的指引内为施行本段而指明的其他有关事宜。

(五) 典型案件：欧盟联合商标公司案[1]

联合商标公司（United brands company，以下简称 UBC）是注册于美国新泽西州的一家公司，其在欧盟境内设立了一家子公司 United Brands Continental B. V（以下简称 UBCBV）。

1975 年 12 月 17 日，欧洲共同体委员会（以下简称欧盟委员会）作出决定，宣布 UBC 的下列行为违反了《欧共体条约》第 82 条（现《欧盟运行条约》第 102 条），构成市场支配地位滥用行为：①要求其位于比利时—卢森堡经济联盟、丹麦、德国（当时的联邦德国）、爱尔兰、荷兰的销售商/催熟商（distributor/ripeners）不得销售青香蕉；②在销售 Chiquita 牌香蕉时，对上述成员国内不属于 Scipio 集团的销售商/催熟商，就同等交易收取不同的交易价格；③在销售 Chiquita 牌香蕉时，对比利时—卢森堡经济联盟、丹麦、荷兰、德国的非 SCIPIO 集团的客户，收取不公平的交易价格；④从 1973 年 10 月 10 日到 1975 年 2 月 11 日，拒绝对丹麦哥本哈根的 TH. Olesen A/S 集团供应 Chiquita 牌香蕉。

欧盟委员会依据《欧共体条约》第 82 条指控 UBC，首先认定了 UBC 在相关市场上具有支配地位。关于本案的相关市场，欧盟委员会的观点是：①由于香蕉在四个季节都可以催熟，没有季节性，加上香蕉的口味、柔软、无核、产量稳定等特性，使得其能持续满足一大部分人口，包括老人、幼儿和病人的需求。因此，其他新鲜水果对香蕉价格和销售的影响程度十分微弱，影响时间也过于短暂或存在间歇性，故本案的相关商品市场是香蕉而不包括其他的新鲜水

---

〔1〕 Case 27/76, *United Brands v Commission*, [1978] ECR 00207.

果；②本案的地域市场是涉案行为所发生的比利时—卢森堡经济联盟、丹麦、德国、爱尔兰、荷兰。

在界定相关市场之后，欧盟委员会认为，基于一系列因素，应认定在上述市场上 UBC 拥有其竞争对手无可挑战的优势（unchallengeable ascendancy）。这些因素包括：其相比于竞争对手的市场份额、货源的多样性、产品的同质性、对生产与运输活动的组织化、营销体系与推广活动、经营方式的多样化，以及其最具决定性的纵向一体化。考虑到这些因素的结合，欧盟委员会认定 UBC 在相关市场上的行为具有相当程度的独立性（general independence），这使其能在很大程度上阻碍来自竞争对手的有效竞争。

UBC 及其子公司 UBCBV 对欧盟委员会的决定不服，于 1976 年 3 月 15 日向欧洲法院起诉，要求撤销欧盟委员会的决定，或者欧洲法院不同意撤销的话，至少应减少罚款。欧洲法院于 1978 年 2 月 14 日作出判决，纠正了欧盟委员会关于 UBC 收取超高价格的认定，支持了欧盟委员会的其他主张，并据此减少了对 UBC 的罚款。

在支配地位的认定上，欧洲法院首先界定了什么是支配地位，即支配地位是指某个企业拥有的一种经济力量地位，这种地位使其有力量在相当程度上独立于其竞争者、客户，最终独立于消费者，从而使它能够在相关市场上阻碍有效竞争的维持。欧洲法院进一步认为，支配地位源自若干因素的共同作用，而单独来看这些因素，可能并不具有决定性。在此基础上，欧洲法院从以下两个方面分析了 UBC 的市场力量：

1. UBC 的结构（the structure of UBC）

欧洲法院认为，UBC 是高度纵向一体化的企业，从生产、包装、运输、催熟到销售，UBC 都有着竞争对手不可比拟的优势地位：在产品供应上，UBC 不仅拥有自己的种植园，还能毫不困难地从独立香蕉农那里得到供应；在包装阶段，UBC 拥有自己的工厂、人力、设备和材料，这使其能够独立地对商品进行处置；UBC 的香蕉运输基本靠自己的手段，首先其用铁路运输或其他手段将香蕉从产地运送到船舶始发港，在海运阶段，UBC 被认为是同类企业中唯一能够用自己的香蕉船队运输自己 2/3 以上出口产品的企业；在技术知识方面，UBC 拥有先进的催熟技术，并派技术人员对其 Chiquita 牌香蕉的销售商/催熟商进行指导；在销售方面，UBC 通过大规模的重复广告和促销活动，使其香蕉品牌 Chiquita 成为相关市场上最主要的品牌，销售商们无法不向消费者供应这种香蕉。

2. 相关市场的竞争状况（the situation with regard to competition）

在分析本案相关市场上的竞争状况时，欧洲法院主要考察了以下因素，进而确认 UBC 在相关市场上拥有支配地位：

（1）实际存在的竞争关系。UBC 认为 SCIPIO 集团是自己的竞争对手，因此其购买 UBC 香蕉的比例，不应计算在自己的市场份额中。但欧洲法院认为，SCIPIO 集团与 UBC 之间存在着有效协议（working arrangements），使得二者在价格、销售及广告活动等方面都存在共同的行动（joint action），因此，UBC 与 SCIPIO 之间并不存在竞争。

（2）市场份额及竞争者的市场力量和数量。在市场份额上，欧盟委员会和 UBC 的观点不一致，但欧洲法院指出，可以确定的是，UBC 在相关市场上的份额始终高于 40%，而接近于 45%。当然，不能仅依据这一市场份额就直接认定 UBC 具有支配地位，还应当通过考虑竞争者的市场力量和数量，来分析 UBC 是否能够控制市场。事实是，UBC 的市场份额是其竞争对手 Castle and Cooke 的好几倍，而 Castle and Cooke 已是 UBC 最大的竞争对手。这一事实与其他要素的结合，可以视为 UBC 拥有压倒性力量的证据。

（3）对竞争的消除程度。欧洲法院认为，一个企业具有市场支配地位，并不意味着所有的竞争机会都被消除，也即不能以市场上仍存在竞争为由来抗辩支配地位。本案中，1973 年有几次实际上存在的活跃的竞争，如 Castle and Cooke 在德国市场上发起了一次大规模的广告和促销活动，并给予价格折扣，ALBA 也进行了降价促销，Villeman ET TAS Firm 也在荷兰市场积极地与 UBC 展开竞争。必须注意的是，尽管这些公司进行了努力，但均未能在其发动进攻的市场上显著地增加市场份额，而且这些竞争在时间和空间上都是有限的，未能覆盖整个相关市场。所以这些竞争对 UBC 的市场力量并没有造成实质性的影响。

（4）市场进入障碍。欧洲法院认为，在本案的相关市场上，新进入的竞争者面临一些特殊的障碍：建立和经营香蕉种植园，必须有大量的资金投入；必须拓展货源渠道，以应对水果病虫害或恶劣天气的影响；必须建立一个有效的物流系统（an essential system of logistics），因为这是销售易腐水果所必需的；该产业具有规模经济效应，而新进入者不可能立即达成规模经济；市场进入的实际成本较高，包括建立销售网络、进行广告宣传的费用等，且这些成本面临很大的财务风险，因为一旦失败，这些投入是无法收回的。

（5）企业利润。在支配地位与企业利润之间的关系上，欧洲法院认为，企业的经济力量不是用它能不能赚钱来衡量的，减少利润甚至有时遭受损失并不一定与支配地位不相容，正如在有效竞争的条件下也可以赚取较大的利润一样。就本案来说，不论UBC遭受了什么损失，客户仍继续从它那里购买更多的产品，UBC仍是顾客们最喜爱的供应商，这一点更为重要，这也是支配地位的重要特点。

三、市场支配地位的推定、共同市场支配地位

（一）现行条文

第十九条 有下列情形之一的，可以推定经营者具有市场支配地位：

（一）一个经营者在相关市场的市场份额达到二分之一的；

（二）两个经营者在相关市场的市场份额合计达到三分之二的；

（三）三个经营者在相关市场的市场份额合计达到四分之三的。

有前款第二项、第三项规定的情形，其中有的经营者市场份额不足十分之一的，不应当推定该经营者具有市场支配地位。

被推定具有市场支配地位的经营者，有证据证明不具有市场支配地位的，不应当认定其具有市场支配地位。

（二）建议条文

第二十二条 一个经营者在相关市场的市场份额达到二分之一的，可以推定其具有市场支配地位。

两个经营者作为整体在相关市场的市场份额合计达到三分之二的，或者三个经营者作为整体在相关市场的市场份额合计达到四分之三的，可以推定这些经营者拥有市场支配地位，但其中有的经营者市场份额不足十分之一的，不应当推定该经营者具有市场支配地位。

依据本条第二款推定两个以上经营者具有市场支配地位的，还应当考虑相关商品的同质化程度、相关市场的透明度以及经营者行为的一致性等因素。

被推定具有市场支配地位的经营者，有证据证明不具有市场支配地位的，不应当认定其具有市场支配地位。

（三）说明及理由

1. 将单一市场支配地位与共同市场支配地位分开表述

《反垄断法》第19条规定的市场支配地位推定，第1项说的是单一市场支配地位，第2、3项说的是共同市场支配地位。共同市场支配地位（collective dominance）即集体市场支配地位，指多个企业作为整体拥有市场支配地位的情形。对单一市场支配地位，以市场份额作为推定标准没有问题，但就共同市场支配地位来说，仅依据市场份额标准是不够的，通常只有多个企业之间存在某种内在联系，这种联系足以使其构成一个共同实体（a collective entity）时，才能推定它们具有共同的市场支配地位。也就是说，单一市场支配地位和共同市场支配地位的适用条件不同。现行法将它们放在一起规定，都依据市场份额标准进行推定，不能反映出二者的区别，所以，建议将二者分成两款表述。

2. 明确共同市场支配地位的适用条件

《反垄断法》第19条第2、3项以市场份额作为共同市场支配地位的推定标准，可能会不合理地扩大市场支配地位的认定。在以下两种情况下，按现行法来推定市场支配地位，可能对企业不公平，也不能完全反映真实的市场结构：①两个或三个企业的市场份额合计达到了推定标准，但这些企业之间的竞争非常激烈，他们并没有采取一致的行动；②在一个相关市场上，第一大企业拥有55%的市场份额，第二大和第三大企业分别拥有15%的市场份额，则根据现行法，既可以推定第一大企业具有单一的市场支配地位，也可以推定第一大企业和第二大或第三大企业拥有共同市场支配地位，甚至还可推定这三个企业拥有共同市场支配地位。在这两种情况中，要么企业间存在实质性的竞争，要么某个企业相对于其他企业来说不具有控制交易条件的能力，所以推定它们拥有共同市场支配地位是不合适的。

共同市场支配地位在规范寡头垄断行为上非常有用，但应当明确其适用条件，否则会不合理地扩大其适用范围。根据欧盟判例法，市场支配地位的确可以由多个企业共同拥有，只要从经济角度看，它们在特定市场上表现得像是一个共同实体。要确认存在上述共同实体，必须考察那些使得所涉企业发生关联的经济联系或其他因素。通常，只有这些企业作为整体，在相关市场不存在实质性的竞争时，才能推定它们拥有共同的市场支配地位。

在Airtours/First Choice案中，欧盟委员会禁止了涉案交易，原因是这一交易将导致相关市场上排名第二和第四的两家公司合并，从而成为市场份额最高的公司（合并后的市场份额为32%），合并后的公司与其他两家公司Thomson（市场份额27%）和Thomas Cook（市场份额20%）的市场份额相加后将达到79%，从而使得这三家公司形成共同市场支配地位。[1] 然而，欧盟委员会的这一决定之后被欧盟法院推翻，欧盟法院认为，欧盟委员会必须有充分证据证明这一交易将直接或间接地导致合并双方和他们的竞争者将“对市场采取共同的决策”并且将严重和持续性地阻碍市场竞争；在认定形成共同市场支配地位时，欧盟委员会必须证明如下每一个标准都得到了满足：①必须有充分的“市场透明度”使得每一个具有支配力的寡头有能力知晓其他企业的行为从而监督他们是否正在采取共同的决策；②必须有一种方式使得其他寡头成员能够对违反共同决策的成员进行报复，从而使得寡头成员有遵守共同决策的动机；③必须证明可预见的目前的竞争者和潜在的竞争者以及消费者可能采取的应对措施不会危及共同决策带来的后果。[2]

基于上述考虑，我们建议对本条作如下修改：

第一，在依据市场份额推定共同支配地位时，增加一个限定语，即“作为整体”。这样做的目的在于强调共同市场支配地位与单一市场支配地位不同，多个企业被推定具有市场支配地位的，意指它们作为整体拥有一个市场支配地位，即它们在特定市场上表现得像是一个共同实体一样。

第二，在本条增加一款，即“依据本条第二款推定两个以上经营者具有市场支配地位的，还应当考虑相关商品的同质化程度、相关市场的透明度以及经营者行为的一致性等因素”。这里从三个方面界定了共同市场支配地位的适用前提，即商品高度同质化、市场透明度强、经营者行为具有一致性。这里的行为一致性，不是说它们共同实施了具体的滥用市场支配地位行为——如果是这样的话，应该留在滥用行为判断时进行分析——而是指它们的经营行为具有高度一致性。

（四）相关立法或规定

1. 国家市场监督管理总局《禁止滥用市场支配地位行为暂行规定》（2019）

第十三条　认定两个以上的经营者具有市场支配地位，除考虑本规定第六条至第十二条规定的因素外，还应当考虑市场结构、相关市场透明度、相关商

---

〔1〕 Case IV/M. 1524 - *Airtours/First Choice*, OJ [2000] L 93/1.

〔2〕 Case T-342/99, *Airtours v Commission*, [2002] ECR II-02585.

品同质化程度、经营者行为一致性等因素。

2. 德国《反对限制竞争法》（2017）

第18条　市场支配地位

（4）一个企业的市场份额超过40%的，推定其具有市场支配地位。

（5）两个或两个以上的企业在下列情况下具有市场支配地位：

①它们之间在相关产品或服务上不存在实质性的竞争，并且

②它们作为整体符合本条第（1）段规定的条件。

（6）由多个企业组成的整体具备以下条件时，推定其具有市场支配地位

①三个或三个以下企业组成的整体，共同占有百分之五十的市场份额，或者

②五个或五个以下企业组成的整体，共同占有三分之二的市场份额。

（7）如果企业能够证明，它们之间存在实质性竞争，或者企业组成的整体相对于其他竞争者并不具有突出的市场地位的，则本条第（6）段的推定可以被推翻。

3. 韩国《规制垄断与公平交易法》（2016）

第4条　市场支配地位企业的推定

在特定的交易领域，市场份额符合以下各项规定之一的企业，推定为第二条第七项所说的具有市场支配地位的企业：

（1）一个企业的市场份额达到50%或者以上；

（2）多个企业（不超过三个）的市场份额合计达到75%或者以上，但是该情形中市场份额不满10%者除外。

（五）典型案件：关于共同支配地位的CMB案[1]

CMB（Compagnie Maritime Belge SA）是一家航海公司，其经营活动包括船舶持有、管理及航海业务。1991年，其成立了一个独立实体CMBT（Compagnie Maritime Belge Transports SA），专门从事班轮及多式联运服务。

CMB是中西非航运联盟（Associated Central West Africa Lines，以下简称Cewal）的成员，该联盟是一家航海公会（shipping conference），其成员都是航海公司，都经营扎伊尔（Zairean，后变成刚果民主共和国）、安哥拉和北海各港口（英国除外）之间的定期班轮服务。

---

[1] Joined cases C-395/96 P and C-396/96 P, CMBT and others v Commission, [2000] ECR I-01365.

本案的涉案行为主要包括两项：①Cewal 与其他两家航海公会 Cowac、Ukwal 及其相互的成员企业之间订立了一份不竞争协议（non-competition agreements），根据该协议，每家公会的成员企业在另外两家公会的活动范围内均不从事竞争性的经营活动，以便对北欧和西非之间的班轮运输市场进行地域划分。②Cewal 的成员企业还从事了下列行为：参与执行 Cewal 与扎伊尔的 Office de Gestion du Fret Maritime（Ogefrem）之间订立的合作协议；背离现行的收费表，修改收费费率，以使其费率与主要的独立竞争对手同日或邻近日出航的船舶费率相同或者更低；建立 100%忠诚安排（包括以 FOB 方式销售的货物），并且列出了一份不忠诚船主的黑名单。

上述行为被欧盟委员会于 1992 年 12 月 23 日作出禁止决定，[1] 欧盟委员会认为：Cewal、Cowac、Ukwal 及其成员企业之间的不竞争协议违反了《欧共体条约》第 81（1）条［现《欧盟运行条约》第 101（1）条］，属于一项垄断协议；Cewal 成员企业的行为违反了《欧共体条约》第 82 条（现《欧盟运行条约》第 102 条），属于对其共同支配地位（joint dominant position）的滥用。在滥用市场支配地位的认定中，欧盟委员会认为，Cewal 公会拥有支配地位，而由于 Cewal 公会的成员通过公会协议彼此发生联系，这使得他们之间产生密切的经济联系，因而这一支配地位是这些成员所共同拥有的。据此，欧盟委员会在决定中除要求涉案企业终止上述行为外，还对 Cewal 的四家成员企业 CMB、Dafra Line、Nedlloyd Lijnen BV 和 Deutsche Afrika Linien-Woermann Linie 处以了罚款。

1993 年 3 月 19 日，CMB 和 CMBT 向初审法院（即现在的欧盟常设法院，the General Court）提起诉讼，请求撤销欧盟委员会的决定。同时，被处罚的 Cewal 的另外三家成员公司也向初审法院提起了同样的诉讼。他们的抗辩理由主要是，涉案行为并不具有扭曲竞争的目的或效果，也不构成市场支配地位滥用行为。

初审法院基本认可欧盟委员会的认定，其在 1996 年 10 月 8 日作出的判决中指出，Cewal 成员在相关市场上的地位应当被共同地进行评价，因为这些成员加入公会后通过订立某些协议，共同地从事了相关的滥用行为。[2] 基于此，初审

---

〔1〕 Case IV/32.448 and IV/32.450 - *Cewal*, *Cowac and Ukwal*, IV/32.448 and IV/32.450 - *Cewal*, OJ [1993] L 34/20.

〔2〕 Joined cases T-24/93, T-25/93, T-26/93 and T-28/93, CMBT and others v Commission, [1996] ECR II-01201, paras 65-66.

法院仅判决减少了罚款数额，并未支持原告们撤销欧盟委员会决定的主张。

CMB、CMBT 和 Dafra Line 对初审法院的判决不服，又向欧洲法院提起上诉。他们对共同支配地位的滥用行为予以否认，认为没有足够的经济联系表明 Cewal 会员企业能被作为共同市场支配地位看待，即便他们之间存在着一致行动，也应依据《欧共体条约》第 81（1）条认定为垄断协议而非滥用市场支配地位。

关于《欧共体条约》第 81 条和第 82 条的适用关系及共同市场支配地位的认定，欧洲法院在判决中指出：①条约第 81 条和第 82 条的措辞清楚地表明，同一行为可以同时违反两个条文，因此，不能先验地说这两个条文不能同时适用。②尽管两个条文可以同时使用，但两个条文追求的目标是不同的：条约第 81 条适用于可能显著地影响成员国间贸易的协议、决定或协同行为，而不管所涉企业的市场地位如何；条约第 82 条则适用于一个或多个企业从事的滥用经济力量的行为，这种力量使其能够相当程度地独立于竞争者、客户，最终是独立于消费者，从而使其有能力阻碍相关市场上有效竞争的维持。③支配地位可以由两个或两个以上在法律上相互独立的经济实体所拥有，只要从经济角度看，它们可以在特定市场上表现得像是一个共同实体（a collective entity）。④要确认存在上述共同实体，必须考察那些使所涉企业发生关联的经济联系或因素（economic links or factors），特别是必须确定所涉企业之间的经济联系，是否使得它们能够一同从事独立于竞争者、客户和消费者的行为。⑤所涉企业间存在条约第 81 条意义上的协议、决定或协同行为，无疑会使这些企业在特定市场上发生这种联系，但仅依据这点是不够的，因此，可以根据该协议的性质、条款和执行方式，最终判断该协议到底导致了哪些具体的联结因素，来认定共同支配地位。⑥认定共同支配地位，并不必须存在上述协议，也可基于其他联结因素，并进行经济分析，特别是对市场结构进行分析，从而认定是否存在共同支配地位。

基于上述分析，欧洲法院驳回了上诉人关于共同市场支配地位不适用于本案的主张，支持了欧盟委员会和初审法院对本案的法律适用。

四、滥用市场支配地位行为的表现

（一）现行条文

第十七条第一款　禁止具有市场支配地位的经营者从事下列滥用市场支配地位的行为：

（一）以不公平的高价销售商品或者以不公平的低价购买商品；

（二）没有正当理由，以低于成本的价格销售商品；

（三）没有正当理由，拒绝与交易相对人进行交易；

（四）没有正当理由，限定交易相对人只能与其进行交易或者只能与其指定的经营者进行交易；

（五）没有正当理由搭售商品，或者在交易时附加其他不合理的交易条件；

（六）没有正当理由，对条件相同的交易相对人在交易价格等交易条件上实行差别待遇；

（七）国务院反垄断执法机构认定的其他滥用市场支配地位的行为。

（二）建议条文

第二十三条　具有市场支配地位的经营者，不得实施下列滥用市场支配地位的行为：

（一）以不公平的交易价格销售或购买商品；

（二）以低于成本的价格销售商品（或者直接改为“掠夺性定价”）；

（三）拒绝与交易相对人进行交易；

（四）限定或者变相限定交易相对人的交易对象；

（五）搭售商品或者在交易时附加其他不合理的交易条件；

（六）对不同的交易相对人在交易价格等交易条件上实行歧视性待遇；

（七）法律、行政法规规定的或者国务院反垄断执法机构、具有垄断案件管辖权的人民法院认定的其他滥用市场支配地位的行为。

具有市场支配地位的经营者从事前款第二项至第六项行为，如果能够证明存在正当理由的，不予禁止。

（三）修改说明

1. 将“正当理由”另款规定，作为抗辩理由而非行为要件

现行《反垄断法》第 17 条第 1 款第 2 至第 6 项所列举的各种滥用市场支配地位行为中，都有“没有正当理由”的限定。在这种表述方式下，“没有正当理由”是滥用市场支配地位行为的构成要件，也即需要先证明“没有正当理由”，才能认定构成滥用行为。但实际上，正当理由应该是行为人的抗辩理由。

一般来说，滥用市场支配地位行为的分析步骤为：①界定相关市场；②判断行为人在相关市场上是否具有市场支配地位；③是否实施了具有或者可能具

有排除限制竞争效果的滥用行为；④是否存在正当理由。可见，是否存在正当理由，应该是在认定涉嫌滥用行为之后再进行的分析步骤，所以，不宜放在对滥用行为的表述之中，以免产生误解。基于此，我们建议将正当理由作为抗辩理由，另作一款规定。

《反垄断法》第 17 条第 1 款第 1 项列举不公平交易价格行为时，没有附加“没有正当理由”的限制，似乎这类行为不可能有“正当理由”，但实际上，该项对价格行为的禁止以“不公平”为前提，而“不公平”的限定本身就意味着，如果价格行为是“公平”的，则不构成市场支配地位的滥用。所以，这里的“不公平”和“没有正当理由”功能一致。

2. 简练不公平交易价格行为的表述

《反垄断法》中“以不公平的高价销售商品或者以不公平的低价购买商品”的表述较为啰嗦，实际上说的就是“以不公平的交易价格销售或购买商品”。

不公平交易价格行为的典型表现是“超高定价”，而超高定价主要指销售行为，似乎不能涵盖“低价购买”行为，而我国《反垄断法》既规定了超高定价又规定了低价购买，似乎较为全面。实际上，反垄断法禁止垄断行为时，基本都将行为人假设为卖方，即规制所谓的“卖方垄断”。至于“买方垄断”（monopsony），理论上一般将其视为卖方垄断的“镜像”（the mirror image of monopoly）[1]，其行为方向和卖方垄断刚好相反，分析思路却并没有太大的不同。所以，各国反垄断法即便在立法上没有专门规定买方垄断，也不意味着买方垄断合法，而只是基于卖方垄断的假设而省略掉这部分内容而已。

3. 利润挤压行为的处理

在将滥用市场支配地位行为分为剥削性滥用和排他性滥用的情况下，不公平交易价格行为通常被理解为剥削性滥用，但事实上，不公平交易价格行为既可用来谋取不合理的垄断利润，也可用来排除相关市场上的竞争。如果行为人对相关产品收取过高价格，而该产品又是购买人用以生产其他产品的投入品（原材料），那么购买人的盈利能力将会受到削弱，严重的话，购买人在下游市场将无利可图，并有可能被排挤出下游市场。

基于上述考虑，我们曾设想将不公平交易价格行为修改为“以不公平的交易价格，谋取不合理的利润，或者严重削弱交易相对人的盈利能力”。这样修改之后，好处是明确了不公平交易价格行为的目的或效果，即既可以是一种剥削

---

〔1〕 Maurice E. Stucke, *Looking at the Monopsony in the Mirror*, 62 Emory L. J. 1509 (2013), p. 1516.

性滥用，也可以是一种排他性滥用，但弊端是表述冗长，且在其他滥用行为未界定目的或效果，只在这类行为中专门界定时，也会使法条表述前后不一致，甚至容易引起误解，即不同的滥用行为对目的或效果的要求不同。基于这些担忧，我们最终放弃了这个建议。

强调不公平交易价格行为可能会"严重削弱交易相对人的盈利能力"，主要目的是将利润挤压（margin squeeze）行为包括进来。利润挤压也称价格挤压（price squeeze），典型例子是，既做批发也做零售的企业，将批发价设置为与零售价相当甚至比零售价还高，这会严重挤压购买商的利润，使得购买商在零售市场无法与出卖人进行竞争。

利润挤压是否在反垄断法中有专门规定，不同国家或地区的做法不尽一致。德国《反对限制竞争法》第 20 条第 3 款第 3 项明确规定了利润挤压行为，其规定，相对于中小企业具有市场优势的企业，在向下游市场上与其具有竞争关系的中小企业供货时，收取的价格超过其自身在下游市场上销售该货物的价格的，构成了法律所禁止的不公平阻碍行为。

《欧盟运行条约》第 102 条对滥用市场支配地位行为的规定较为简单，在列举的典型滥用行为里没有提到利润挤压，但实践中不论欧盟法院还是欧盟委员会都将利润挤压视为滥用行为的表现形式之一。欧盟法院在 Industrie des poudres sphériques 案中指出，利润挤压是指在未经加工产品（an unprocessed product）市场上具有支配地位的企业，自身利用此产品制造深加工产品（a more processed product），同时又将多余的未经加工产品在市场上出售，其确定的出售价格使得这些产品的购买者无法在加工过程中获得足够的利润，以维持在深加工产品市场上的竞争力。[1] 欧盟《排他性滥用行为执法指南》指出，占支配地位的企业可能对上游市场产品收取的价格，与其对下游市场产品收取的价格相比，使得一个具有同等效率的竞争对手在下游市场中长时间地无法进行盈利性交易，这就是所谓的"利润挤压"。[2] 欧盟委员会处理的利润挤压案件中，最著名的是 2003 年的德国电信案（Deutsche Telekom，DT），[3] 2009 年欧盟委员会对 DT 子公司斯洛伐克电信（Slovak Telekom，ST）的处罚，也是利润挤压的典型

---

〔1〕 Case T-5/97, *Industrie des poudres sphériques v. Commission*, [2000] ECR II-03755, para. 178.

〔2〕 Guidance on the Commission's enforcement priorities in applying Article 82 of the EC Treaty to abusive exclusionary conduct by dominant undertakings (2009/C 45/02), OJ [2009] C 45/7, para. 80.

〔3〕 Case COMP/C-1/37.451, 37.578, 37.579 - *Deutsche Telekom AG*, OJ [2003] L 263/9.

案例。[1]

利润挤压究竟构成何种滥用市场支配地位行为，可以作出不同的分析。利润挤压以超高定价为外在形式，但这通常只是手段，利润挤压大多时候是一种拒绝交易行为，即以交易相对人无法承受的高价变相拒绝交易。欧盟《排他性滥用行为执法指南》就将利润挤压和拒绝供应视为同一种性质的行为。不过，在上游市场收取过高价格有时也不为拒绝交易，这时认定为不公平的交易价格行为也未尝不可。

利润挤压有时也可以在差别待遇项下分析，如批发商只是对部分购买商实行超高定价，则构成对这些购买商的价格歧视。不过，并非所有的利润挤压都能被认定为价格歧视。例如，如果具有市场支配地位的企业对所有的购买商都实施一样的挤压策略，则够不上差别待遇。利润挤压还可能表现为企业批发商品时对自己的关联企业收取较低价格，对非关联企业收取较高价格。这种情况也难以认定为差别待遇，因为关联企业在反垄断法上有时不构成独立的经营者，而被视为“单一经济体”，因此也就难以归为“交易相对人”。

由上可知，利润挤压尽管有必要予以反垄断法规制，但难以与典型的滥用行为相并列，对利润挤压的分析，可以借助不公平的交易价格、拒绝交易、差别待遇等行为的规制框架。基于此，我们不建议专门规定利润挤压行为。而且，如果通过对原有规范的解释就能解决利润挤压问题，也没必要再专设一项规定。

4. 将“以低于成本的价格销售商品”可以考虑改为“掠夺性定价”，也可以不予修改

《反垄断法》第17条第1款第2项规定的是掠夺性定价，即“以低于成本的价格销售商品”。该项之所以在我国《反垄断法》实施10多年时间内还没有适用过，可能有以下方面原因：一是这类行为在我国实践中并不普遍；二是企业以低于成本的价格销售商品，表面来看对消费者并无不利，至于达到何种程度的“掠夺性定价”才会对市场竞争产生损害，实践中不好判断；三是这里的“成本”如何理解，现行法并未提供相对明确的标准，执法机构不好把握。

现行法“以低于成本的价格销售商品”的表述，可能也存在一些问题：未能完全揭示出掠夺性定价的本质，也难以涵盖掠夺性定价的全部内容。

掠夺性定价是一种典型的排他性滥用行为，行为人以短期内故意扩大自身损失的方式，来拖垮现实竞争对手或遏制潜在的市场进入，在将竞争排除后又

---

[1] Case AT. 39523 - *Slovak Telekom*, OJ [2015] C 314/7.

会通过提价来收回掠夺成本并赚取高额利润。掠夺性定价的本质在于“掠夺”，目的是以低价吸引竞争对手的客户或者阻碍市场进入。但低价行为是暂时的，在实现“掠夺”目的后，行为人必然会将价格提到竞争性水平之上，所以长期看对消费者不利。反垄断法禁止的掠夺性定价，实施者是具有市场支配地位的企业，它们不仅具有巨大的亏本承受能力，也能通过迅速扩大产出来吸引竞争对手的客户。一旦具有支配地位的企业实行掠夺性定价，竞争对手要么跟随降价，但可能因难以承受亏本被迫退出市场；要么拒不降价，但因客户大量流失，也可能被迫退出市场。所以，掠夺性定价是一种具有明显排他效果的滥用市场支配地位行为。

我国《反垄断法》将掠夺性定价界定为“低于成本价格销售商品”，这是掠夺性定价的主要表现，即以“遭受亏损”的方式来“掠夺”客户，但有些时候价格不必降到“低于成本”的程度，也可能产生“掠夺”效果，尤其在遏制潜在的市场进入上，掠夺性定价通常不必以“遭受亏损”为代价。

每个企业的生产经营成本不同，具有市场支配地位的企业通常已经营较长时间，具有较强的财务能力和技术水平，且可能产生规模经济效应，所以生产经营成本相比其他企业更低。尤其对潜在竞争者来说，新进入市场必然需要额外的投入，如新建生产厂房、员工技能培训、拓展货源渠道等，这必然会使其生产经营成本更高。这时，具有市场支配地位的企业只要将商品价格降到其他企业的成本之下，而不必低于自己成本，就能产生排斥效果，这也构成掠夺性定价。所以，“低于成本的价格销售商品”不完全能够涵盖掠夺性定价的全部内容。

欧盟《排他性滥用行为执法指南》将掠夺性定价界定为“占支配地位的企业短期内以故意遭受亏损或牺牲利润（deliberately incurring losses or foregoing profits）的方式从事的掠夺性行为”。[1] “故意遭受亏损”和“故意牺牲利润”是掠夺性定价的两种方式，前者主要指“以低于成本的价格销售商品”，后者则不强调价格低于成本，只要牺牲本来可获得的利润，也即故意遭受本可避免的损失，就可能构成掠夺性定价。

综上，我国《反垄断法》中“以低于成本的价格销售商品”的表述不足以揭示掠夺性定价的“掠夺”本质，“低于成本的价格”也不是认定掠夺性定价的

〔1〕 Guidance on the Commission's enforcement priorities in applying Article 82 of the EC Treaty to abusive exclusionary conduct by dominant undertakings, OJ [2009] C 45/7, para. 63.

唯一标准，所以，可以考虑直接使用“掠夺性定价”的提法。

这样修改也有弊端，主要是表述过于抽象，不像“以低于成本的价格销售商品”那样直观。其实，原有表述中“成本”的概念也有很大的不确定性，其法律适用并不比改为“掠夺性定价”之后更为容易。而且，掠夺性定价行为在我国 1993 年《反不正当竞争法》中就有规定，市场主体对这一概念基本已经熟悉。

不过，在该规定尚未在实践中运用，不清楚实践中主要面临什么问题的情况下，也可以考虑不予修改。

5. 调整限定交易行为的表述方式

现行《反垄断法》第 17 条第 1 款第 4 项规定的是限定交易行为，也就是我们通常所说的“二选一”行为。这类行为的目的非常明确，既不是为了“剥削”，也不是为了限制上下游市场的竞争，而是为了排挤竞争对手，即限制行为人所在市场的竞争。

我国《反垄断法》将限定交易表述为“限定交易相对人只能与其进行交易或者只能与其指定的经营者进行交易”，这种表述较为啰嗦，但仍可能导致限定交易行为的范围过窄。

第一，如果行为人要求交易相对人“不得与其竞争对手进行交易”，则不能完全依据现行法进行规制。限定交易的实质是排挤竞争对手，目的是将交易相对人锁定在自身。限定交易的形式多样，不仅包括我国《反垄断法》规定的“限定交易相对人只能与其进行交易或者只能与自己指定的经营者进行交易”，还包括限定交易相对人“不得与其竞争对手进行交易”。大多时候，限定相对人“不得与其竞争对手进行交易”也就是限定相对人只能与自己或自己指定的经营者交易，所以它实际上是同一行为的不同说法。不过，从文义解释的角度看，如果相关市场上的经营者数量较多，行为人仅限定相对人不与其中的一个或部分竞争对手交易，则未必能够被认定为《反垄断法》中的限定交易行为。可能正基于这种考虑，为避免出现法律适用漏洞或执法双方间的“扯皮”，原国家工商行政管理总局于 2010 年颁布的《工商行政管理机关禁止滥用市场支配地位行为的规定》中已将限定相对人“不得与其竞争对手进行交易”的情形增加进来。2019 年国家市场监督管理总局的《禁止滥用市场支配地位行为暂行规定》也作了同样的规定。

不过，将三种形式都列举出来，法律表述过于啰嗦。这三种形式，都是限制交易相对人选择交易对象，故可直接调整为“限定交易相对人的交易对象”。

第二，限定交易的方式除了直接限定外，还包括各种间接的利诱、胁迫等方式，如通过忠诚折扣、数量义务等方式进行变相限定。所以，我们建议将限定交易的方式扩大至“限定或者变相限定”。这样一来，便可以将忠诚折扣、数量义务等较隐蔽的方式包含进来。国家发展和改革委员会《反价格垄断规定》（已失效）第14条也曾规定，具有市场支配地位的经营者没有正当理由，不得通过价格折扣等手段限定交易相对人只能与其进行交易或者只能与其指定的经营者进行交易。

欧盟委员会处理的滥用市场支配地位案件，很多都关注涉案行为对竞争对手市场进入或扩张的阻碍（delay）、排除（exclude），实际上都是一种对当前市场竞争的限制，至于排他的具体形式，则多种多样，只要具有了排他效果，一般都可适用《欧盟运行条约》第102条。例如，欧盟委员会2006年查出的Tomra案，就是一起涉及数量义务、回扣计划的排他性滥用行为。

6. 将差别待遇调整为歧视性待遇

现行《反垄断法》第17条第1款第6项规定的是“差别待遇”，表述方式为“对条件相同的交易相对人在交易价格等交易条件上实行差别待遇”。根据这一规定，差别待遇的判断有两个重要标准：一是条件相同；二是交易价格等交易条件的差异。这里有两个问题：一是先后出现了两个“条件”，容易让人误解；二是过于强调交易价格等交易条件的“差异”。

差别待遇的主要表现是价格歧视。美国《罗宾逊—帕特曼法》将价格歧视界定为满足三个条件的行为：一是行为人对不同交易对象采用“不同价格”；二是“不同价格”针对“同一等级、同一质量的产品”；三是对竞争造成损害，包括对卖方市场竞争产生损害，也包括对买方市场竞争产生损害。《欧盟运行条约》第102条关于差别待遇的表述是：“对同等交易（equivalent transactions）的其他交易伙伴适用不同的条件，从而使其处于不利的竞争地位”。我国《反垄断法》规定的“条件相同”，基本对应美国法中的“同一等级、同一质量的产品”，以及欧盟法中的“同等交易”。如果非要强调“条件相同”，则“同等交易”的表述比“同一等级、同一质量的产品”更为全面，也比我国《反垄断法》中的“条件相同”含义更为清楚，在我国法中使用，也可以避免两次出现“条件”一词。

不过，差别待遇的范围不仅限于“对同等交易实行不同的交易条件”，过于强调交易的“同等性”和交易条件的“差别性”，会使得实践中更多的隐性差别待遇无法得到规制。

应当承认，差别待遇的直观表现，就是同等交易的不同相对人获得了不同待遇，即交易条件存在“差异”。表现在价格歧视上，就是卖家收取了不同的价格。美国《罗宾逊—帕特曼法》对“不同价格”特别强调，如果两笔交易的价格相同，则不属该法管辖，哪怕二者的成本有很大差异。[1] 但这种规定过于僵化，使得价格歧视行为在实践中很容易规避。因为价格歧视不一定直接表现为“不同价格”，卖方完全可以设定相同价格，但交易的内容不同（也即实际成本不同），或者以返利等方式导致实质上存在价格差异。基于此，必须将“价格歧视”与“差别定价”区分开来，后者指对不同的买方销售同样商品时价格不同，“价格歧视”则是指两笔销售所得的回报率不同，用技术性更强的说法，即两笔销售的价格与边际成本的比率不同。[2]

由此可见，作为一种滥用市场支配地位行为，差别待遇的本质在于“歧视”，而不一定表现为交易的“同等性”和交易条件的“差别性”。“差别”本身是中性的，而“歧视”则是一种否定性评价。所以，反垄断法禁止的应该是歧视性待遇行为，而非差别待遇。歧视性待遇的认定，不能仅看交易条件是否不同，而要看交易条件与交易成本之间的关系，如果交易条件之间的差异不足以支持交易成本间的差异，则交易条件的设定实际上就是歧视性的。

根据上述结论，我们建议将“差别待遇”调整为“歧视性待遇”，并将表述方式修改为“对不同的交易相对人在交易价格等交易条件上实行歧视性待遇”。这种表述更为简单明了，不仅回避了“同等交易”的认定，也直接将“歧视”的本质揭示了出来。这样规定之后，歧视性待遇包括三种情况：一是对同等交易的相对人实行不同的交易条件（即我国《反垄断法》规定的差别待遇行为）；二是对不同交易的相对人实行同样的交易条件；三是对不同交易的相对人实行不同的交易条件，但交易条件的差异大于成本差异。

7. 关于排他性滥用和剥削性滥用的区分

通常而言，滥用市场支配地位行为可分为两类：剥削性滥用（exploitative abuses）和排他性滥用（exclusionary abuses）。欧盟实践中对此作出了区分。在我们进行问卷调查时，也有实务部门建议我国《反垄断法》按此思路来列举滥用行为的表现。但实际上，这种分类是相对的，判断到底是排他性滥用还是剥削

---

〔1〕 许光耀：“价格歧视行为的反垄断法分析”，载《法学杂志》2011 年第 11 期。

〔2〕［美］赫伯特·霍温坎普：《联邦反托拉斯政策——竞争法律及其实践》，许光耀、江山、王晨译，法律出版社 2009 年版，第 624 页。

性滥用，实践中较为困难。有些行为兼有排他和剥削的可能性，到底是排他还是剥削，只能在个案中结合各种主客观因素进行判断。

一般来说，大多滥用行为的目的都是“排他”（既包括排除竞争对手，也包括排除上下游市场的竞争），如掠夺性定价、拒绝交易、搭售、大部分价格歧视等，只有少部分滥用行为是为了“剥削”，如超高定价以及某些价格歧视行为。但这种区分很多时候并不准确，在立法上作出区分也没有实际意义，并不能给法律适用带来好处，甚至还可能增加执法负担。例如，不公平交易价格虽然大多时候被视为剥削性滥用，即为了获取不合理利润，但通过对交易相对人收取高价，可能会削弱交易相对人的竞争优势，也就有排除下游市场竞争的可能。搭售可能是为了排除被搭品市场上的竞争，也可能就是为了销售被搭品获取利润。

价格歧视同样如此，既可以通过对被歧视方收取高价，来获取高额利润，也可以作为一种排他手段，排除当前或上下游市场的竞争。价格歧视很可能是为了排挤行为人的竞争对手，这类价格歧视通常表现为给予竞争对手的客户低价。例如，具有支配地位的企业以优惠价争夺竞争对手的客户，这既构成对行为人原有客户的价格歧视，也可能使得被优待的客户不再与行为人的竞争对手交易，这就实现了对竞争对手的排挤。在美国，这类价格歧视既可能违反《罗宾逊—帕特曼法》，当其以低于成本价格争夺竞争对手客户时，还构成掠夺性定价，进而违反《谢尔曼法》第 2 条。此外，如果被歧视的客户仍要参与市场竞争，则价格歧视也会影响下游市场的竞争，即削弱了被歧视方参与市场竞争的能力，这也可以看作一种排他效果。

基于上述考虑，我们在列举滥用行为的表现形式时，没有在立法层面对滥用行为作出剥削或排他的区分。

此外，还要强调的一点是，法律列举滥用行为的表现形式，目的是为执法机构提供便利，即发现实践中的企业行为与列举的某种滥用行为相符时，可初步判断滥用行为的成立。但这不是说所有的滥用行为都会符合其中的某一项，列举总会遗漏，这也是兜底条款存在的价值；也不是说只能符合其中的某一项，有些滥用行为完全有可能同时符合两项规定甚至更多。如前所述，对客户收取过高价格，可能构成不公平的交易价格行为，也可能构成拒绝交易或价格歧视。价格歧视同样会与掠夺性定价发生竞合。所以实践中，认定是否构成滥用行为时，不宜强调非要认定为具体的哪一种滥用，只要企业借助市场支配力量排除或限制了竞争，就可认定构成支配地位的滥用。

8. 基于行为的通常目的或效果调整滥用行为的顺序

虽然滥用行为的分类是相对的，但不影响在理论上对滥用行为性质的二分法，也不影响实践中执法机构分析滥用行为的损害效果时，将剥削性滥用与排他性滥用作出区分。基于这些考虑，建议在列举滥用行为的具体表现时，根据行为的通常目的或效果，按如下方式设定滥用行为的顺序：

表 3-1　滥用市场支配地位行为的排列顺序

<table>
<tr><th colspan="2">通常目的/效果</th><th>行为表现</th></tr>
<tr><td colspan="2">剥削（利润挤压除外）</td><td>不公平的交易价格</td></tr>
<tr><td rowspan="5">排他</td><td rowspan="2">排除、限制行为人所在市场的竞争</td><td>掠夺性定价</td></tr>
<tr><td>限定交易</td></tr>
<tr><td rowspan="3">排除、限制上下游市场的竞争</td><td>拒绝交易</td></tr>
<tr><td>搭售或附加不合理的交易条件</td></tr>
<tr><td>差别待遇（歧视性待遇）</td></tr>
<tr><td colspan="2">其他</td><td>兜底条款</td></tr>
</table>

（四）相关立法或规定

1. 国家市场监督管理总局《禁止滥用市场支配地位行为暂行规定》(2019) 第十四条至第二十一条（具体内容略）。

2. 《欧盟运行条约》

第 102 条　一个或多个企业，滥用其在欧盟内部市场或其重大部分中的支配地位，如果有可能影响成员国间的贸易，则被视为与欧盟内部市场不相容而被禁止。

这些滥用行为尤其表现在以下方面：

（a）直接或间接地施加不公平的购买或销售价格，或者其他不公平的交易条件；

（b）限制生产、销售或者技术开发，从而损害消费者利益的行为；

（c）对同等交易的其他交易方适用不同的条件，从而使其处于不利的竞争地位；

(d) 要求交易相对方接受与合同标的在性质上或者商业惯例上无关的额外义务，作为缔结合同的前提条件。

3. 德国《反对限制竞争法》(2017)

第19条 滥用市场支配地位

(1) 禁止一个或多个企业滥用其市场支配地位。

(2) 滥用尤其存在于下列情况中，即如果一个占市场支配地位的企业作为某类商品或者工商业服务的供应者或者需求者

①直接或间接地不公平地阻碍另一企业，或者无正当理由直接或间接地对同类企业给予不同的待遇；

②提出与有效竞争环境下理应获取的报酬或其他交易条件相背离的报酬或交易条件，在此，特别应当考虑在有效竞争的同类市场上企业可能采取的行为方式；

③提出的报酬或其他交易条件与它自己在其他同类市场上向同类购买人要求的报酬或其他交易条件比较相差甚远，且无正当理由；

④拒绝其他企业以合理对价进入其拥有的网络或其他基础设施，导致另一个企业由于事实上或者法律上的原因无法在前置或者后置市场上作为占市场支配地位的企业的竞争者从事经营活动；但是，占市场支配地位的企业能够证明因为运营条件或者其他原因导致网络或其他基础设施的共同使用不可能或者不可期待的除外；

⑤利用其市场支配地位，无正当理由要求其他企业授予其优势。

4. 韩国《规制垄断与公平交易法》(2016)

第3-2条 禁止滥用市场支配地位

(1) 具有市场支配地位的经营者不得实施下列行为

①不正当地决定、维持或者变更商品或者服务的价格；

②不正当地控制商品的销售或者服务的提供的行为；

③不正当地干预其他经营者的经营活动的行为；

④不正当地阻碍新竞争者的参与的行为；

⑤不正当地排除具有竞争关系的经营者而进行交易，或者可能明显损害消费者利益的行为。

(2) 滥用行为的类型和标准由总统令规定

（五）典型案件

1. 排他安排、数量承诺与回扣：Tomra 案[1]

2001 年 3 月 26 日，德国的 Prokent 公司向欧盟委员会投诉 Tomra 公司滥用其市场支配地位，阻碍 Prokent 公司的市场进入。欧盟委员会在 2001 年 9 月 26~27 日对 Tomra 公司进行了调查，2004 年 9 月 1 日向其发出异议声明，2006 年 3 月 29 日作出禁止决定。

涉案的 Tomra 公司主要从事二手饮料容器收集业务，在欧盟经济区的经济活动主要是供应一种收集二手饮料容器的自动收集机（reverse vending machines, RVMs），并提供这种机器的维修与保养服务。自动收集机根据一定的参数如形状、条形码来识别收集的饮料容器，并据此支付顾客费用。

Tomra 公司自 1972 年开始供应自动收集机业务，之后便一直处于市场领先地位。尽管 Tomra 公司也存在竞争对手，但其竞争对手基本都是小公司，且业务范围也局限于一国。

经调查，欧盟委员会确认，在 1998 ~ 2002 年期间，为了确保领先地位，Tomra 公司在奥地利、德国、荷兰、挪威、瑞典等五国实施了一系列阻止市场进入、削弱竞争对手的反竞争行为，具体包括：①与其众多客户达成了排他或优先供货协议；②赋予其客户差异化的数量承诺义务——即承诺在一定时期内购买一定数量的 RVMs，并根据客户承诺的数量目标给予不同的折扣；③与其零售商达成了回扣计划（retroactive rebate schemes），即根据零售商在特定期间内的销售量来回溯地支付返利。

欧盟委员会首先确认了 Tomra 公司的市场支配地位。Tomra 公司自 1972 年开始供应自动收集机业务，之后便一直处于市场领先地位。尽管 Tomra 公司也存在竞争对手，但其竞争对手基本都是小公司，且业务范围也局限于一国。例如，Tomra 公司的全球营业额在 1999 年是 2.73 亿欧元，2000 年是 3.68 亿欧元，2002 年是 3.36 亿欧元；相比之下，本案的投诉方 Prokent 公司尽管也在向其他国家拓展业务，但其主要业务在德国，2000 年的营业额仅 230 万欧元，2001 年的营业额也才 420 万欧元。

欧盟委员会对涉案行为的竞争风险进行了评估，认为排他供货协议、数量承诺义务及回扣计划的消极后果，主要表现在对行为人竞争者的市场排除效果。

---

[1] Case COMP/E-1/38.113 - *Prokent/Tomra*, OJ [2008] C 219/5.

因为通过上述安排，购买方的大部分甚至全部需求都被直接或间接地锁定在了Tomra公司，Tomra公司的竞争者或潜在竞争者也就难以进行市场扩张或市场进入。客观事实也支持了欧盟委员会的判断。在1998~2002年间，Tomra公司的市场份额在前述五国一直较为稳定，而其竞争对手的市场地位却极为微弱与不稳定。本案的投诉方Prokent公司，曾经是一个较为成功的企业，2001年在德国市场占有18%的市场份额，却在2003年宣告破产，之后其资产与业务被另一家德国公司Wincor Nixdorf接手。Tomra公司的其他有潜力的竞争对手如Halton和Eleiko，市场地位也因Tomra公司市场份额的不断扩大而受到削弱。此外，Tomra公司的上述行为也对消费者不利，RVMs的价格从未因Tomra公司市场力量的壮大而下降过，相反，Tomra公司一直维持着甚至还提高了RVMs的价格。

基于上述事实认定及效果分析，欧盟委员会对Tomra公司作出了罚款2400万欧元的决定。

2. 利润挤压：Slovak Telekom案[1]

2009年，欧盟委员会对斯洛伐克电信公司（Slovak Telekom，ST）及其母公司德国电信（Deutsche Telekom，DT）展开反垄断调查；2012年5月7日，欧盟委员会向ST发送异议声明，指明其可能在宽带接入市场上实施滥用市场支配地位行为。

被调查的ST是斯洛伐克电信运营商，拥有斯洛伐克境内唯一的固定铜线接入网络。ST同时在宽带批发与宽带零售市场上拥有支配地位。根据欧盟电子通信制度，ST有义务向替代性经营者（alternative operators，AOs）开放非捆绑性宽带环路（unbundled local loops，ULL），以确保它们的宽带接入。但ST却基于其市场地位从事了下列排他性行为：①拒绝供应ULL。尽管AOs有接入ULL的强烈愿望，ST却通过设定极其不公平的条款，使得AOs的接入没有任何意义，进而达到延缓、阻碍AOs接入宽带市场的目的。例如，ST要求AOs提供银行担保，而担保数额与ST可能面临的风险与成本极其不成比例。②利润挤压。ST设置的宽带接入价格和它的宽带零售价格在同一水平，这使得AOs即便获得宽带接入进而进入零售市场时，如果以ST的零售价格销售宽带服务，也不可避免地遭受损失。

ST提出的接入条件人为地制造了宽带市场接入障碍，使得AOs无法与其展开有效竞争，并不可避免地在宽带零售市场设置了进入壁垒。

---

[1] Case AT. 39523 - *Slovak Telekom*, OJ [2015] C 314/7.

基于此，2014 年 10 月 15 日，欧盟委员会对 ST 及其母公司德国电信处以 3883.8 万欧元的连带罚款；此外，鉴于 DT 已在 2003 年因实施利润挤压行为而被罚款，[1] 此次再犯，为确保竞争法的威慑力，欧盟委员会又对 DT 处以 3107 万欧元的额外罚款。

五、滥用相对优势地位

（一）新增条文

第二十四条 具有相对优势地位的经营者，不得实施下列滥用相对优势地位的行为：

（一）对交易相对人进行不合理收费或者要求交易相对人提供其他不当经济利益；

（二）没有正当理由，限定或者变相限定交易相对人的交易对象；

（三）没有正当理由，限制交易相对人与其他经营者的交易条件；

（四）没有正当理由，对交易相对人附加其他不合理的交易条件。

本法所称的相对优势地位，是指经营者一方在具体交易中，因资金、技术、市场准入、原材料采购、销售渠道等方面具有优势，交易相对人对该经营者具有依赖性，难以转向其他经营者的市场地位。

（二）修改说明

目前国内对于相对优势地位立法具有不同的观点。一线竞争法执法层面对于相对优势地位有着较为迫切的需求，普遍反映在《反不正当竞争法》修订中将原 6 条删除后，对于实践中诸多的滥用行为极难查处，而学界对优势地位立法则较多犹豫。

例如，王晓晔教授认为，根据世界各国的立法，滥用相对优势地位至少可以有三种规制方法：一是针对与市场竞争关系密切的问题，通过反垄断法中禁止滥用市场支配地位的规定予以解决。二是针对明显不影响市场竞争的不公平交易行为，可通过合同法或者侵权法来解决。三是如果确有必要在某个领域保护某些经营者的特殊利益，就有必要制定特别法来解决某些不公平交易问题。

---

〔1〕 Case COMP/C-1/37.451, 37.578, 37.579 - *Deutsche Telekom AG*, OJ [2003] L 263/9.

她认为，对于不确定性比较多的案件，如果政府干预过度，会加大企业之间进行合同谈判特别是中小企业进行合同谈判的成本。执法机关专门针对弱方当事人进行保护可能也有很多难处：其一，如果认定违法行为的门槛比较低，由此可能导致大量合同纠纷进入相关政府部门，从而需要政府投入很多执法资源；其二，执法机关认定违法行为应当解释“滥用”行为的存在，然而，因为纵向协议当事人之间的利益和风险往往是相互的，解释“滥用”行为有时成本比较大；其三，政府执法机关应将有限的资源投入与消费者和社会公共利益相关的案件，从而有必要减少处理合同当事人之间的争议。[1]

上海交通大学李剑教授认为，相对优势地位滥用理论以“依赖性”为核心概念，要求被依赖企业不能因为不具有市场支配地位而免除交易义务。这一理论明显和反垄断法的SCP范式相冲突。SCP范式经过发展和完善，已经从早期强调结构、行为和绩效之间的单向决定关系，转变为重视三者之间的互动关系，并将结构作为绩效的必要条件而不是充分条件。而相对优势地位滥用理论的应用，会造成反垄断法规制范围的不恰当扩展，将保护竞争演变为保护竞争者，并且在很多案例中与思维经济原则相悖。因此，李剑认为，在机构性要素仍然是反垄断法理论框架的基础下，我国《反垄断法》不应当采用相对优势地位滥用理论。[2]

朱理法官认为，多数情况下，滥用相对优势地位行为可以通过反垄断法、民法等予以调整，缺乏用《反不正当竞争法》进行单独规制的必要性。《反不正当竞争法（修订草案送审稿）》第6条的立法者所针对的假想敌其实并不存在或者远没有预想的严重，给出的解决方案既很容易被规避，又存在被滥用的高度风险。[3]

同时，也有不少学者对相对优势地位条款持认可态度。

王丽娟、梅林认为，我国现实生活中，滥用相对优势地位的行为已经出现并且严重损害了竞争秩序和消费者利益。我国《反垄断法》应当从总体上界定滥用相对优势地位的概念、行为类型、法律责任，将滥用相对优势地位的行为纳入法律的规制范围。

---

〔1〕王晓晔：“论滥用‘相对优势地位’的法律规制”，载《现代法学》2016年第5期。

〔2〕李剑：“相对优势地位理论质疑”，载《现代法学》2005年第3期。

〔3〕朱理：“滥用相对优势地位问题的法律规制——虚幻的敌人与真实的危险”，载《电子知识产权》2016年第6期。

谭袁认为，滥用相对优势地位的行为在现实生活中具有普遍性，其相对于交易相对人的利益、消费者的利益都会造成损害，而且也会严重影响交易相对人所在市场的竞争。因此滥用相对优势地位制度有其自身的价值。他认为，对于反垄断法中引入相对优势地位可能会打破 SCP 范式的框架的观点，要清楚当实践中出现了当前反垄断法理论所无法解释的问题时，不能一味墨守成规。对于在反垄断法中引入滥用相对优势地位制度，首先要打破思想上的禁锢，尽快启动对现行《反垄断法》的修订。[1]

张翼飞认为，相对优势地位理论的产生正是由于原有市场支配地位规定的不周延性，使得现实生活中发生的大量现实情况无法解决。欧美、日本的立法机构和学者们也正因为敏锐的观察到这种法制需要，对传统法律体系的改良做出了积极尝试，并使得该理论和相应的法律规范日益完善。反垄断法的发展不能“削足适履”。法律的改良与理论的完善，受制于社会现实情况的变化。不论法律规定还是相应的理论，都应当顺应并真实反映社会现实的要求，如果因此产生理论和法律规制的矛盾，甚至理论本身的自相矛盾，则应由法学家和法律制定者们对此作出适当的安排，而非故步自封。[2]

我们认为，反对的观点有一定的合理性，但不足以构成对于滥用市场支配地位的漠视和放任，法律注重逻辑分析，同时也注重实际考量。《反垄断法》的修改应该对现实需求进行呼应，而不是固守僵化的理论框架，漠视受损经营者的权益。就我国来说，特殊的经济结构和企业成长模式也使得相对优势地位在很多领域将长期存在。我国的大部分企业属于中小企业，尤其是生产性企业，一向以劳动密集作为优势，这就使产品的独特性和技术含量相比国外很多企业来说要弱得多，再加上数量众多的企业分享某一行业有限的利润，因而不仅竞争者之间的市场争夺异常明显，也容易形成这些中小企业对需求方的依赖关系。如果供应商之间竞争态势激烈，需求方却处于寡头市场之中，则必然会形成供应商对需求方的依赖关系，这是我国目前经济生活中最常见的相对优势地位。这种优势地位，主要是由于产业上下游市场不同的竞争状态造成的。一个产业链，其上下游是两个相对独立的市场，而这两个市场的发育程度往往有很大的

---

〔1〕 谭袁：“《反不正当竞争法》修订背景下中国竞争法体系完善研究”，载《法治研究》2016 年第 4 期。

〔2〕 张翼飞：“反垄断法规制滥用相对优势地位理论‘正名’——对质疑说的回应”，载《理论月刊》2011 年第 9 期。

差异，其竞争的激烈程度是不一样的。[1]

相对优势地位滥用立法的难点在于相对优势地位与市场支配地位的区分。

对于相对优势地位与支配地位的区别，许光耀教授认为，这两种表现方式本质上并无差别，都是让消费者别无选择的地位，在经营者提高价格（或从事其他造成消费者负担的行为）时，消费者流失所带走的利润少于涨价行为所增加的利润。但在具体外观与考察方法上，二者也存在显著区别：在“绝对支配地位”情形下，消费者有转向的自由但其转向意愿无法实现，因为其他经营者加起来也提供不了足够的产出；而在“相对支配地位”的情形下，消费者连转向的自由也没有——不是由于没有其他经营者可以选择，而是由于转换必须付出巨大的成本，与行为人的产能、规模无关，因此相对支配地位的拥有者不必是大企业。拥有支配地位的经营者利用这一地位提高价格或从事排除、限制竞争的行为时，应受《反垄断法》调整，不管其拥有的是“绝对支配地位”，还是“相对支配地位”。[2]

《反垄断法》规制相对优势地位的理论依据被界定为“依赖性”理论。该理论认为，如果一个企业拒绝与另一个企业进行交易而致使后一个企业在另行选择交易对象时缺乏足够和合理的选择性，那么前一个企业就具有交易中的优势地位。足够的选择性和选择的合理性是判断企业间依赖关系存在的标准。[3]

我们认为，相对优势地位立法需要厘清以下几点：

1. 优势地位是相对交易相对方的优势地位

强调交易双方的相对关系，而不是各自在自身所在市场环节上的绝对规模，拥有这种地位并不必须是大企业；这种地位产生原因在于交易相对方对自己具有依赖性，“难以转向其他经营者”，也就是说，使消费者“别无选择”，与“相对支配地位”的解释完全一致。[4] “依赖性”表现形式主要有四类，即“依赖于特定的产品”“依赖于特定企业”“因特殊产品的匮乏而产生的依赖”和“生产者依赖于销售者”。

相对优势地位中的“相对”，是相对于交易相对人而非竞争对手而言的，某

---

〔1〕 焦海涛：“反垄断法规制相对优势地位的基础与限度”，载《时代法学》2008年第3期。

〔2〕 许光耀：“‘相对优势地位’与‘市场支配地位’的法理辨析——对《反不正当竞争法（征求意见稿）》第6条的不同阐释”，载《价格理论与实践》2016年第5期。

〔3〕 焦海涛：“反垄断法规制相对优势地位的基础与限度”，载《时代法学》2008年第3期。

〔4〕 许光耀：“‘相对优势地位’与‘市场支配地位’的法理辨析——对《反不正当竞争法（征求意见稿）》第6条的不同阐释”，载《价格理论与实践》2016年第5期。

一竞争者可能在与竞争对手的竞争中处于弱势地位，但相对于交易相对人则具有优势地位。[1] 相对优势地位不是指市场主体相对于其横向竞争对手的优势，而是指一种处于产业上下游关系的企业之间在交易中形成的特殊优势，如买方优势、卖方优势等。[2]

根据依赖性理论，对相对优势地位认定标准主要有两点：缺乏“足够”的选择性，缺乏“合理”的选择性。[3]

2. 相对优势地位与合同法协调

王晓晔教授指出，滥用相对优势地位的许多行为可以通过合同法来解决。确实，滥用相对优势地位行为主要通过合同约定实施，因此应首先考虑通过合同法的机制来予以解决。然而现实的困境在于，滥用相对优势地位的实施方往往在制定合同之时利用其优势地位在合同中设定了诸多利己条款，而司法裁判又极为注重私法自治，极少数会判定合同条款无效，而视双方的约定通常有效。从某种角度来说，制定有利于己的合同也是相对优势者滥用其地位的重要表现之一。此时，合同相对人并不具备合同法上维权的良好途径。这也是实践中对滥用相对优势地位条款需求的现实基础所在。

因此，在《反垄断法》中增加相对优势地位条款，会对合同法的实施起到良好的补充作用，两者并不冲突。

（三）相关立法或规定

德国《反对限制竞争法》(2017)

第 20 条　禁止相对优势地位

(1) 第 19 条第 1 款和第 2 款第一项的规定也适用于中小企业所依赖的企业或者企业联合组织，如果作为某类商品或工商业服务的供应者或需求者的中小企业如此依赖于该企业或企业联合组织，没有充分的、可期待的可能性转向其他企业。如果某类商品或服务的需求者从供应者不仅得到商业上通行的折扣或其他利益给付，还长期额外获得同类需求者不享有的特别优惠，在本款第 1 句意义上推定该供应者依赖于需求者。

---

[1] 谭袁：“《反不正当竞争法》修订背景下中国竞争法体系完善研究”，载《法治研究》2016 年第 4 期。

[2] 王丽娟、梅林：“相对优势地位滥用的反垄断法研究”，载《法学》2006 年第 7 期。

[3] 张翼飞：“反垄断法规制滥用相对优势地位理论‘正名’——对质疑说的回应”，载《理论月刊》2011 年第 9 期。

（2）第19条第1款和第2款第五项的规定也适用于企业和企业联合组织与依赖于它们的企业之间的关系。

（3）相对于中小企业具有市场优势的企业，不得利用其市场优势，直接或者间接地不公平地阻碍这些中小竞争者。特别是当一个企业从事以下行为时，构成了第1句意义上的不公平阻碍：①以低于成本的价格供应《德国食品安全法》第2条第2款意义上的食品；或者②非临时性地以低于成本的价格供应其他商品或商业服务；或者③在向下游市场上与其具有竞争关系的中小企业供货时，收取的价格超过其自身在下游市场上销售该货物的价格。除非上述行为有客观正当的理由。

第四章　经营者集中

一、经营者集中的类型

（一）现行条文

第二十条　经营者集中是指下列情形：

（一）经营者合并；

（二）经营者通过取得股权或者资产的方式取得对其他经营者的控制权；

（三）经营者通过合同等方式取得对其他经营者的控制权或者能够对其他经营者施加决定性影响。

（二）修改建议

第二十五条　经营者集中是指下列情形：

（一）合并；

（二）通过取得股权或者资产的方式取得对其他经营者的控制；

（三）通过合伙、合营、委托经营、租赁、管理合同等方式取得对其他经营者的控制；

（四）通过持有少数股东权益、代理投票、表决权信托、一致行动和人事安排等其他方式取得对其他经营者的控制。

本条所称的控制，是指经营者直接或者间接、单独或者共同、在法律或者事实上对其他经营者的商业运营行使或者有权行使占有、管理的权利或者施加影响。

本条所称的资产，是指有形或者无形资产。

（三）修改说明

1. 需要申报的交易类型

本条是关于经营者集中方式的解释。在我国，经营者是指从事商品生产、经营或者提供服务的自然人、法人和其他组织。经营者的集中可以通过合并、收购资产或者股权、合伙、合营、管理安排、委托经营、租赁等方式形成控制与被控制状态，也可以通过持有少数股东权益、代理投票、表决权信托、一致行动和人事安排等形式形成控制与被控制的状态。根据我国《公司法》第172条和《证券法》第62条的规定，公司合并可以采取吸收合并或者新设合并；投资者可以采取要约收购、协议收购及其他合法方式收购上市公司。需要指出的是，《反垄断法》所指的经营者集中，不仅包括了上述方式，还涉及许多其他的形式，如法律上和事实上的控制、单独和共同的控制、直接和间接的控制。

另外需要指出，尽管当前法律没有对新设合营企业作具体规定，但其一直是反垄断执法机构明确要求进行申报的交易类型之一。根据《关于经营者集中申报的指导意见》第4条的规定，对于新设合营企业，如果至少有两个经营者共同控制该合营企业，则构成经营者集中；如果仅有一个经营者单独控制该合营企业，其他的经营者没有控制权，则不构成经营者集中。因此，在《反垄断法》修订时，有必要将新设合营企业纳入调整范围，以便经营者全面理解现行法律规定并据此调整自身行为。

根据当前反垄断执法实践，不建议参考欧盟法对合营企业的分类，即区分全功能或非全功能合营企业。因为在欧盟法下，非全功能的合营企业主要受《欧盟运行条约》第101条调整，即被视为竞争者之间的协议或协同行为，对应我国现行《反垄断法》第13条的规定。

此外，新设合营企业应该包括合伙企业。对此，欧盟和美国的相关规定也反映了相同的内容。

2. 控制的概念

参考我国语言学关于控制的概念、我国经营者集中的执法实践和欧盟的立法、执法实践，此次修法建议用“控制”代替“控制权”，并删除“施加决定性影响”的内容。这样可以避免当前《反垄断法》将控制权和决定性影响作并列处理，又没有给予任何解释的情况。

再者，我们建议对控制的概念进行解释。控制，是指直接或者间接、单独或者共同、在法律或者事实上对其他经营者行使占有、管理的权利或者施加影响。具体来说，可以从以下几个方面理解“控制”的含义：

第一，控制可以是经营者通过公司控股股东、实际控制人、董事、监事、高级管理人员等直接方式进行，也可以通过代理投票、表决权信托、人事安排等间接方式实施。

第二，控制可以是经营者单独行使，也可以通过一致行动与其他经营者共同实施。

第三，控制有法律上的控制，如根据《公司法》等法律实施，也可以有事实上的控制，如通过管理安排、委托经营、租赁、股份代持等方式实施。

第四，控制可以通过持有多数股份进行，也可以通过持有少数股东权益等其他方式取得。

第五，控制可以是当前正在实施的，也可以是存在未来行使的可能性。例如，根据《关于经营者集中申报的指导意见》第 3 条的规定，控制包括根据集中协议和章程取得的权利，也包括现实中由于其他股权分散等原因，实际上确定的控制地位。

3. 资产的概念

资产是指对过去的交易或事项形成的、由企业拥有或控制的、预期会给企业带来经济利益的资源。资产包括有形资产和无形资产。在互联网经济迅猛发展的今天，大数据、云计算的重要性日益凸显，数据已经成为企业的重要资产。特别是在互联网出行、互联网金融、物流、电子商务等领域，收购数据已经成为常态。因此，有必要在法律中明确，资产既包括土地、厂房、机器、设备、商业设施等有形资产，也包括数据、专利、商标等无形资产。

（四）相关立法或规定

1. 国家市场监督管理总局反垄断局《关于经营者集中申报的指导意见》(2018)

第一条　本指导意见所称经营者集中，是指《反垄断法》第二十条所规定的下列情形：

（一）经营者合并；

（二）经营者通过取得股权或者资产的方式取得对其他经营者的控制权；

（三）经营者通过合同等方式取得对其他经营者的控制权或者能够对其他经营者施加决定性影响。

第三条　经营者集中所指的控制权，包括单独控制权和共同控制权。

判断经营者是否通过交易取得对其他经营者的控制权或者能够对其他经营者施加决定性影响（控制权和决定性影响以下统称为“控制权”），取决于大量法律和事实因素。集中协议和其他经营者的章程是重要判断依据，但不是唯一的依据。虽然从集中协议和章程中无法判断取得控制权，但由于其他股权分散等原因，实际上赋予了该经营者事实上的控制权，也属于经营者集中所指的控制权取得。判断经营者是否通过交易取得其他经营者的控制权，通常考虑包括但不限于下列因素：

（一）交易的目的和未来的计划；

（二）交易前后其他经营者的股权结构及其变化；

（三）其他经营者股东大会的表决事项及其表决机制，以及其历史出席率和表决情况；

（四）其他经营者董事会或监事会的组成及其表决机制；

（五）其他经营者高级管理人员的任免等；

（六）其他经营者股东、董事之间的关系，是否存在委托行使投票权、一致行动人等；

（七）该经营者与其他经营者是否存在重大商业关系、合作协议等。

控制权取得，可由经营者直接取得，也可通过其已控制的经营者间接取得。

第四条　对于新设合营企业，如果至少有两个经营者共同控制该合营企业，则构成经营者集中；如果仅有一个经营者单独控制该合营企业，其他的经营者没有控制权，则不构成经营者集中。

2. 欧盟《第 139/2004 号合并控制条例》（2004）[1]

第 2 条　集中的评估

第 4 款 合营企业的设立根据第 3 条构成集中时，如果其目的或效果是协调仍然保持独立的合营各方的竞争行为，那么应根据条约第 81 条第（1）款和第（3）款（即现行《欧盟运行条约》第 101 条第（1）款和第（3）款）对这种协调进行评估，以确定这一做法是否与共同市场相容。

第 5 款 在做出此评定时，委员会应特别考虑如下事宜：

——是否有两个或两个以上母公司，在与合营企业所在相同的市场，或是在该合营企业市场的上游或下游市场，或在与该市场紧密相关的邻近市场，仍

---

〔1〕全称是“COUNCIL REGULATION（EC）No 139/2004 of 20 January 2004 on the control of concentrations between undertakings”，颁布时简称为“the EC Merger Regulation”，现为“the EU Merger Regulation”。

然在很大程度上继续从事相关活动。

——作为建立合营企业产生的直接后果的协调是否使相关企业具有消除在相当部分的产品和服务方面竞争的能力。

第3条 集中的定义

(1) 如果通过以下方式，使控制发生持久性变化，则应视作发生企业集中：(a) 两家或更多以前独立的企业或企业的一部分进行了合并，或者 (b) 通过购买证券或资产、合同或其他方式，控制至少一家企业的一人或多人，或者一个或多个企业，进而直接或间接地获得了一家或多家其他企业全部或部分的控制。

(2) 以下方式构成控制：根据涉及的事实或法律，单独或共同赋予了对一家企业实施决定性影响的可能性的各种权利、合同或其他手段，特别是：(a) 所有权或使用一企业全部或部分资产的权利；(b) 对一企业机构的组成、表决或决定施加决定性影响的权利或合同。

(3) 以下人员或企业获得了控制：(a) 权利的持有者或根据相关合同有资格取得这些权利者；或者 (b) 尽管不是权利的持有者或根据相关合同有资格取得这些权利者，但有权行使由此产生的权利者。

(4) 建立一个持久地履行自治经济实体的所有功能的合营企业，应当构成本条第 (1) (b) 款意义上的企业集中。

3. 美国《克莱顿法》(1914年颁布，1950年、1976年、1980年修订)

第7条 在该国任何商业领域或影响任何部门商业的活动中，如果该取得的效果实质上减少竞争或旨在形成垄断，则任何从事商业或从事影响商业的活动的人，不得直接或间接取得其他从事商业或影响商业的活动的人的全部或部分股票或其他股份资本。联邦贸易委员会管辖范围内的任何人，也不得取得其他从事商业或影响商业活动的人的全部或一部分资产。

在该国任何商业领域或影响任何部门商业的活动中，如果股票、资产的取得，或通过投票或授予代理权或其他方式而取得股票使用权，其效果实质上减少竞争或旨在形成垄断，则任何人不得直接或间接取得其他从事商业或影响商业活动的人（一人或一人以上）的股票或其他股份资本。联邦贸易委员会管辖范围内的任何人，也不得取得从事商业或影响商业的活动的人（一人或一人以上）的全部或一部分资产。

本条不适用于仅为投资而购买该股票，而不以投票或其他方式使用该股票以导致或试图导致竞争的实质减少的人。当以上所有设立的效果都不是为了实质减少竞争时，本条所含内容不妨碍从事商业或者任何影响商业的活动的公司设立子公司以实际从事其即时的合法业务或设立自然且合法的分支机构及其扩展，也不妨碍其拥有并持有这些子公司的全部或部分股份。

本条不应被解释为禁止任何受规制商业法律约束的公共承运人帮助建立分支机构或短线，以成为公司主干线的支线，从而帮助该等建设，也不禁止其获得或拥有该分支线的全部或部分股票。如果拥有这样建设的分支线的公司和获得财产或权益的拥有主线的公司之间不存在实质性竞争，则本条不妨碍任何这样的公共承运人取得或拥有由独立公司建立的分支或短线的全部或部分股票。如果扩大其运输线的公司和其股票、财产或权益被取得的公司之间不存在实质性竞争，则本条不妨碍该公共承运人通过取得另一公共承运人股票或其他的方式扩大其运输线。

本条不应被认为会影响或侵害依法获取的权利。本条也不得被认为或解释为授权或使反托拉斯法迄今禁止或认为非法的任何内容变为合法，也不能使任何人免于其中的刑事规定或提供的民事救济。

本条不应适用于根据下列委员会（局）授权完成的交易：交通部部长、联邦电力委员会、地面交通委员会、证券交易委员会依据《1935 年公共设施控股公司法》第 10 条在其管辖权内的授权、美国海运委员会、农业局根据任何对上述委员会、局等授权的成文法的规定。

（五）典型案件：诺基亚收购阿尔卡特朗讯股权案

收购方诺基亚是一家跨国通讯和信息技术公司，于 1865 年在芬兰赫尔辛基注册成立，在赫尔辛基证券交易所和纽约证券交易所上市，股权结构分散，无最终控制人，其主要有诺基亚网络、“HERE 地图”和诺基亚科技等业务。被收购方阿尔卡特朗讯于 2006 年在法国注册成立，在巴黎和纽约证券交易所上市，股权结构分散，无最终控制人，其业务分为接入及核心网络。两家企业在中国分别拥有 15 家和 16 家子公司。2015 年 4 月 15 日，诺基亚和阿尔卡特朗讯签署收购交易谅解备忘录（以下简称备忘录）。根据备忘录，交易在法国和美国证券市场，通过公开要约收购的方式完成，交易金额预计为 156 亿欧元（约 1274. 5 亿元人民币）。交易完成后，若诺基亚拥有阿尔卡特朗讯 100%的股份，阿尔卡特朗讯的前股东们将持有合并后实体达 33. 5%的股份；如果交易后诺基亚持有阿尔卡特朗讯的股份少于 95%，诺基亚将有权采取其他必要措施使其对阿尔卡特朗讯达到 100%持股。合并后实体的股东仍然维持分散状态，不存在最终控制人。

反垄断执法机构将相关商品市场界定为无线网络接入设备、核心网络系统设备、网络基础设施服务和通信技术标准必要专利许可。在界定相关地域市场时，考虑到尽管无线通信网络设备存在国际标准化，进口限制、运输成本和技术要求不构成重大制约因素，但竞争者并未完全在全球范围内竞争，各国和地区之间使用的通信标准和技术仍存在差异，有些国家出于安全等因素的考虑，对竞争者也存在一定限制，因此，执法机构重点考察集中对中国市场的影响。

反垄断执法机构分析了集中双方在无线网络接入设备、核心网络系统设备、网络基础设施服务市场存在的横向重叠，并评估了集中后诺基亚持有的通信标准必要专利可能引发的竞争问题。经审查，反垄断执法机构认为，诺基亚收购阿尔卡特朗讯全部股权案对无线通信标准必要专利许可市场可能具有排除、限制竞争效果。最后，根据诺基亚向反垄断执法机构作出的承诺，反垄断执法机构以附加限制性条件的方式批准了此项经营者集中。

二、经营者集中的事先申报

（一）现行条文

第二十一条　经营者集中达到国务院规定的申报标准的，经营者应当事先向国务院反垄断执法机构申报，未申报的不得实施集中。

（二）修改建议

第二十六条　经营者集中达到国务院规定的申报标准的，经营者应当事先向国务院反垄断执法机构申报，未申报的不得实施集中。

经营者集中未达到申报标准的，但有证据表明该经营者集中具有或者可能具有严重排除、限制竞争效果的，国务院反垄断执法机构应当进行调查。

（三）修改说明

本条是关于经营者集中事先申报的规定。事先申报在经营者集中反垄断审查制度中有着重要意义。一方面，事先申报能够有效帮助国务院反垄断执法机构提前发现经营者集中可能造成的严重排除、限制市场竞争行为。另一方面，它能够在严重排除、限制竞争行为发生后进行事后补救。并购交易当事人遵守法律规定，及时进行经营者集中申报，是国务院反垄断执法机构对并购进行审查的重要环节之一。实践中，对于何时允许当事方提交正式的申报，各国存在很大差异。某些国家直到协议生效时才允许正式申报，而其他国家允许根据完成拟议交易的良好愿望的证据或者基于意向书、原则性协议或参与竞标的公告进行申报。由于各国要求申报时间的法律规定不同，这给企业跨国并购交易的申报造成了许多困难。因此，统一申报时间成为跨国交易当事人的诉求。为方便企业进行跨国申报，此次修法建议我国允许交易当事人在能够证明具有完成拟议交易的良好愿望的情况下，可以进行申报。这是因为，申报成本（如申报费）、收集资料的负担以及与申报程序有关的公开披露都减少了交易当事人进行投机性申报的可能性。此外，允许交易当事人在其认为可以最有效率地协调多重管辖申报时间的情况下提出申报并不意味着合并申报不受任何限制。为防止交易当事方进行投机性申报，我国可以要求当事人提交某些适当证据证明他们正在进行交易，并以此作为申报的前提条件，或者可以将公布的申报事实或符合本国公开披露要求的事实作为接受申报的条件。

对于未达到申报标准的，但有证据表明该经营者集中具有或者可能具有排除、限制竞争效果的，反垄断执法机构也应当依法进行调查。该条款的规定与《国务院关于经营者集中申报标准的规定》第 4 条相同，这也是欧盟、美国等主要司法辖区反垄断执法机构的惯常做法。

（四）相关立法或规定

1.《国务院关于经营者集中申报标准的规定》(2018)

第三条　经营者集中达到下列标准之一的，经营者应当事先向国务院反垄断执法机构申报，未申报的不得实施集中：

（一）参与集中的所有经营者上一会计年度在全球范围内的营业额合计超过 100 亿元人民币，并且其中至少两个经营者上一会计年度在中国境内的营业额均超过 4 亿元人民币；

（二）参与集中的所有经营者上一会计年度在中国境内的营业额合计超过 20 亿元人民币，并且其中至少两个经营者上一会计年度在中国境内的营业额均超过 4 亿元人民币。

营业额的计算，应当考虑银行、保险、证券、期货等特殊行业、领域的实际情况，具体办法由国务院反垄断执法机构会同国务院有关部门制定。

第四条　经营者集中未达到本规定第三条规定的申报标准，但按照规定程序收集的事实和证据表明该经营者集中具有或者可能具有排除、限制竞争效果的，国务院反垄断执法机构应当依法进行调查。

2. 国家市场监督管理总局反垄断局《关于经营者集中申报的指导意见》(2018)

第二条　本指导意见所称申报标准，是指《规定》第三条所规定的下列标准：

(一) 参与集中的所有经营者上一会计年度在全球范围内的营业额合计超过100亿元人民币，并且其中至少两个经营者上一会计年度在中国境内的营业额均超过4亿元人民币；

(二) 参与集中的所有经营者上一会计年度在中国境内的营业额合计超过20亿元人民币，并且其中至少两个经营者上一会计年度在中国境内的营业额均超过4亿元人民币。

3. 欧盟《第139/2004号合并控制条例》(2004)

第1条　企业集中的定义

(1) 在不影响第4 (5) 条和第22条的情况下，本条例适用于所有属于本条款所规定的、具有共同体规模的企业集中。

(2) 如符合以下条件，则一企业集中属于具有共同体规模：

(a) 所有相关企业在全世界范围内的联合总营业额超过50亿欧元；并且

(b) 在相关企业中至少有两个，其每一个在共同体范围内的总营业额都超过2.5亿欧元。

但每一个相关企业在同一成员国内的营业额均超过其在共同体范围内总营业额的三分之二者除外。

(3) 如果一企业集中不符合本条第2款规定的条件，但符合以下条件，则其也属于具有共同体规模：

(a) 所有相关企业在全世界范围内的联合总营业额超过2.5亿欧元；

(b) 在至少三个成员国内，所有相关企业的联合总营业额在每个国家都超过1亿欧元；

(c) 在为 (b) 项之目的所列的至少三个成员国内，在每一个成员国，至少两个相关企业中每一个的总营业额均超过2500万欧元；并且

(d) 至少两个相关企业中每一个在共同体范围内的总营业额都超过1亿欧元。

但每个相关企业在同一成员国内的营业额超过其在共同体范围内总营业额的三分之二者除外。

第4条 企业集中的事先通知及在通知方请求下的通知前移交

(1) 属于本条例规定的具有共同体规模的企业集中在缔结协议、宣布公开要约收购或获得控制性利益之后、集中实施之前，应向委员会申报。

在相关企业向委员会证明有达成某一协议的诚意，或公开宣布其有进行公开要约收购的意愿后，如果拟达成的协议或收购会造成具有共同体规模的企业集中，也可向委员会申报。

4. 德国《反对限制竞争法》(2017)

第35条 经营者集中规则的适用范围

(1) 有关经营者集中的规则将适用，如果在集中上一会计年度：

1. 参与集中的所有企业全球营业总额超过5亿欧元；且

2. 至少有一家企业在德国境内营业额高于2500万欧元，另一家企业在德国境内营业额高于500万欧元。

(1a) 符合以下条件的，有关经营者集中的规则也得以适用：[1]

1. 满足第1款第1项的条件；

2. 交易之前在德国境内上一会计年度中：

(1) 参与集中的一个经营者的营业额超过2500万欧元，且

(2) 被收购经营者以及任何其他参与集中的经营者的营业额都未超过500万欧元；

3. 本次集中的交易价格超过4亿欧元；且

4. 第2项中被收购的经营者在德国境内有重要的商业活动。

(五) 相关案例

在 *United States v. Blackstone Capital Partners II Merchant Banking Fund and Howard Andrew Lipson* 案中，美国反托拉斯执法机构首次提起民事诉讼，要求法院对公司高层管理人员处以民事处罚。[2] 在该案中，美国反托拉斯执法机构认为，该管理人员应该清楚他证明的合并前申请报告表是不准确的。

2004年，世界首富比尔·盖茨的私人投资公司由于在收购 ICOS 公司 5000

---

〔1〕 第35条 (1a) 是德国《反对限制竞争法》2017年第九次修订时新增的条款。

〔2〕 See *United States v. Blackstone Capital Partners II Merchant Banking Fund and Howard Andrew Lipson*, 1999-1 Trade Cas. (CCH) ¶ 72, 484 (D. D. C. 1999), available at <www. ftc. gov/os/1999/03/blkstip. htm> ($2. 785 million assessed against the Fund, $ 50, 000 assessed against Lipson).

万美元以上表决权股的过程中没有根据《哈特-斯科特-罗迪诺反托拉斯改进法案》（以下简称《HSR法案》）提出申报，因此他本人接受了80万美元的罚款。尽管盖茨主张投资例外豁免，但是由于他本人就是ICOS公司的一名董事，且参与了公司日常基本的商业决策，因此他的主张没有得到支持。

三、不需要申报的交易

（一）现行条文

第二十二条　经营者集中有下列情形之一的，可以不向国务院反垄断执法机构申报：

（一）参与集中的一个经营者拥有其他每个经营者百分之五十以上有表决权的股份或者资产的；

（二）参与集中的每个经营者百分之五十以上有表决权的股份或者资产被同一个未参与集中的经营者拥有的。

（二）修改建议

第二十七条　经营者集中有下列情形之一的，可以不向国务院反垄断执法机构申报：

（一）依据《破产法》《商业银行法》《银行业监督管理法》《保险法》等法律法规实施的重整、清算、接管、重组或者整顿；

（二）从事商业和贸易的经营者仅为投资目的取得其他经营者有表决权股份、财产份额或者资产，且取得不超过该经营者有表决权股份、财产份额或者资产的10%；

（三）从事金融服务的经营者仅为投资目的取得有表决权股份、财产份额或者资产，其行使表决权的目的是为了维护投资价值和处置资产，且在一年内予以转售的；

（四）取得股份、财产份额或者资产没有直接或间接增加经营者占其他经营者拥有证券、财产份额或者资产百分比的交易；

（五）国务院反垄断执法机构规定的其他情形。

（三）修改说明

第一，现行《反垄断法》在制度设计中参考了欧盟法中关于内部重组而没有发生控制权变化的情况。然而，这样的法律表述与当前的执法现状并不完全相符，忽略了拥有50%以上表决权的股东可能和另一个股东拥有目标公司的共同控制的情形，且与商务部（原反垄断执法机构）《关于经营者集中简易案件适用标准的暂行规定》不符。

在下图（图4-1）中，交易前收购方和卖方拥有目标公司的共同控制。通过交易，收购方购买卖方持有的目标公司49%的股权。交易完成后，目标公司变成收购方的全资子公司。根据《经营者集中反垄断审查申报表》，“在经营者通过取得股权或者资产的方式取得对其他经营者的控制权的情况下，取得控制权的经营者和目标经营者为参与集中的经营者”，所以收购方和目标公司是参与集中的经营者。如果适用现行《反垄断法》第22条第1项的规定，该交易不需要申报。然而，根据商务部《关于经营者集中简易案件适用标准的暂行规定》第2条第6项的规定，“由两个以上经营者共同控制的合营企业，通过集中被其中一个或一个以上经营者控制”，该集中属于应申报的集中，且可以适用简易程序。

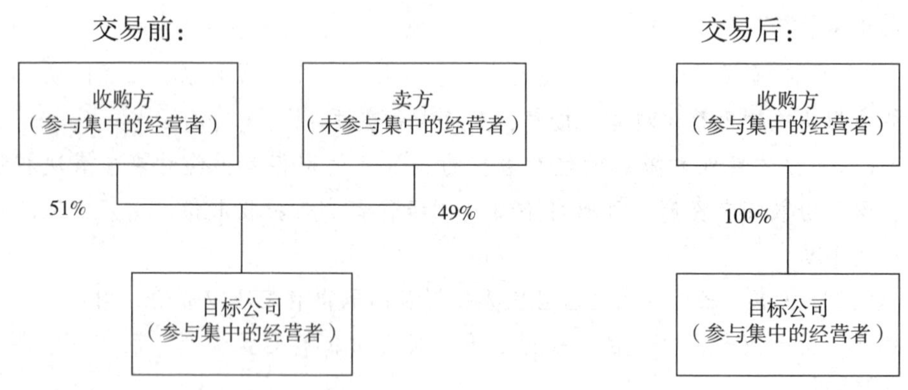

图4-1 《反垄断法》第22条第12项下的集中

同理，《反垄断法》第22条第2项的规定也忽略了拥有50%以上表决权的股东可能和另一个股东拥有目标公司的共同控制的情况，从而与《关于经营者集中简易案件适用标准的暂行规定》第2条第6项相矛盾。如下图（图4-2）

所示，交易前，卖方1、卖方2拥有对于目标公司的共同控制。通过集中，卖方1将其持有的目标公司51%的股权、卖方2将其持有的目标公司49%的股份都出售给收购方（卖方1的全资子公司）。交易完成后，卖方1通过收购方拥有对于目标公司的单独控制权。

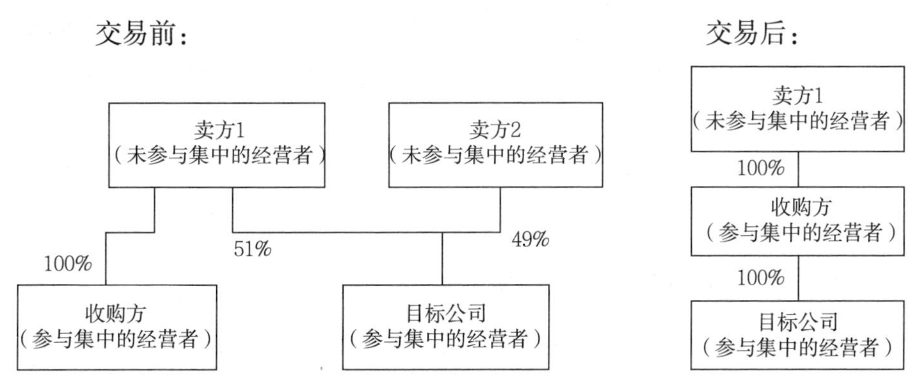

图4-2 《反垄断法》第22条第2项下的集中

可以看出，《反垄断法》的规定旨在对内部重组进行豁免申报，但该类交易本身不构成经营者集中，因此无需引入法律。

需要指出的是，当对合营企业共同控制的经营者减少，没有任何新的共同控制方增加且合营企业还是维持由剩余的经营者共同控制时，此类集中同属于无需进行申报的范围。但是，这种无需申报的情况不包括由共同控制转变为单独控制的情形。

第二，我国《破产法》《商业银行法》《银行业监督管理法》《保险法》等法律法规明确了包括金融企业在内的经营者的接管、重组、整顿、重整或者清算程序。在这些程序中，管理人或者清算组等取得了对企业的控制。

第三，为鼓励小型投资、风险投资，有必要对纯粹以投资为目的的金融活动给予特别考虑。我们建议可以不向国务院反垄断执法机构申报的金融性投资性活动有：从事商业和贸易的经营者仅为投资目的取得其他经营者有表决权证券、财产份额或者资产，且取得不超过该经营者有表决权股份、财产份额或者资产的10%；“仅为投资目的”不包括任何能够影响被投资企业的能力，包括任命董事、监事、高级管理人员等。此外，该条款还增加了股权比例的限制，从而使其适用更为苛刻。

法律还应当为从事金融服务的财务投资者给予一定的“关照”。对于这些经营者仅以投资目的取得有表决权证券、财产份额或者资产的，若行使表决权的目的是为了维护投资价值和处置资产，且在一年内予以转售的，可以豁免其申报，从而减少执法成本。

此外，关于证券和合伙财产份额增发、分红和送转股份的情形，有必要给予考虑。我们建议规定将取得证券、财产份额或者资产，但没有直接或间接增加经营者占其他经营者拥有证券、财产份额或者资产百分比的交易纳入免于申报的范畴。

最后，建议给予国务院反垄断执法机构一定范围的授权，增强执法的灵活性，减少不必要的执法。

（四）相关立法或规定

1. 国家市场监督管理总局反垄断局《关于经营者集中申报的指导意见》(2019)

第二十五条　经营者集中有下列情形之一的，可以不向国家市场监督管理总局申报：

（一）参与集中的一个经营者拥有其他每个经营者百分之五十以上有表决权的股份或者资产的；

（二）参与集中的每个经营者百分之五十以上有表决权的股份或者资产被同一个未参与集中的经营者拥有的。

2. 欧盟《第139/2004号合并控制条例》

第3条　集中的定义

(5) 以下情况不视为企业集中：

(a) 信贷机构或其他金融机构或保险公司的正常活动，包括为其自身或他人的账户进行证券交易和买卖，以转售为目的暂时持有一家企业证券，只要这些机构不以决定企业竞争行为的方式行使这些证券的表决权，或者他们行使这种表决权只是为了准备处置该企业或其资产的全部或部分，或处置其拥有的证券，且这种处置发生在获得证券之日起一年内，如这些机构或公司能够表明一年期限确实不够，委员会可应要求延长该期限；

(b) 公职人员根据成员国有关清算、清盘、破产、停止支付、和解协议或类似程序的法律取得控制；

(c) 本条第1 (b) 款中提及的业务，由根据关于特定类型的公司年度决算的条约第54 (3) (g) 条制定的1978年7月25日第四项理事会命令即第78/

660/EEC 号命令第 5（3）条中提及的金融控股公司执行，只要该公司就其持有股份行使表决权，特别是在其拥有股份的企业任命管理机构及监督机构成员方面，仅仅是为了保持投资的全部价值，而不是直接或间接决定企业的竞争行为。

3. 美国《克莱顿法》（1914 年颁布，1950 年、1976 年、1980 年修订）

第 7A 条（c）豁免的交易

本条不适用下列交易：

（1）在正常经营活动中取得转让的货物或不动产；

（2）债券、抵押权、信托契约或其他非表决权证券的债务的取得；

（3）对发行人具有表决权证券的取得，在取得之前，至少 50% 该具有表决权证券由取得人所有；

（4）向联邦机构或州或其政治性分支机构转让或者从其转移的交易；

（5）联邦法律明确规定不受反托拉斯法约束的交易；

（6）联邦法律规定的，如经联邦机构批准且向该机构提交的所有信息和文件资料的副本同时提交给联邦贸易委员会和助理司法部长，就不受反托拉斯法约束的交易；

（7）需要根据第 12 编（指美国法典第 12 编）第 1467a（e）条、第 12 编第 1828（c）条或第 12 编第 1842 条获得机构批准的交易，但如果交易的一部分（A）受第 12 编第 1843（k）条的约束；且（B）不需要根据第 12 编第 1842 条的规定获得机构批准，则该部分交易不获本条豁免；

（8）需要根据第 12 编第 1843 条或第 12 编第 1464 条获得机构批准的交易，如果向任何此类机构提交的所有信息和文件资料的副本要同时在拟议交易完成前至少 30 天提交给联邦贸易委员会和助理司法部长，但如果交易的一部分（A）受第 12 编第 1843（k）条的约束；且（B）不需要根据第 12 编第 1843 条的规定获得机构批准，则该部分交易不获本条豁免；

（9）仅以投资为目的而取得具有表决权证券，如该取得行为并未导致所取得或持有的证券超过发行者在外发行表决权证券的 10%；

（10）具有表决权证券的取得，如该取得行为并未导致所取得的具有表决权证券直接或间接地增加取得人占发行者发行在外有表决权证券的百分比份额；

（11）银行、银行协会、信托公司、投资公司或保险公司仅以投资为目的（A）依据重组或解散计划取得具有表决权的证券；或（B）在正常经营过程中取得资产；

（12）依据本条第（d）（2）（B）款可能被豁免的其他取得、转让或交易。

四、申报材料及审查程序

（一）现行条文

第二十三条　经营者向国务院反垄断执法机构申报集中，应当提交下列文件、资料：

（一）申报书；

（二）集中对相关市场竞争状况影响的说明；

（三）集中协议；

（四）参与集中的经营者经会计师事务所审计的上一会计年度财务会计报告；

（五）国务院反垄断执法机构规定的其他文件、资料。

申报书应当载明参与集中的经营者的名称、住所、经营范围、预定实施集中的日期和国务院反垄断执法机构规定的其他事项。

第二十四条　经营者提交的文件、资料不完备的，应当在国务院反垄断执法机构规定的期限内补交文件、资料。经营者逾期未补交文件、资料的，视为未申报。

第二十五条　国务院反垄断执法机构应当自收到经营者提交的符合本法第二十三条规定的文件、资料之日起三十日内，对申报的经营者集中进行初步审查，作出是否实施进一步审查的决定，并书面通知经营者。国务院反垄断执法机构作出决定前，经营者不得实施集中。

国务院反垄断执法机构作出不实施进一步审查的决定或者逾期未作出决定的，经营者可以实施集中。

第二十六条　国务院反垄断执法机构决定实施进一步审查的，应当自决定之日起九十日内审查完毕，作出是否禁止经营者集中的决定，并书面通知经营者。作出禁止经营者集中的决定，应当说明理由。审查期间，经营者不得实施集中。

有下列情形之一的，国务院反垄断执法机构经书面通知经营者，可以延长前款规定的审查期限，但最长不得超过六十日：

（一）经营者同意延长审查期限的；

（二）经营者提交的文件、资料不准确，需要进一步核实的；

（三）经营者申报后有关情况发生重大变化的。

国务院反垄断执法机构逾期未作出决定的，经营者可以实施集中。

（二）修改建议

第二十八条 经营者向国务院反垄断执法机构申报集中，应当提交下列文件、资料：

（一）申报书；

（二）集中对相关市场竞争状况影响的说明；

（三）集中协议；

（四）参与集中的经营者经会计师事务所审计的上一会计年度财务会计报告；

（五）国务院反垄断执法机构规定的其他文件、资料。

申报书应当载明参与集中的经营者的名称、住所、经营范围、预定实施集中的日期和国务院反垄断执法机构规定的其他事项。

经营者提交的文件、资料不完备的，应当在国务院反垄断执法机构规定的期限内补交文件、资料。经营者逾期未补交文件、资料的，视为未申报。

第二十九条 国务院反垄断执法机构应当自收到经营者提交的符合本法规定的文件、资料之日起三十个日历日内，对申报的经营者集中进行初步审查，作出是否实施进一步审查的决定，并书面通知经营者。国务院反垄断执法机构作出决定前，经营者不得实施集中。经参与集中的经营者书面申请，国务院反垄断执法机构可以延长前款规定的审查期限，但最长不得超过二十个日历日。

国务院反垄断执法机构作出不实施进一步审查的决定或者逾期未作出决定的，经营者可以实施集中。

第三十条 国务院反垄断执法机构决定实施进一步审查的，应当自决定之日起九十个日历日内审查完毕，作出是否禁止经营者集中的决定，并书面通知经营者。作出禁止经营者集中的决定，应当说明理由。审查期间，经营者不得实施集中。

有下列情形之一的，国务院反垄断执法机构经书面通知经营者，可以延长前款规定的审查期限，但最长不得超过六十个日历日：

（一）经营者同意延长审查期限的；

（二）经营者提交的文件、资料不准确，需要进一步核实的；

（三）经营者申报后有关情况发生重大变化的。

国务院反垄断执法机构逾期未作出决定的，经营者可以实施集中。

（三）修改说明

1. 申报材料

本条是关于经营者提交申报文件和资料的规定。为方便国务院反垄断执法机构进行审查，经营者须向国务院反垄断执法机构提交适当的文件和资料。这些文件和资料包括申报书、集中对相关产品（或者服务）和地域市场竞争状况影响的说明、参与集中的经营者间订立的协议、上一年度财务会计报告以及国务院反垄断执法机构规定的其他文件和资料。

本条也是关于补充申报材料和逾期未补充申报材料须承担法律后果的程序性规定。在经营者提交的文件、资料不全，或者数量不足，或者缺乏法定必备事项的情况下，经营者必须对相关材料进行补足。经营者补足的材料必须按照要求的数量和内容在国务院反垄断执法机构规定的期限内提交。经营者逾期未补交将导致申报义务未依法完成，视为未申报。

2. 审查时限

修改建议第 29 条是关于初次审查期限（或者称为初始等待期限）的规定。在收到经营者提交的符合法律规定的文件和资料后，国务院反垄断执法机构即着手进行初次审查，初次审查期为 30 日。根据我国《行政许可法》的规定，行政机关实施行政许可的期限以工作日计算，不包含法定节假日。但是，我国目前经营者集中审查实践中，30 日是以“日历日”计算的。考虑到当前的执法实践，以及《反垄断法》对初次审查期限的规定得过于严格，导致许多不具有严重排除、限制竞争效果的经营者集中不得不进入进一步审查阶段，因此，我们建议引入经参与集中的经营者书面申请的特别暂停期限，但最长不超过 20 日，从而推动集中在初次审查阶段审结。这也契合了我国深化“放管服”改革、优化营商环境的发展理念。

（四）相关立法或规定

1. 国家市场监督管理总局反垄断局《关于经营者集中申报的指导意见》(2019)

第二十条　申报的文件、资料应当包括如下内容：

（一）申报书。申报书应当载明参与集中的经营者的名称、住所、经营范围、预定实施集中的日期。申报人身份证明或注册登记证明，境外申报人须提交当地有关机构出具的公证和认证文件。委托代理人申报的，应当提交经申报人签字的授权委托书；

（二）集中对相关市场竞争状况影响的说明。包括：集中交易概况；集中的动机、目的和经济合理性分析；相关市场界定；参与集中的经营者在相关市场的市场份额及其对市场的控制力；主要竞争者及其市场份额；市场集中度；市场进入；行业发展现状；集中对市场竞争结构、行业发展、技术进步、国民经济发展、消费者以及其他经营者的影响等；

（三）集中协议。包括：各种形式的集中协议文件，如协议书、合同以及相应的补充文件等；

（四）参与集中的经营者经会计师事务所审计的上一会计年度财务会计报告；

（五）反垄断局要求提交的其他文件资料。

第二十一条　除本指导意见第二十条要求提供的文件、资料外，申报人可以自愿提供有助于反垄断局对该集中进行审查和做出决定的其他文件、资料，如地方政府和主管部门等有关方面的意见，支持集中协议的各类报告，包括集中交易的可行性研究报告、尽职调查报告、行业发展研究报告、集中策划报告以及交易后前景发展预测报告等。

2. 国家市场监督管理总局反垄断局《关于经营者集中申报文件资料的指导意见》（2019，具体内容略）

3. 欧盟《第139/2004号合并控制条例》（2004）

第10条　启动程序和做出决定的时限

（1）在不影响第6（4）条的情况下，第6（1）条所提及的决定应在最多25个工作日内做出。该期间应自收到申报的下一个工作日开始计算，或如果申报所提供的信息不完整，则应自收到全部信息的下一个工作日开始计算。

如委员会收到成员国按照第9（2）条提出的请求，或相关企业根据第6（2）条作出承诺以使该集中与共同市场相兼容，则该期间应被延长至35个工作日。

（2）一旦第6（1）（c）条提及的严重怀疑得以消除（特别是因相关企业所作的修改使得怀疑得以消除时），则应尽快按照第8（1）或（2）条就申报的企业集中做出决定，最迟不超过第三款规定的时限。

（3）在不影响第8（7）条的情况下，应在自程序启动之日起不超过90个工作日内，按照第8（1）至（3）条的规定，就申报的企业集中做出决定。如相关企业按照第8（2）条第二小段作出承诺以使该集中与共同市场相容，则该期间应被延长至105个工作日，除非这些承诺是在程序启动后55个工作日内作出的。

同样，如果申报各方按照第6（1）（c）条之规定，在程序启动后不迟于15个工作日内提出这种要求，本款第一小段所设定的期间应当加以延长。申报各方只可提出一次这种要求。与此类似，在程序启动后的任何时间，委员会可在得到申报各方的同意后将本款第一小段所设定的期间加以延长。按照本小段规定延长或任何延期的总期限不得超过20个工作日。

（4）如因参与集中的某一企业之故，委员会不得不根据第11条做出决定要求有关企业提供信息，或根据第13条做出决定要求进行检查，在这种情况下，第1款和第3款所设定的期限应予以例外暂停。

本款第一小段也将适用于第9（4）（b）条所提及的期限。

（5）若欧洲法院作出判决，宣告委员会所做出的受本条规定时限限制的决定全部或部分无效，则委员会应对该集中重新进行审查，以期根据第6（1）条做出决定。

对该集中的重新审查应按照当前的市场条件进行。

若因市场条件或所提供的信息发生干预性变化而造成原申报不完整，则申报各方应及时提交新的申报或对原申报进行补充。如若未发生任何变化，则当事人应及时对此进行证明。

第1款中所规定的期限应自收到新申报、补充申报或本款第三小段所指的证明的全部信息后的下一个工作日开始。

本款第二和第三小段也应适用于第6（4）条和第8（7）条所指的情形。

（6）如委员会未能分别在第1款和第3款规定的时限内，按照第6（1）（b）、（c）条以及第8（1）、（2）或（3）条的规定做出决定，则在不影响第9条的情况下，该项集中应被视为与共同市场相容。

五、经营者集中审查标准和审查因素

（一）现行条文

第二十七条 审查经营者集中，应当考虑下列因素：

（一）参与集中的经营者在相关市场的市场份额及其对市场的控制力；

（二）相关市场的市场集中度；

（三）经营者集中对市场进入、技术进步的影响；

（四）经营者集中对消费者和其他有关经营者的影响；

（五）经营者集中对国民经济发展的影响；

（六）国务院反垄断执法机构认为应当考虑的影响市场竞争的其他因素。

第二十八条 经营者集中具有或者可能具有排除、限制竞争效果的，国务院反垄断执法机构应当作出禁止经营者集中的决定。但是，经营者能够证明该集中对竞争产生的有利影响明显大于不利影响，或者符合社会公共利益的，国务院反垄断执法机构可以作出对经营者集中不予禁止的决定。

（二）修改建议

第三十一条 审查经营者集中，应当考虑下列因素：

（一）相关市场的结构、集中度以及实际或者潜在竞争；

（二）参与集中的经营者在相关市场的竞争状况、融资和财务能力及其对市场和上下游供求关系的控制力；

（三）市场进入的难易程度、发展状况及趋势；

（四）经营者集中对消费者和其他有关经营者的影响；

（五）经营者集中对技术进步和创新的影响；

（六）经营者集中对国民经济发展的影响；

（七）国务院反垄断执法机构认为应当考虑的影响市场竞争的其他因素。

第三十二条 经营者集中具有或者可能具有严重排除、限制竞争效果的，国务院反垄断执法机构应当作出禁止经营者集中的决定。但是，经营者能够证明该集中对竞争产生的有利影响明显大于不利影响，或者符合社会公共利益的，国务院反垄断执法机构可以作出对经营者集中不予禁止的决定。

（三）修改说明

1. 关于经营者集中审查因素的规定

在审查集中时，相关市场是一个十分重要的概念，它为评估集中对竞争的影响提供了框架。因此，有必要考察相关市场的结构、集中度以及实际或者潜在竞争来具体评估相关市场的情况。

需要指出的是，参与集中的经营者的市场份额并不能代替对市场条件和竞争动态的综合审查，特别是在经营者集中涉及差异化产品或者相关市场界定较窄的时候。因此，应将参与集中的经营者在相关市场的竞争状况、融资和财务能力及其对市场和上下游供求关系的控制力一并纳入考量因素。

在对经营者集中进行审查时，反垄断执法机构不仅应考虑集中对直接或间接的下游客户的影响，还应该考虑最终消费者的福利。比如，在纵向集中审查中考虑对于下游市场的影响，如果该原料在下游产品的总成本中占有非常高的比例，那么对于该原料成本的增加就会导致下游产品价格的上涨。《欧盟非横向合并评估指南》[1] 规定："对于下游市场的竞争关注是由于原料封锁可能导致下游市场的价格上升从而严重减少有效的竞争。"

评估市场进入的难易程度、发展状况及趋势有助于了解集中是否会产生或加强市场力量。市场进入的难易程度需要从三个方面进行分析，包括市场进入的及时性、市场进入的可能性以及市场进入的充分性。在欧盟和美国审查指南中，市场进入、买方力量、经济效率和失败企业抗辩都是经营者集中审查的考虑因素。其中，市场进入是最主要的一个因素，因为市场进入直接影响相关市场的竞争状况。因此，建议将该因素列举在法律中，其他因素可以考虑列举在具体的指南或部门规章中。同时，建议增加"相关市场的发展状况及趋势"这一考虑因素。因为审查经营者集中通常会对相关市场的发展状况及趋势进行评估和预测，因此有必要将其纳入审查因素。

经营者集中对消费者和其他有关经营者的影响也是考虑因素。审查集中对消费者和其他经营者的影响，主要表现在两个方面，分别是审查具有或者可能具有严重排除、限制竞争效果的经营者集中给消费者和其他经营者合法利益造成的消极影响，以及那些不具有排除或者限制竞争效果的经营者集中或者通过附加限制性条件将损害减少到最低限度的经营者集中给消费者和其他经营者带来的好处。

审查机构还应考虑经营者集中对技术进步和创新的影响。评估集中对于技术进步和创新的影响，实质上就是对效率，特别是动态和静态效率的考量。然而，需要注意的是，这种效率应当由参与集中的经营者主张，且应当是实质性的、合并特有的、可证明和可量化的，且是有利于消费者的。

经营者集中对国民经济发展的影响也必须予以考虑。涉及对国民经济发展的影响，需要统筹考虑产业政策、贸易政策以及其他经济政策等。由于各国发

---

〔1〕 全称是"Guidelines on the assessment of non-horizontal mergers under the Council Regulation on the control of concentrations between undertakings"。

展阶段不同，因此在一定时期内有必要保留该条款。

此外，我们建议保留原兜底条款，这为授权国务院反垄断执法机构在执法实践中纳入应当考虑的影响市场竞争的其他因素预留了空间。

2. 经营者集中的审查标准

建议明确经营者集中适用“严重排除、限制竞争”的标准，即具有或者可能具有严重排除、限制竞争效果的，国务院反垄断执法机构应当作出禁止经营者集中的决定。

关于社会公共利益的规定，可以参考欧盟《第139/2004号合并控制条例》的规定。

（四）相关立法或规定

1. 欧盟《第139/2004号合并控制条例》（2004）

第21条　条例的适用和管辖权

（4）尽管有第2款和第3款的规定，成员国仍可以采取适当措施保护本条例未考虑到的、与共同体法律的一般原则和其他条款相容的合法权益。

公共安全、媒体的多样性及审慎规则应被视作本款第一段意义上的合法权益。

相关成员国应向委员会说明其他公共利益，在委员会对该公共利益与共同体法律的一般原则和其他条款是否相容进行评估并予以认可前，不得采取上述措施。委员会应在说明后的25个工作日内就这一情况向相关成员国通报其决定。

2. 美国《美国横向合并指南》（2010）

第10章 效率

在进行分析的时候，反垄断执法机构不会简单地将有利于竞争的效率和可能的不利于竞争的效果进行对比。反竞争效果越大，可以认定的效率就应该越大，能够传递到消费者的福利就应越多，从而使得反垄断执法机构能够认定该集中对于相关市场没有反竞争效果。

六、附加限制性条件的决定

（一）现行条文

第二十九条 对不予禁止的经营者集中，国务院反垄断执法机构可以决定附加减少集中对竞争产生不利影响的限制性条件。

（二）修改建议

第三十三条 对不予禁止的经营者集中，国务院反垄断执法机构可以根据经营者提出的承诺，附加减少集中对竞争产生不利影响的限制性条件。

（三）修改说明

对不予禁止的集中附加限制条件是世界各国反垄断执法机构审查经营者集中常用的一种方式，绝大多数审查后发现具有反竞争效果的集中，都可以通过附加一定的限制性条件批准。

在集中审查过程中，通常经营者会提出一定的承诺，并经反垄断执法机构认可后，以附加限制性条件的方式作出，从而保证经营者遵守这些附加的限制性条件。从目前欧美等国家和地区的经营者集中执法实践来看，附加限制性条件主要有结构条件和行为条件等。根据我国商务部《关于经营者集中附加限制性条件的规定（试行）》，限制性条件包括：①结构性条件，主要包括剥离有形资产、知识产权或相关权益；②行为性条件，包括开放网络或平台基础设施、许可关键技术（包括专利、专有技术或其他知识产权）、终止排他性协议；③结构性和行为性相结合的综合性条件。

（四）相关立法或规定

1. 商务部《关于经营者集中附加限制性条件的规定（试行）》（2014）

第三条 限制性条件可以包括如下种类：

（一）剥离有形资产、知识产权等无形资产或相关权益等结构性条件；

（二）开放网络或平台等基础设施、许可关键技术（包括专利、专有技术或其他知识产权）、终止排他性协议等行为性条件；

（三）结构性条件和行为性条件相结合的综合性条件。

2. 欧盟《第139/2004号合并控制条例》(2004)

第8条　委员会的决定权

(2) 委员会如发现，在经过相关企业的修改后，所申报的企业集中符合第2 (2) 条的标准，且在第2 (4) 条所提及的情形下，所申报的企业集中符合《欧盟条约》第81 (3) 条（即现在的《欧盟运行条约》第101条第3款）的标准，委员会应做出决定，宣布该企业集中与共同市场相容。

委员会可为其决定附加条件和义务，来确保相关企业遵守其向委员会作出的承诺，以使集中与共同市场相容。

宣布企业集中与共同市场相容的决定应被视为涵盖与企业集中的实施直接相关并为集中的实施所必须的限制。

(4) 委员会如发现企业集中：

(a) 已经实施但被宣布为与共同市场不相容，或者

(b) 已经实施但违反了按照第2款规定所做决定的附加条件，并发现，在缺乏这一条件的情况下，该项企业集中将符合第2 (3) 条的标准，或在第2 (4) 条所提及的情况下，不符合《欧盟条约》第81 (3) 条所规定的标准。

委员会可以：

——要求相关企业分拆该集中，特别是通过分拆该合并或处置所获得的全部股份或资产的方式来实现分拆，以恢复在实施企业集中之前的状态；若通过分拆该集中无法恢复此前的状态，委员会可采取任何其他的适当措施来尽可能地达成恢复原状的目的，

——责令采取任何其他适当的措施，以确保相关企业分拆该项集中，或按照决定的要求采取其他恢复原状的措施。

若出现符合本款 (a) 项的情形，则该款所提及的措施可在根据第3款规定所做的决定中施加或通过单独的决定来加以实施。

(5) 当企业集中出现以下情形时，委员会可采取适当的临时措施，以恢复或维持有效竞争的条件：

(a) 企业集中的实施违反了第7条的规定，且该项集中与共同市场相容性的决定尚未做出；

(b) 该项企业集中已经实施，但违反了根据第6 (1) (b) 条或本条第2款所做决定的附加条件；

(c) 该项企业集中已经实施，但被宣布为与共同市场不相容。

(6) 当出现以下情形时，委员会可以撤销其按照本条第1款或第2款所做

的决定：

(a) 其关于相容性的宣告是基于错误信息所做出的，且该错误信息是由相关企业造成的或是以欺骗的手段获得的；或

(b) 相关企业违反了决定所附加的义务。

(7) 在下列情形下，委员会可以不受第 10 (3) 条规定的时限限制，根据本条第 1 款至第 3 款做出决定，：

(a) 委员会发现企业集中是在下列情况下完成的

(i) 违反了按照第 6 (1) (b) 条所做决定的附加条件，或

(ii) 违反了按照本条第 2 款且符合第 10 (2) 条所做出的的决定的附加条件，并发现，在缺乏这一条件的情况下，该集中会引起对其与共同市场相容性的严重怀疑；或

(b) 决定已经按照本条第 6 款被撤销。

(8) 委员会应当及时将其决定通知相关企业和成员国的有关当局。

七、决定的公告

(一) 现行条文

第三十条 国务院反垄断执法机构应当将禁止经营者集中的决定或者对经营者集中附加限制性条件的决定，及时向社会公布。

(二) 修改建议

不作修改，调整为第三十四条。

(三) 修改说明

本条是对经营者集中审查结果进行公开的规定。在我国，行政公开是基本原则，不公开是例外情形。根据《行政许可法》第 5 条的规定，设定和实施行政许可，应当遵循公开、公平、公正、非歧视的原则。有关行政许可的规定应当公布；未经公布的，不得作为实施行政许可的依据。行政许可的实施和结果，除涉及国家秘密、商业秘密或者个人隐私的外，应当公开。符合法定条件、标准的，申请人有依法取得行政许可的平等权利，行政机关不得歧视任何人。

（四）相关立法或规定

1.《中华人民共和国政府信息公开条例》（2019 修正）

第十九条　对涉及公众利益调整、需要公众广泛知晓或者需要公众参与决策的政府信息，行政机关应当主动公开。

第二十条　行政机关应当依照本条例第十九条的规定，主动公开本行政机关的下列政府信息：

（一）行政法规、规章和规范性文件；

（二）机关职能、机构设置、办公地址、办公时间、联系方式、负责人姓名；

（三）国民经济和社会发展规划、专项规划、区域规划及相关政策；

（四）国民经济和社会发展统计信息；

（五）办理行政许可和其他对外管理服务事项的依据、条件、程序以及办理结果；

（六）实施行政处罚、行政强制的依据、条件、程序以及本行政机关认为具有一定社会影响的行政处罚决定；

（七）财政预算、决算信息；

（八）行政事业性收费项目及其依据、标准；

（九）政府集中采购项目的目录、标准及实施情况；

（十）重大建设项目的批准和实施情况；

（十一）扶贫、教育、医疗、社会保障、促进就业等方面的政策、措施及其实施情况；

（十二）突发公共事件的应急预案、预警信息及应对情况；

（十三）环境保护、公共卫生、安全生产、食品药品、产品质量的监督检查情况；

（十四）公务员招考的职位、名额、报考条件等事项以及录用结果；

（十五）法律、法规、规章和国家有关规定应当主动公开的其他政府信息。

2. 欧盟《第 139/2004 号合并控制条例》（2004）

第 4 条　企业集中的事先通知及在通知方请求下的通知前移交

（3）欧盟委员会发现申报的集中属于本条例规制范围内的，应当公布申报的事实，同时标明有关经营者的名称、来源国、集中的性质和涉及的经济领域。委员会应当考虑经营者保护其商业秘密的合法利益。

第20条 决定的公布

(1) 委员会应将其根据第8(1)至(6)条、第14条和第15条所作的决定在欧盟官方杂志上予以公布，但根据第18(2)条所作的临时决定和咨询委员会的意见除外。

(2) 公告应当载明当事人的姓名和决定的主要内容；委员会应当考虑经营者保护其商业秘密的合法利益。

八、国家安全审查

（一）现行条文

第三十一条 对外资并购境内企业或者以其他方式参与经营者集中，涉及国家安全的，除依照本法规定进行经营者集中审查外，还应当按照国家有关规定进行国家安全审查。

（二）修改建议

第三十五条 对外资参与经营者集中，涉及国家安全的，除依照本法规定进行经营者集中审查外，还应当按照国家安全法律法规中的有关规定进行国家安全审查。

（三）修改说明

本条是有关协调外资参与经营者集中审查和国家安全审查的规定。《国家安全法》第59条规定，国家建立国家安全审查和监管的制度和机制，对影响或者可能影响国家安全的外商投资、特定物项和关键技术、网络信息技术产品和服务、涉及国家安全事项的建设项目，以及其他重大事项和活动，进行国家安全审查，有效预防和化解国家安全风险。

（四）相关立法或规定

1.《中华人民共和国外商投资法》(2019)

第三十五条 国家建立外商投资安全审查制度，对影响或者可能影响国家安全的外商投资进行安全审查。

依法作出的安全审查决定为最终决定。

2.《中华人民共和国外商投资法实施条例》(2019)

第四十条　国家建立外商投资安全审查制度，对影响或者可能影响国家安全的外商投资进行安全审查。

第五章　滥用行政权力排除、限制竞争

一、行政性限定交易

（一）现行条文

第三十二条　行政机关和法律、法规授权的具有管理公共事务职能的组织不得滥用行政权力，限定或者变相限定单位或者个人经营、购买、使用其指定的经营者提供的商品。

（二）修改建议

第三十六条　行政机关和法律、法规、规章授权的具有管理公共事务职能的组织不得滥用行政权力，限定或者变相限定单位或者个人经营、购买、使用其指定的经营者提供的商品。

（三）修改说明

正如在总则中阐述的理由一样，在界定滥用行政权力排除、限制竞争的主体时，宜将“规章”作为授权依据之一，规定在《反垄断法》之中，以便与现行《行政诉讼法》的规定相衔接。

（四）相关立法或规定

1. 国家市场监督管理总局《制止滥用行政权力排除、限制竞争行为暂行规定》（2019）

第四条　行政机关和法律、法规授权的具有管理公共事务职能的组织不得滥用行政权力，实施下列行为，限定或者变相限定单位或者个人经营、购买、使用其指定的经营者提供的商品和服务（以下统称商品）：

（一）以明确要求、暗示、拒绝或者拖延行政审批、重复检查、不予接入平台或者网络等方式，限定或者变相限定经营、购买、使用特定经营者提供的商品；

（二）通过限制投标人所在地、所有制形式、组织形式等方式，限定或者变相限定经营、购买、使用特定投标人提供的商品；

（三）没有法律、法规依据，通过设置项目库、名录库等方式，限定或者变相限定经营、购买、使用特定经营者提供的商品；

（四）限定或者变相限定单位或者个人经营、购买、使用其指定的经营者提供的商品的其他行为。

2. 俄罗斯《保护竞争法》(2016)[1]

第15条　禁止联邦执行权力机构、俄罗斯联邦主体国家权力机构、地方自治机构、其他履行上述机构职能的机构和组织，以及国家预算外基金、俄罗斯联邦中央银行限制竞争的法规和行为（不作为）

(1) 除联邦法律另有规定外，禁止联邦执行权力机构、俄罗斯联邦主体国家权力机构、地方自治机构、其他履行上述机构职能的机构和组织，以及国家预算外基金、俄罗斯联邦中央银行制定的法规和行为（不作为）导致或可能导致禁止、限制、排除竞争，禁止的内容包括：

①对某行业新建经营主体设置限制，以及对部分经营活动或对部分商品的生产制定禁止或限制性规定；

②不合理的阻碍经营主体的经营活动，其中包括通过在俄罗斯联邦法律规定之外制定对商品或对经营主体的要求；

③对商品在俄罗斯联邦自由流通制定禁止性规定或实行实际限制措施，限制经营主体的销售权、采购权以及限制商品的采购和交易；

④指令经营主体向指定采购者（订货者）优先供货，或优先签署合同；

⑤对商品购方规定对商品供货方的选择限制；

⑥向经营主体提供优先获得信息的机会；

⑦提供国家和地方自治体特惠时违反联邦法律第5章的规定。

(2) 除联邦法律另有规定外，禁止联邦主体国家权力机构、地方自治机构

[1] 俄罗斯《保护竞争法》第15条和第16条的规定，基本包含了我国现行《反垄断法》第五章的全部内容，而不仅仅与《反垄断法》第32条相关。下文在论述《反垄断法》其他条款的修改建议时，不再对俄罗斯《保护竞争法》进行列举。

拥有导致或可能导致禁止、限制和排除竞争的权力。

（3）除联邦法律、俄罗斯联邦总统令和俄罗斯联邦政府决议另有规定外，禁止联邦执行权力机构、俄罗斯联邦主体国家权力机构、其他权力机构和地方自治机构的职能与经营主体的职能重合。除2007年12月1日制定的第317号联邦法律《关于俄罗斯原子能国家公司》和2007年10月30日第238号联邦法律《关于奥林匹克项目建设和发展索契山地疗养区国家公司》两个联邦法律另有规定外，禁止把上述国家权力机构和地方自治机构的职能和权力授予经营主体，其中包括国家监督机构的职能和权力。

第16条 禁止联邦执行权力机构、俄罗斯联邦主体国家权力机构、地方自治机构、其他履行上述机构职能的机构和组织、国家预算外基金和俄罗斯联邦中央银行的限制竞争的协议或协同行为

禁止联邦执行权力机构、俄罗斯联邦主体国家权力机构、地方自治机构、其他履行上述机构职能的机构和组织、国家预算外基金、俄罗斯联邦中央银行之间，以及上述机构与经营主体之间的协议，或实施协同行为，如果这些协议或行为导致或可能导致禁止、限制和排除竞争。其中包括导致或可能导致的后果是：

①除联邦法律、俄罗斯联邦总统和俄罗斯联邦政府法规另有规定外，抬高、降低或维持商品价格；

②经济、技术或其他方面都不合理地对同一商品制定不同价格；

③按照地域原则、商品销售或采购规定、销售的商品种类，销售方或采购方（订货人）划分商品市场；

④对进入或退出商品设置限制，或从商品市场排除经营主体。

（五）典型案件：广东省深圳市斯维尔科技有限公司诉广东省教育厅行政垄断案

2014年初，教育部首次将“工程造价基本技能”列为2013~2015年全国职业院校技能大赛赛项之一。业内习惯将由教育部组织的比赛称为“国赛”，由各省组织的选拔比赛称为“省赛”。4月1日，以广东省教育厅、高职院校、行业企业等组成的工程造价广东省赛组委会发通知称，大赛由广东省教育厅主办，广州城建职业学院承办，广联达软件股份有限公司“协办”。在随后组委会公布的《赛项技术规范》和《竞赛规程》中都明确，赛事软件指定使用广联达独家的认证系统、广联达土建算量软件GCL2013和广联达钢筋算量软件GGJ2013。

一直在积极介入“工程造价基本技能”国赛和各地省赛的斯维尔公司，认为广东省教育厅指定独家赛事软件的做法，有滥用行政权力之嫌，违反了《反垄断法》。为此，斯维尔公司多次与广东省教育厅进行口头和书面商洽，要求给予公平竞争的机会。在沟通无效的情况下，2014 年 4 月 26 日，斯维尔公司向广州市中级人民法院提起行政诉讼，请求法院判决确认广东省教育厅滥用行政权力指定广联达产品为独家参赛软件的行为违法。

广州市中级人民法院在一审判决书中指出，根据《反垄断法》第 32 条规定，“行政机关和法律、法规授权的具有管理公共事务职能的组织不得滥用行政权力，限定或者变相限定单位或者个人经营、购买、使用其指定的经营者提供的商品”。广东省教育厅“指定独家参赛软件”行为符合构成行政机关滥用行政权力排除、限制竞争行为的要素条件，即在主体上，广东省教育厅是“行政机关和法律、法规授权的具有管理公共事务职能的组织”；在行为上，其“指定独家参赛软件行为”符合“限定或者变相限定单位或者个人经营、购买、使用其指定的经营者提供的商品”；至于“滥用行政权力”，法院依据《行政诉讼法》规定，“被告（行政机关）应对自己的具体行政行为负有举证责任”，认定广东省教育厅对自己“指定独家参赛软件”行为不能提供证据证明其合法性，为此教育厅构成“滥用行政权力”。

本案中的广东省工程造价基本技能省级选拔赛，是由广东省教育厅主办的。省赛组委会发布的各种“赛项通知”“赛项技术规范”“竞赛规程”，也都是经过省教育厅审核通过方才对外公布的。因此“指定独家参赛软件”行为，是广东省教育厅作出的具体行政行为。故，该案件属于行政诉讼的受案范围。

一审法院于 2015 年 2 月作出判决，确认广东省教育厅指定在 2014 年工程造价基本技能省级选拔赛中，独家使用广联达公司相关软件的行为违法。一审判决后，广东省教育厅和原审第三人广联达公司以原审判决认定广东省教育厅构成行政性垄断的行为属于认定事实及适用法律错误为由，向广东省高级人民法院提出上诉。

二审法院于 2017 年 6 月作出二审判决，认定一审判决确认广东省教育厅指定使用广联达公司相关软件行为违法并驳回斯维尔公司的赔偿请求正确，依法予以维持。上诉人上诉理由不能成立，二审法院予以驳回。最终，二审法院判决驳回上诉，维持原判。

二、妨碍商品的自由流通

（一）现行条文

第三十三条　行政机关和法律、法规授权的具有管理公共事务职能的组织不得滥用行政权力，实施下列行为，妨碍商品在地区之间的自由流通：

（一）对外地商品设定歧视性收费项目、实行歧视性收费标准，或者规定歧视性价格；

（二）对外地商品规定与本地同类商品不同的技术要求、检验标准，或者对外地商品采取重复检验、重复认证等歧视性技术措施，限制外地商品进入本地市场；

（三）采取专门针对外地商品的行政许可，限制外地商品进入本地市场；

（四）设置关卡或者采取其他手段，阻碍外地商品进入或者本地商品运出；

（五）妨碍商品在地区之间自由流通的其他行为。

（二）建议条文

第三十七条　行政机关和法律、法规、规章授权的具有管理公共事务职能的组织不得滥用行政权力，实施下列妨碍商品自由流通的行为：

（一）对外地商品设定歧视性收费项目、实行歧视性收费标准、实施歧视性补贴政策，或者规定歧视性价格；

（二）对外地商品规定与本地同类商品不同的技术要求、检验标准，或者对外地商品采取重复检验、重复认证等歧视性技术措施，阻碍、限制外地商品进入本地市场；

（三）采取专门针对外地商品的行政许可或者审批、备案方式，阻碍、限制外地商品进入本地市场；

（四）设置关卡或者采取其他手段，阻碍、限制外地商品进入或者本地商品运出；

（五）妨碍商品在地区之间自由流通的其他行为。

（三）修改说明

1. 实施歧视性补贴政策

2017 年，《公平竞争审查制度实施细则（暂行）》发布，对公平竞争审查的审查机制和程序、审查标准、适用例外以及社会监督和责任追究等作了相应规定。行政机关以及法律、法规授权的具有管理公共事务职能的组织制定涉及市场主体经济活动的规章、规范性文件和其他政策措施时，应当经过公平竞争审查，防止行政主体排除限制竞争。公平竞争审查制度的目标是规制行政性垄断行为。[1] 公平竞争审查制度通过对增量文件和存量文件的审查和清理，与《反垄断法》配合共同防止行政性垄断。《公平竞争审查制度实施细则（暂行）》第三章"审查标准"对市场准入和退出标准、商品和要素自由流动标准、影响生产经营成本标准和影响生产经营行为标准进行了细致规定，其审查标准内容相较《反垄断法》而言更为清晰，排除、限制竞争行为的种类更为丰富，值得《反垄断法》借鉴。此外，2018 年，我国反垄断执法机构经过国务院机构改革已经将原国家工商总局、国家发展改革委、商务部"三驾马车"的反垄断职能合并到国家市场监督管理总局中，反垄断执法机构也逐渐成熟，我国更加有条件"将公平竞争审查制度纳入《反垄断法》的实施框架中"。[2] 为了公平竞争审查制度能够顺利实施，将公平竞争审查制度的规定写入《反垄断法》是未来发展趋势，虽然目前我国学者关于公平竞争审查制度纳入《反垄断法》体系的方式有争议，[3] 但是从《反垄断法》修订的角度来看，可以先行利用公平竞争审查制度的标准，将其与《反垄断法》进行对比分析，完善《反垄断法》现行条文规定的内容。

此外，2019 年 6 月 26 日，国家市场监督管理总局发布《制止滥用行政权力排除、限制竞争行为暂行规定》，其中规定了若干行政性垄断行为表现形式，也需要在《反垄断法》的修订中加以考虑。

---

〔1〕 参见邓志松：《论行政垄断成因、特点及法律规制》，法律出版社 2017 年版。

〔2〕 黄勇、吴白丁、张占江："竞争政策视野下公平竞争审查制度的实施"，载《价格理论与实践》2016 年第 4 期。

〔3〕 参见时建中："强化公平竞争审查制度的若干问题"，载《行政管理改革》2017 年第 1 期；参见丁茂中："论我国行政性垄断行为规范的立法完善"，载《政治与法律》2018 年第 7 期；参见张守文："公平竞争审查制度的经济法解析"，载《政治与法律》2017 年第 11 期；参见张占江、戚剑英："反垄断法体系之内的公平竞争审查制度"，载《竞争政策研究》2018 年第 2 期。

《公平竞争审查制度实施细则（暂行）》第15条规定了公平竞争审查制度的商品和要素自由流动标准。《制止滥用行政权力排除、限制竞争行为暂行规定》第5条也规定了歧视性补贴的相关内容。现行《反垄断法》第33条的修订内容可以与公平竞争审查制度中的自由流动标准以及《制止滥用行政权力排除、限制竞争行为暂行规定》的规定相适应。

现行《反垄断法》第33条第1项只对歧视性收费项目或标准、歧视性价格加以规定。但是除此之外，歧视性补贴也会通过影响成本的方式影响商品、服务的自由流通。例如，在汽车新能源行业中，政府为了本地区研发、生产新能源汽车而直接给予本地新能源汽车相关企业补贴，对外地商品设置准入障碍，破坏了新能源汽车行业的发展。[1] 有学者通过数理分析模型对地方政府关于新能源汽车实施的补贴进行分析，认为这一补贴政策是“具有地方保护色彩的歧视性政策”，制造了行业垄断。[2] 实施歧视性补贴，本质上是给予经营者特惠的行为，但主要强调的是对本地和外地商品、服务实施的差别化待遇行为。歧视性补贴指的是对本地和外地的商品、服务实施的不平等补贴，补贴政策直接影响到商品、服务的成本。鼓励本地区商品、服务发展的同时，我们也应当注意到其对外地同类型商品、服务在本地发展的冲击，并且在这一补贴行为中容易引发寻租的情况。因此，建议在条文中增加“实施歧视性补贴政策”，对此进行规制。

2. “行政许可”改为“行政许可或者审批、备案方式”

有学者认为行政许可就是通常所说的行政审批。[3] 行政许可主要是行政法角度的概念，行政审批主要是行政管理程序角度的概念。党的十八大以来，市场准入的行政审批体制成为经济体制改革的重要内容。[4] 行政审批制度通过对市场准入的管控，从而避免不符合条件的商品、服务进入市场中，但这也成为行政主体实施行政性垄断控制本地商品、服务市场的重要手段。通过审批、许可的方式，行政主体可以隐秘地限制外地商品、服务进入本地市场，对外地商品、服务产生不利影响。

---

[1] 参见黄勇：“新形势下反行政垄断执法与司法：挑战、思考与展望”，载《价格理论与实践》2015年第1期。

[2] 郑敬高、冯森、杨振东：“新能源汽车补贴政策的租金效应及其应对”，载《科学与管理》2014年第6期。

[3] 参见郑志松：《论行政垄断成因、特点及法律规制》，法律出版社2017年版。

[4] 参见陈林：“中国垄断性行业的准入壁垒及其经济绩效”，载《财经研究》2016年第06期。

除了行政审批，行政主体还可以通过行政备案方式对商品、服务在地区之间自由流通的行为加以限制。《制止滥用行政权力排除、限制竞争行为暂行规定》第 5 条也规定了行政备案的相关内容。无论是专门针对外地商品的行政备案，还是对外地商品实施行政备案时，设定不同的备案条件、程序、期限等，都可能产生阻碍、限制外地商品进入本地市场的效果，最终阻碍竞争。

因此，在《反垄断法》中将“行政许可”改为“行政许可或者审批、备案方式”，补充了滥用行政权力妨碍商品自由流通的表现形式，与实践情况吻合，更加有利于规制行政性垄断行为。

3. “阻碍”“限制”改为“阻碍、限制”

在现行条文中，部分款项使用“阻碍”一词，部分款项使用“限制”一词，法律条文上下不统一。因此建议《反垄断法》在修改中将“阻碍”“限制”统一更改为“阻碍、限制”，从而提高法律条文的一致性和整洁性。

（四）相关立法或规定

1. 国家市场监督管理总局《制止滥用行政权力排除、限制竞争行为暂行规定》（2019）

第五条　行政机关和法律、法规授权的具有管理公共事务职能的组织不得滥用行政权力，实施下列行为，妨碍商品在地区之间的自由流通：

（一）对外地商品设定歧视性收费项目、实行歧视性收费标准，或者规定歧视性价格、实行歧视性补贴政策；

（二）对外地商品规定与本地同类商品不同的技术要求、检验标准，或者对外地商品采取重复检验、重复认证等措施，阻碍、限制外地商品进入本地市场；

（三）没有法律、法规依据，采取专门针对外地商品的行政许可、备案，或者对外地商品实施行政许可、备案时，设定不同的许可或者备案条件、程序、期限等，阻碍、限制外地商品进入本地市场；

（四）没有法律、法规依据，设置关卡、通过软件或者互联网设置屏蔽等手段，阻碍、限制外地商品进入本地市场或者本地商品运往外地市场；

（五）妨碍商品在地区之间自由流通的其他行为。

2. 国家发展和改革委员会、财政部、商务部、原国家工商行政管理总局、原国务院法制办公室《公平竞争审查制度实施细则（暂行）》（2017）

第十五条　商品和要素自由流动标准。

（一）不得对外地和进口商品、服务实行歧视性价格和歧视性补贴政策，包括但不限于：

1. 制定政府定价或者政府指导价时，对外地和进口同类商品、服务制定歧视性价格；

2. 对相关商品、服务进行补贴时，对外地同类商品、服务和进口同类商品不予补贴或者给予较低补贴。

（二）不得限制外地和进口商品、服务进入本地市场或者阻碍本地商品运出、服务输出，包括但不限于：

1. 对外地商品、服务规定与本地同类商品、服务不同的技术要求、检验标准，或者采取重复检验、重复认证等歧视性技术措施；

2. 对进口商品规定与本地同类商品不同的技术要求、检验标准，或者采取重复检验、重复认证等歧视性技术措施；

3. 没有法律法规依据或者国务院规定，对进口服务规定与本地同类服务不同的技术要求、检验标准，或者采取重复检验、重复认证等歧视性技术措施；

4. 没有法律法规依据，设置专门针对外地和进口商品、服务的专营、专卖、审批、许可；

5. 没有法律法规依据，在道路、车站、港口、航空港或者本行政区域边界设置关卡，阻碍外地和进口商品、服务进入本地市场或者本地商品运出和服务输出；

6. 没有法律法规依据，通过软件或者互联网设置屏蔽以及采取其他手段，阻碍外地和进口商品、服务进入本地市场或者本地商品运出和服务输出。

（五）典型案件：河北省交通运输厅等部门滥用行政权力对外地企业实行差别待遇案

2014年9月，国家发展和改革委员会根据举报，依法对河北省交通运输厅、物价局、财政厅违反《反垄断法》相关规定，对本省客运班车实行通行费优惠政策，滥用行政权力排除、限制相关市场竞争的案件进行了调查。

调查发现，2013年10月，河北省交通运输厅、物价局和财政厅联合下发《关于统一全省收费公路客运班车通行费车型分类标准的通知》（冀交公［2013］548号），确定自2013年12月1日起，调整全省收费公路车辆通行费车型分类，并对本省客运班车实行通行费优惠政策。客运班车通过办理高速公路ETC卡或者月票，按照计费额的50%给予优惠。2013年10月30日，交通运输厅下发《关于贯彻落实全省收费公路客运班车通行费车型分类标准有关事宜的通知》

（冀交公［2013］574号）进一步明确规定，优惠政策“只适用于本省经道路运输管理机构批准，有固定运营线路的客运班线车辆”。

据调查，通行费支出对经营者收益率影响较大。根据某运输公司测算的数据，高速公路通行费占其总收入的比重约为10%~20%。河北省有关部门对本省客运班车实行通行费优惠政策，其实质是对本省客运班车经营者按照通行费额给予经济补偿，使河北省客运班车经营者的通行费成本大幅低于其他省份相关经营者，导致外省经营者处于不利的竞争地位。以天津至石家庄线路为例，天津公司单程需缴纳通行费360元，与之对开的河北省公司缴纳180元，单次差额180元。据天津一运输公司测算，仅这一线路天津公司就比河北公司每年多支出130余万元。河北省有关部门的上述做法，损害了河北省客运班车经营者与外省同一线路经营者之间的公平竞争，违反了《反垄断法》第8条“行政机关和法律、法规授权的具有管理公共事务职能的组织不得滥用行政权力，排除、限制竞争”的规定，属于《反垄断法》第33条第1项所列“对外地商品设定歧视性收费项目、实行歧视性收费标准，或者规定歧视性价格”的行为。

国家发展和改革委员会就相关问题与交通运输部进行了沟通确认，并依据《反垄断法》相关规定，向河北省人民政府办公厅发出执法建议函，建议其责令交通运输厅等有关部门改正相关行为，对在本省内定点定线运行的所有客运企业，在通行费上给予公平待遇，以保证所有客运企业之间的公平竞争。

三、排斥或者限制外地经营者参加招投标

（一）现行条文

第三十四条　行政机关和法律、法规授权的具有管理公共事务职能的组织不得滥用行政权力，以设定歧视性资质要求、评审标准或者不依法发布信息等方式，排斥或者限制外地经营者参加本地的招标投标活动。

（二）建议条文

第三十八条　行政机关和法律、法规、规章授权的具有管理公共事务职能的组织不得滥用行政权力，实施下列影响招标投标活动公平竞争的行为：

（一）不依法发布或者不及时有效发布招标信息，排斥或者限制外地经营者参加本地的招标投标活动；

（二）对外地经营者设定歧视性资质要求，排斥或者限制外地经营者参加本地的招标投标活动；

（三）对外地经营者设定歧视性评审标准，排斥或者限制外地经营者参加本地的招标投标活动；

（四）通过设定与招标项目的具体特点和实际需要不相适应或者与合同履行无关的资格、技术和商务条件等方式，变相限制外地经营者参加本地招标投标活动。

（三）修改说明

《公平竞争审查制度实施细则（暂行）》第 15 条规定了不得排斥或者限制外地经营者参加本地招标投标活动的相关内容，《反垄断法》可以采用《公平竞争审查制度实施细则（暂行）》中举例的方式，对排斥、限制外地经营者参加本地招标投标活动的行为作出规制。《制止滥用行政权力排除、限制竞争行为暂行规定》第 6 条中也针对排斥或者限制外地经营者参加招标投标的行为进行说明。结合两个文件中关于招标投标活动的内容，对《反垄断法》作出修改。

1. 不及时有效发布招标信息

《公平竞争审查制度实施细则（暂行）》第 15 条规定了“不依法及时有效地发布招标信息”，补充了“及时有效”发布招标信息的形式。现行《反垄断法》规定不依法发布信息属于排斥、限制外地经营者参加本地招标投标活动的行为，但是实践中存在行政主体不及时有效地发布信息的情况，这一行为同样会对外地经营者参加本地招标投标活动造成变相限制。由于外地经营者同本地经营者比较而言，其获取本地招标活动的消息渠道较少，并且需要更长的时间为招标活动做准备，如果行政主体不及时有效地发布招标信息，实际上是变相减少外地经营者参加本地招标投标活动的可能性，从本质而言也是为了保护本地经营者而实施的行政性垄断行为，应当受到《反垄断法》的规制。

2. 对外地经营者设定歧视性资质要求、对外地经营者设定歧视性评审标准

歧视性的资质要求、评审标准是指对本地和外地的经营者设置不平等的资质要求和评审标准。在行政性垄断中，行政主体经常利用资质要求或者评审标准对外地经营者进行限制，以“合法”的形式掩盖行政性垄断的本质。《制止滥用行政权力排除、限制竞争行为暂行规定》第 6 条也规定了“对外地经营者设定歧视性的资质要求或者评审标准”的行政性垄断表现形式。将这类情况单独列举在建议条文中，能够强调这类情况对市场竞争的损害，使行政主体规范自

身的行为便于监管机关进行规制。

3. 变相限制

“变相限制”是指具有其他行为外观的限制行为。如通过设定与招标项目的具体特点和实际需要不相适应或者与合同履行无关的资格、技术和商务条件来限制、排除外地经营者参加本地招标投标活动，变相限制外地经营者参加本地招标投标活动，具有隐秘性。这种限制也会阻碍统一开放的市场竞争体系建设。随着市场经济的发展，行政性垄断行为也逐渐变得更加隐蔽，《反垄断法》应当结合实际情况作出相应调整，对变相排除、限制市场竞争的行政性垄断行为进行统一规制。《制止滥用行政权力排除、限制竞争行为暂行规定》和《公平竞争审查制度实施细则（暂行）》也都规定了“变相限制”的形式。

（四）相关立法或规定

1.《中华人民共和国招标投标法》(2017)

第五条　招标投标活动应当遵循公开、公平、公正和诚实信用的原则。

第六条　依法必须进行招标的项目，其招标投标活动不受地区或者部门的限制。任何单位和个人不得违法限制或者排斥本地区、本系统以外的法人或者其他组织参加投标，不得以任何方式非法干涉招标投标活动。

第十六条　招标人采用公开招标方式的，应当发布招标公告。依法必须进行招标的项目的招标公告，应当通过国家指定的报刊、信息网络或者其他媒介发布。

招标公告应当载明招标人的名称和地址、招标项目的性质、数量、实施地点和时间以及获取招标文件的办法等事项。

第十八条　招标人可以根据招标项目本身的要求，在招标公告或者投标邀请书中，要求潜在投标人提供有关资质证明文件和业绩情况，并对潜在投标人进行资格审查；国家对投标人的资格条件有规定的，依照其规定。

招标人不得以不合理的条件限制或者排斥潜在投标人，不得对潜在投标人实行歧视待遇。

第二十条　招标文件不得要求或者标明特定的生产供应者以及含有倾向或者排斥潜在投标人的其他内容。

第三十八条　招标人应当采取必要的措施，保证评标在严格保密的情况下进行。

任何单位和个人不得非法干预、影响评标的过程和结果。

第四十四条 评标委员会成员应当客观、公正地履行职务，遵守职业道德，对所提出的评审意见承担个人责任。

评标委员会成员不得私下接触投标人，不得收受投标人的财物或者其他好处。

评标委员会成员和参与评标的有关工作人员不得透露对投标文件的评审和比较、中标候选人的推荐情况以及与评标有关的其他情况。

2. 国家市场监督管理总局《制止滥用行政权力排除、限制竞争行为暂行规定》(2019)

第六条 行政机关和法律、法规授权的具有管理公共事务职能的组织不得滥用行政权力，实施下列行为，排斥或者限制外地经营者参加本地的招标投标活动：

（一）不依法发布信息；

（二）明确外地经营者不能参与本地特定的招标投标活动；

（三）对外地经营者设定歧视性的资质要求或者评审标准；

（四）通过设定与招标项目的具体特点和实际需要不相适应或者与合同履行无关的资格、技术和商务条件，变相限制外地经营者参加本地招标投标活动；

（五）排斥或者限制外地经营者参加本地招标投标活动的其他行为。

3. 国家发展和改革委员会、财政部、商务部、原国家工商行政管理总局、原国务院法制办公室《公平竞争审查制度实施细则（暂行）》(2017)

第十五条 商品和要素自由流动标准。

（三）不得排斥或者限制外地经营者参加本地招标投标活动，包括但不限于：

1. 不依法及时有效地发布招标信息；

2. 直接明确外地经营者不能参与本地特定的招标投标活动；

3. 对外地经营者设定明显高于本地经营者的资质要求或者评审标准；

4. 通过设定与招标项目的具体特点和实际需要不相适应或者与合同履行无关的资格、技术和商务条件，变相限制外地经营者参加本地招标投标活动。

（五）典型案件：安徽省蚌埠市滥用行政权力排除、限制竞争案

在安徽省蚌埠市滥用行政权力排除、限制竞争案中，国家发展和改革委员会经调查认为，蚌埠市计划生育委员会在112号和168号招标公告中对外地经营者设置歧视性资质要求，限制外地经营者参加本地的招标投标活动。虽然112

号和168号公告是以“竞争性磋商”名义发布，但属于以公告的方式邀请不特定的法人或者其他组织投标，实质上是招标行为。112号公告中，要求“市外投标企业2014年销售额不低于20亿元人民币，本市企业2014年销售额不低于4000万元人民币”，对本地和外地经营者的规模要求相差50倍；168号公告中，要求“市外投标企业年销售额（不含税）不低于5亿元人民币，本市企业年销售额（不含税）不低于2000万元人民币”，对本地和外地经营者的规模要求相差25倍。同时，在外地和本地相关经营者数量明显存在巨大差别的情况下，两次招标均明确规定外地和本地同样数量的经营者中标，保护本地相关经营者的意图明显。蚌埠市计划生育委员会的相关做法排除了外地潜在投标者，控制药品虚高价格，不利于促进相关市场充分竞争，涉嫌违反《反垄断法》第34条和第37条的规定。国家发展和改革委员会建议安徽省人民政府责令蚌埠市计划生育委员会改正相关行为，并对本省药品集中采购中还存在的其他违反《反垄断法》排除限制竞争行为，从总体上予以清理和规范。

四、限制投资或设立分支机构

（一）现行条文

第三十五条 行政机关和法律、法规授权的具有管理公共事务职能的组织不得滥用行政权力，采取与本地经营者不平等待遇等方式，排斥或者限制外地经营者在本地投资或者设立分支机构。

（二）建议条文

第三十九条 行政机关和法律、法规、规章授权的具有管理公共事务职能的组织不得滥用行政权力，对外地经营者实行歧视性待遇或者采取不合理限制，拒绝、限制或者强制外地经营者在本地投资或者设立分支机构。

（三）修改说明

《公平竞争审查制度实施细则（暂行）》第15条规定不得排斥、限制或者强制外地经营者在本地投资或者设立分支机构的相关内容。《制止滥用行政权力排除、限制竞争行为暂行规定》第7条也规定了相关内容。

1. 歧视性待遇

现行《反垄断法》使用“不平等待遇”强调的是本地与外地的差异，而“歧视性待遇”更加能够突出行政性垄断对外地经营者的侵害，强调对本地经营者的特殊保护。将“不平等待遇”改为“歧视性待遇”，更能凸显这类行为的本质。

根据《公平竞争审查制度实施细则（暂行）》，歧视性待遇的典型情况包括：①对外地经营者在本地的投资不给予与本地经营者同等的政策待遇；②对外地经营者在本地设立的分支机构在经营规模、经营方式、税费缴纳等方面规定与本地经营者不同的要求；③在节能环保、安全生产、健康卫生、工程质量、市场监管等方面，对外地经营者在本地设立的分支机构规定歧视性监管标准和要求。

2. 不合理限制

不合理限制是指没有法律法规依据或者国务院规定，对外地经营者在本地投资的规模、方式以及设立分支机构的地址、模式等进行限制。不合理限制外地经营者进入本地市场的条件，属于典型的行政性垄断的情况，将其单独列在建议条文中有利于加强执法机构的规制，也有利于行政主体规范自身行为。

3. “排斥或者限制外地经营者在本地投资或者设立分支机构”改为“拒绝、限制或者强制外地经营者在本地投资或者设立分支机构”

《公平竞争审查制度实施细则（暂行）》中规定了“直接拒绝外地经营者在本地投资或者设立分支机构”，《制止滥用行政权力排除、限制竞争行为暂行规定》中规定了“拒绝外地经营者在本地投资或者设立分支机构”。上述两个文件均将“拒绝外地经营者在本地投资或者设立分支机构”解释为《反垄断法》限制机构设定行为的表现形式，具有典型意义。《反垄断法》现行条文中并未单独列出“拒绝在本地投资或者设立分支机构”的形式，遗漏了这一典型表现形式，建议在修改中加以补充。

强制是指没有法律法规依据，直接强制外地经营者在本地投资或者设立分支机构；或者没有法律法规依据，将在本地投资或者设立分支机构作为参与本地招标投标、享受补贴和优惠政策等的必要条件，变相强制外地经营者在本地投资或者设立分支机构。对行政主体而言，强制外地经营者在本地投资或者设立分支机构有利于增加本地的投资额，促进本地经济发展，并且可以收取该分支机构的税费，从而提高本地的收入，因此许多行政主体为了自身的利益强制要求外地经营者在本地投资或者设立分支机构。但是强制外地经营者在本地投资或者设立分支机构将直接影响外地经营者的成本经营结构，使其运营成本增加，使外地经营者在与本地经营者竞争的过程中处于劣势。因此，由于地方政府为了本地经济的考量容易做出行政性垄断行为，应当针对增加财政税收收入的部分强制行为设置规制手段。鉴于此，我国现行《反垄断法》对强制外地经营者在本地投资或者设立分支机构这类情况进行规制是十分必要的。

（四）相关立法或规定

1. 国家市场监督管理总局《制止滥用行政权力排除、限制竞争行为暂行规定》（2019）

第七条　行政机关和法律、法规授权的具有管理公共事务职能的组织不得滥用行政权力，实施下列行为，排斥或者限制外地经营者在本地投资或者设立分支机构：

（一）拒绝外地经营者在本地投资或者设立分支机构；

（二）没有法律、法规依据，对外地经营者在本地投资的规模、方式以及设立分支机构的地址、商业模式等进行限制；

（三）对外地经营者在本地的投资或者设立的分支机构在投资、经营规模、经营方式、税费缴纳等方面规定与本地经营者不同的要求，在安全生产、节能环保、质量标准等方面实行歧视性待遇；

（四）排斥或者限制外地经营者在本地投资或者设立分支机构的其他行为。

2. 国家发展和改革委员会、财政部、商务部、原国家工商行政管理总局、原国务院法制办公室《公平竞争审查制度实施细则（暂行）》（2017）

第十五条　商品和要素自由流动标准。

（四）不得排斥、限制或者强制外地经营者在本地投资或者设立分支机构，包括但不限于：

1. 直接拒绝外地经营者在本地投资或者设立分支机构；

2. 没有法律法规依据或者国务院规定，对外地经营者在本地投资的规模、方式以及设立分支机构的地址、模式等进行限制；

3. 没有法律法规依据，直接强制外地经营者在本地投资或者设立分支机构；

4. 没有法律法规依据，将在本地投资或者设立分支机构作为参与本地招标投标、享受补贴和优惠政策等的必要条件，变相强制外地经营者在本地投资或者设立分支机构。

（五）不得对外地经营者在本地的投资或者设立的分支机构实行歧视性待

遇，包括但不限于：

1. 对外地经营者在本地的投资不给予与本地经营者同等的政策待遇；

2. 对外地经营者在本地设立的分支机构在经营规模、经营方式、税费缴纳等方面规定与本地经营者不同的要求；

3. 在节能环保、安全生产、健康卫生、工程质量、市场监管等方面，对外地经营者在本地设立的分支机构规定歧视性监管标准和要求。

（五）典型案件：深圳市教育局涉嫌滥用行政权力排除、限制竞争案件

在目前已经公布的行政性垄断执法及司法案件中，直接排除、限制、强制机构设立的案件暂未出现，但是通过招标投标文件要求外地企业在本地设立分支机构的案件存在，例如深圳市教育局在中小学学生装管理中涉嫌滥用行政权力排除、限制竞争行为的案件。

根据举报，国家发展和改革委员会同广东省发展和改革委员会对深圳市教育局在中小学学生装管理工作中滥用行政权力，统一价格，排除、限制竞争问题进行了调查。经查，深圳市教育局在2011年招标中要求“投标人必须为深圳注册的企业，或在深圳有经工商注册的分支经营机构的企业”，而按照相关规定，注册分支机构，必须具备消防、环保等相关证照，受投标有限时效所制，此条规定会将很多来不及办理相关证照的潜在外地投标企业排斥在投标范围之外。同时，在2011年招标评分规则中将企业在深圳纳税额、本地学生装服务经验与分值挂钩，保护本地企业意图明显。例如，根据规定，“在深圳纳税年平均50万元以上，100分，每减少5万元，扣减10分”；“有深圳学生装服务经验的，100分，有广东省（深圳除外）市级或区级以上经验的，50分，有其他省份市级或区级以上经验的，20分”。2014年，深圳市教育局又规定将企业近3年在深圳纳税的总金额作为评分标准等。

五、不合理给予经营者特惠

（一）新增条文

第四十条　行政机关和法律、法规、规章授权的具有管理公共事务职能的组织不得滥用行政权力，在财政税收、环保标准、排污权限、政府采购、融资便利、土地出让等方面给予特定经营者不合理的优惠待遇，排除、限制竞争。

（二）修改说明

不合理的优惠待遇对经营者的生产经营成本有较大影响。在我国，不合理的优惠待遇在行业中十分常见。这与我国经济体制有关，在计划经济转向市场经济的过程中，原先在计划经济下对特定行业或经营者进行扶持和保护的情况已经影响到了市场经济下的竞争。[1] 优惠待遇是我国产业政策常采用的方式，为了扶持某些行业或经营者发展而对其进行优惠对待。但是不合理的优惠待遇对行业和经营者间的竞争都会产生损害效果。“竞争政策和产业政策不是非此即彼的对立关系，而是统一于促进经济发展的政策体系。”[2] 产业政策也需要考虑公平性，与竞争政策有效协调，目前的经济情况需要确立竞争政策的基础性地位。因此，对不合理的优惠待遇进行规制是《反垄断法》修订中应当考虑的问题，在条文中增设“不合理给予经营者特惠行为”这一行政性垄断行为有利于加强对该行为的规范，使经营者能够在市场中公平竞争。

此外，在建议条文中增加了财政税收、环保标准、排污权限、政府采购、融资便利、土地出让等具体方面，其中财政税收、环保标准、排污权限、土地出让四个方面在《公平竞争审查制度实施细则（暂行）》中有所体现，是不合理优惠待遇经常表现出来的四个方面。但除了这四个方面，政府采购、融资便利也是行政主体滥用行政权力给予经营者不合理特惠的常见情况，建议《反垄断法》在修订时将这两个方面也单独列举，便于行政主体知晓自己的哪些行为容易影响竞争秩序，产生或可能产生排除、限制竞争的效果。

（三）相关立法或规定

1. 国家发展和改革委员会、财政部、商务部、原国家工商行政管理总局、原国务院法制办公室《公平竞争审查制度实施细则（暂行）》(2017)

第十六条　影响生产经营成本标准。

（一）不得违法给予特定经营者优惠政策，包括但不限于：

1. 没有法律法规依据或者国务院规定，给予特定经营者财政奖励和补贴；

2. 没有法律法规依据或者未经国务院批准，减免特定经营者应当缴纳的税款；

---

[1] 参见李晓鸿：“隐性行政垄断及其法律规制研究”，武汉大学2015年博士学位论文。

[2] 张汉东：“我国竞争政策的实践与展望”，载《竞争政策研究》2018年第6期。

3. 没有法律法规依据或者国务院规定，以优惠价格或者零地价向特定经营者出让土地，或者以划拨、作价出资方式向特定经营者供应土地；

4. 没有法律法规依据或者国务院规定，在环保标准、排污权限等方面给予特定经营者特殊待遇；

5. 没有法律法规依据或者国务院规定，对特定经营者减免、缓征或停征行政事业性收费、政府性基金、住房公积金等。

（二）安排财政支出一般不得与企业缴纳的税收或非税收入挂钩，主要指根据企业缴纳的税收或者非税收入情况，采取列收列支或者违法违规采取先征后返、即征即退等形式，对企业进行返还，或者给予企业财政奖励或补贴、减免土地出让收入等优惠政策。

（三）不得违法违规减免或者缓征特定经营者应当缴纳的社会保险费用，主要指没有法律法规依据或者国务院规定，根据经营者规模、所有制形式、组织形式、地区等因素，减免或者缓征特定经营者需要缴纳的基本养老保险费、基本医疗保险费、失业保险费、工伤保险费、生育保险费等。

（四）不得在法律规定之外要求经营者提供或扣留经营者各类保证金，包括但不限于：

1. 没有法律法规或者国务院规定，要求经营者交纳各类保证金；

2. 在经营者履行相关程序或者完成相关事项后，不及时退还经营者交纳的保证金。

2. 《欧盟运行条约》

第 107 条 （1）除条约另有规定外，国家给予或者利用国家财源给予的援助，不论方式如何，凡优待某些企业或者某些生产部门，以致破坏竞争或者对竞争产生威胁，从而对成员国间的贸易有不利影响时，应被视为与内部市场相抵触。

（四）典型案件：上饶市广丰区人民政府办公室滥用行政权力排除、限制竞争案

2017 年 12 月初，根据有关线索，江西省发展和改革委员会（省价格监督检查局）派出调查组对上饶市广丰区人民政府办公室涉嫌滥用行政权力排除、限制竞争的行为开展调查。

调查发现，2017 年 5 月 17 日，上饶市广丰区人民政府办公室印发了《加强建筑业和房地产业税收管理实施细则》（广府办字〔2017〕29 号），其中明确要

求，上饶市外建筑企业到本区承接工程造价 300 万元以上的房屋建筑、市政基础、水利水电、交通工程等项目的，原则上应该在本区设立具有独立法人资格的子公司；上饶市外建筑企业在本区设立具有独立法人资格的子公司，可以于项目完工税收清算后获得一定的财政奖励。

上饶市广丰区人民政府办公室上述行为涉嫌限制域外有关企业参与域内相关工程业务招标投标的竞争，不利于促进相关市场充分竞争。相关行为违反了《反垄断法》第 8 条和第 33 条第 4 款的规定。在调查过程中，上饶市广丰区人民政府办公室认识到上述行为涉嫌违反《反垄断法》的有关规定，立即进行了整改，主动将《加强建筑业和房地产业税收管理实施细则》（广府办字〔2017〕29 号）从区政府对外公开网站上撤下，消除负面影响，并于 12 月 14 日发布了新的文件，废止了原文件中涉及排除、限制竞争的有关内容，删除了原文件中的第 5 条、第 6 条和第 7 条。

六、强制经营者从事垄断行为

（一）现行条文

第三十六条　行政机关和法律、法规授权的具有管理公共事务职能的组织不得滥用行政权力，强制经营者从事本法规定的垄断行为。

（二）建议条文

第四十一条　行政机关和法律、法规、规章授权的具有管理公共事务职能的组织不得利用行政权力，强制、组织经营者从事本法规定的垄断行为，或者要求经营者披露生产经营敏感信息，为特定经营者从事或组织垄断行为提供便利条件。

（三）修改说明

1. “强制”改为“强制、组织”

现行《反垄断法》只规定了强制经营者从事垄断行为的内容，但实践中行政主体并不只有强制的方式，还会通过组织的方式使经营者从事《反垄断法》规定的垄断行为。同时，行政主体在进行行政性垄断行为时也会采用越来越隐秘的方式，如通过文件诱导的方式组织经营者从事垄断行为。因此将“组织”

单独列出，强调行政主体“组织”垄断行为的危害性，并对其加以重点规制。

此外，将“强制”改为“强制、组织”，可以将常见的组织经营者从事垄断行为的情况纳入《反垄断法》的体系之中，丰富了规制行政性垄断的情况。

2. 增加规定“或者要求经营者披露生产经营敏感信息，为特定经营者从事或组织垄断行为提供便利条件”

《公平竞争审查制度实施细则（暂行）》第17条规定公平竞争审查制度的影响生产经营行为标准，其中包含“不得违法披露或者违法要求经营者披露生产经营敏感信息，为经营者实施垄断行为提供便利条件”。公平竞争审查制度将“为经营者实施垄断行为提供便利”这类行政主体的辅助行为也纳入公平竞争审查标准中，《公平竞争审查制度实施细则（暂行）》规定，生产经营敏感信息是指除依据法律法规或者国务院规定需要公开之外，生产经营者未主动公开，通过公开渠道无法采集的生产经营数据。生产经营敏感信息是经营者实施垄断行为的重要帮助，现行《反垄断法》并未对行政主体违法要求经营者披露生产经营敏感信息这类情况加以规定，对于规制排除、限制竞争的行为是一大漏洞，应当对此加以修改。该披露行为并不单指违法要求经营者向公众披露生产经营敏感信息，还应当包含违法要求经营者向其他经营者或向行政主体披露生产经营敏感信息的情况。

此外，将“从事”改为“从事或组织”，点出“组织”的领导带头作用，可以更加明确这一行为对竞争秩序的影响。

（四）相关立法或规定

1. 国家市场监督管理总局《制止滥用行政权力排除、限制竞争行为暂行规定》(2019)

第八条　行政机关和法律、法规授权的具有管理公共事务职能的组织不得滥用行政权力，强制或者变相强制经营者从事反垄断法规定的垄断行为。

2. 国家发展和改革委员会、财政部、商务部、原国家工商行政管理总局、原国务院法制办《公平竞争审查制度实施细则（暂行）》(2017)

第十七条　影响生产经营行为标准。

（一）不得强制经营者从事《中华人民共和国反垄断法》规定的垄断行为，主要指以行政命令、行政授权、行政指导或者通过行业协会等方式，强制、组织或者引导经营者达成、实施垄断协议或者实施滥用市场支配地位行为。

（二）不得违法披露或者违法要求经营者披露生产经营敏感信息，为经营者实施垄断行为提供便利条件。生产经营敏感信息是指除依据法律法规或者国务院规定需要公开之外，生产经营者未主动公开，通过公开渠道无法采集的生产经营数据。主要包括：拟定价格、成本、生产数量、销售数量、生产销售计划、经销商信息、终端客户信息等。

（五）典型案件：云南省通信管理局强制经营者从事垄断行为案

2014年，云南省发展和改革委员会在对一起价格垄断协议案件进行调查的过程中，发现云南省通信管理局涉嫌违反《反垄断法》，滥用行政权力，组织电信运营商达成价格垄断协议，排除和限制相关市场竞争。为此，国家发展和改革委员会指导云南省发展和改革委员会进行了调查。

调查发现，2009年8~10月，云南省通信管理局牵头组织中国移动通信集团云南分公司、中国电信股份有限公司云南分公司、中国联合网络通信有限公司云南分公司和中国铁通集团有限公司云南分公司多次会议协商，于2009年底达成《云南基础电信运营企业规范各类赠送活动的协议》（以下简称《协议》），对四家电信运营商开展相关赠送活动的内容、额度、频次等进行了约定，包括各企业均不得采取“无预存话费”“无保底消费”或“无在网时限”等方式开展赠送活动；赠送通信内产品的价值不得高于用户承诺在网期限内承诺消费总额的60%，赠送通信外产品的价值不得高于用户承诺在网期限内承诺消费总额的30%；赠送活动对同一用户每年不超过两次（含两次）；各电信企业制定的积分回馈方案中，用户消费价值与积分价值之比不超过1∶1，积分价值与兑换服务的价值之比不超过1∶0.05。

《协议》同时规定了有关执行措施。对电信运营商违反《协议》开展赠送的行为，其他电信运营商可以向云南省通信管理局申告。云南省通信管理局在确认后下发整改通知书，责令相关企业进行整改。2011年6月，云南省通信管理局组织召开第一次规范电信市场秩序工作会，进一步细化了违规行为的解决流程。“电信企业的县市级分公司发现违规行为时，应主动以函件形式通报对方，双方协商解决；协商解决不了的，发现方可报上级州市级分公司协调解决”，“解决不了再报省公司协调，省公司间协调仍解决不了的，最后报管局（即云南省通信管理局）依法解决。”

由于四家电信运营商是电信市场上的主要经营者，相互之间为直接竞争关系。各电信运营商在市场营销中对消费者给予话费、充值卡等礼品赠送，直接影响到产品最终价格，是开展市场竞争的重要手段。云南省通信管理局牵头组织四家电信运营商达成协议，对赠送的范围、幅度、频次等进行约定，并通过下发整改通知书等手段强制执行，限制了电信运营商的竞争能力和手段。同时，云南省通信管理局制定争议解决规则，要求处于竞争关系的电信运营商，在对赠送行为出现争议时，首先进行逐级协调，并争取达成一致，实质上是要求电信运营商就相关问题达成垄断协议，排除和限制了相关市场竞争。因此，上述行为违反了《反垄断法》第 8 条“行政机关和法律、法规授权的具有管理公共事务职能的组织不得滥用行政权力，排除、限制竞争”规定，属于第 36 条所列“滥用行政权力，强制经营者从事本法规定的垄断行为”。

此后，云南省发展和改革委员会督促云南省通信管理局进行整改，停止相关做法，恢复了公平竞争的市场秩序。国家发展和改革委员会也就此与工业和信息化部进行了沟通。工业和信息化部将指导各省、自治区、直辖市通信管理局加强对《反垄断法》等法律、法规的学习，提高依法行政能力，对辖区内类似行为进行清理规范。

同时，云南省发展和改革委员会依法对参与垄断协议的四家电信运营商进行了处罚。其中，对参与达成并实施垄断协议的中国移动通信集团云南分公司、中国电信股份有限公司云南分公司、中国联合网络通信有限公司云南分公司，处以上一年度相关市场销售额 2%的罚款；对参与达成但未实施垄断协议的中国铁通集团有限公司云南分公司，处以 20 万元罚款。罚款金额共计约 1318 万元。

七、制定含有排除、限制竞争内容的规定

（一）现行条文

第三十七条　行政机关不得滥用行政权力，制定含有排除、限制竞争内容的规定。

（二）建议条文

第四十二条　行政机关和法律、法规、规章授权的具有管理公共事务职能的组织不得滥用行政权力，以规定、办法、决定、公告、通知、意见、会议纪要等形式，制定、发布含有排除、限制竞争内容的市场准入、产业发展、招商引资、招标投标、政府采购、经营行为规范、资质标准等涉及市场主体经济活动的规章、规范性文件和其他政策措施。

（三）修改说明

1. “制定”改为“制定、发布”

现行《反垄断法》仅规定了“制定含有排除、限制竞争内容的规定”，但是行政主体发布含有排除、限制竞争内容的规定后，由于相关内容公之于众，所产生的危害效果更大。“制定、发布”是相关文件从无到有再到实施的过程，因此我们建议《反垄断法》条文将“发布”的行为也纳入进来加以规制。

2. “规定”改为“规章、规范性文件和其他政策措施”

现行《反垄断法》第 37 条只针对行政机关制定的含有排除、限制竞争内容的规定进行规制，但是根据行政性垄断的一般规定，法律、法规、规章授权的具有管理公共事务职能的组织也是行政性垄断的实施主体，这些组织也会制定发布一些文件措施进而利用行政权力不合理地排除、限制竞争。现行《反垄断法》如此规定，实际上限缩了排除、限制竞争的抽象行政行为范围，并且“规定”的措辞过于宽泛，指代不明。因此我们建议进一步完善该条的实施主体，将法律、法规、规章授权的具有管理公共事务职能的组织纳入进来，同时还需要明确“规定”的具体涵义。

一般认为，行政性垄断的主体不包含中央政府即国务院，[1] 因此由国务院制定的行政法规并不属于现行《反垄断法》第 37 条行政机关可以制定的“规定”。由此，在行政主体制定、发布的“规定”具体内容中，应当包含规章、规范性文件和其他政策措施，行政法规应当由《立法法》等其他法律进行规范。规章、规范性文件和其他政策措施也是公平竞争审查主要关注的内容。在建议条文中明确“规定”的具体形式，有利于规制的典型化，增强规范性，也利于与公平竞争审查的协调。

3. 以规定、办法、决定、公告、通知、意见、会议纪要等形式，制定、发布含有排除、限制竞争内容的市场准入、产业发展、招商引资、招标投标、政府采购、经营行为规范、资质标准等涉及市场主体经济活动的规章、规范性文件和其他政策措施

《制止滥用行政权力排除、限制竞争行为暂行规定》第 9 条对制定、发布产生或可能产生排除、限制竞争效果的规章、规范性文件和其他政策措施进行了

[1] 参见王先林：“略论我国反垄断立法中的禁止行政性垄断制度”，载《安徽大学学报》2005 年第 6 期。

具体阐述，明确了行为方式以及制定发布的内容，更加具有可适用性。我们建议在《反垄断法》的修订中借鉴这条规定，对该行为进行规制。

（四）相关立法或规定

国家市场监督管理总局《制止滥用行政权力排除、限制竞争行为暂行规定》（2019）

第九条　行政机关不得滥用行政权力，以规定、办法、决定、公告、通知、意见、会议纪要等形式，制定、发布含有排除、限制竞争内容的市场准入、产业发展、招商引资、招标投标、政府采购、经营行为规范、资质标准等涉及市场主体经济活动的规章、规范性文件和其他政策措施。

（五）典型案件：江苏省纠正苏州市道路运输管理机构行政性垄断行为案件

2017 年 12 月，根据举报，原江苏省工商行政管理局对苏州市道路运输管理机构涉嫌滥用行政权力排除、限制竞争行为进行调查。

经查，2017 年 2 月，苏州市交通运输局下发《关于同意 2017 年苏州市驾驶人培训市场发展计划的批复》（苏交［2017］22 号），同意苏州市运输管理处“2017 年苏州市驾驶人培训市场发展计划”，明确“2017 年共新增 C1（C2）教学车辆 400 辆，其中市区（含吴中、相城）60 辆、吴江区 60 辆、昆山市 80 辆、太仓市 60 辆、常熟市 60 辆、张家港市 80 辆。新增车辆额度全部采用‘智慧驾培’模式，并通过服务质量招投标方式公开择优投放。”2 月 14 日，苏州市运输管理处下发《关于实施 2017 年苏州市驾驶人培训市场发展计划的通知》（苏运字［2017］7 号），要求新增车辆额度全部采用“智慧驾培”模式，并通过服务质量招标投标方式公开择优投放。

《道路运输条例》第 39 条对申请从事机动车驾驶员培训规定了明确的条件；对符合条件的驾驶员培训申请，“县级道路运输管理机构应当自受理申请之日起 15 日内审查完毕，作出许可或者不予许可的决定，并书面通知申请人”。苏州市道路运输管理机构未严格执行《道路运输条例》，在驾驶培训市场管理中通过招标投标方式增设准入条件，提高驾驶培训市场准入门槛，其行为违反了《反垄断法》第 37 条“行政机关不得滥用行政权力，制定含有排除、限制竞争内容的规定”之规定，构成滥用行政权力，排除、限制竞争行为。原江苏省工商行政管理局于 2018 年 1 月向苏州市人民政府发出行政建议书，建议其责令苏州市交通运输局改正上述滥用行政权力排除、限制竞争行为，并建立健全公平竞争审查保障机制，及时纠正滥用行政权力排除、限制竞争行为。苏州市人民政府随后要求各级交通管理部门全面开放驾培市场，不得增设任何额外条件。同时，下发《关于做好机动车驾驶培训经营许可工作的通知》，要求各地道路运输管理机构严格执行。

第六章 公平竞争审查

一、审查对象

（一）新增条文

第四十三条 行政机关和法律、法规、规章授权的具有管理公共事务职能的组织（以下统称审查义务主体）制定有关市场准入、产业发展、招商引资、招标投标、政府采购、经营行为规范、资质标准等涉及市场主体经济活动的规定时，应当在制定过程中进行公平竞争审查。

前款所称规定，包括规章、规范性文件，以及行政机关和法律、法规、规章授权的具有管理公共事务职能的组织负责起草的法律草案、行政法规草案和国务院其他规定送审稿、地方性法规草案。

（二）修改说明

本条规定的是公平竞争审查的对象。

本条拓展了我国《反垄断法》所限定的“规定”的范围，将公平竞争审查的范围扩大到行政法规、地方性法规。一定意义上，它弥补了《反垄断法》调整行政权力限制竞争范围上的狭隘。同时，为了有效满足实践中的应用需求，本条主要采用列举方式，在第1款中明确列举7项应当进行审查的文件类型，但又保持一定的开放性，通过“等”字，为其他涉及市场主体经济活动的规定的公平竞争审查留有余地。这样处理，既能突出当前公平竞争审查的重点任务，也有利于公平竞争审查制度应对不断发展变化的市场环境。

本条将公平竞争审查的对象分为两类：一是行政机关和法律、法规、规章授权的具有管理公共事务职能的组织制定涉及市场主体经济活动的政策措施；二是行政法规和有关部门制定的法律草案、行政法规草案、地方性法规草案。

这两类审查对象的重要区别是，前者的起草部门与审议部门通常合一，后者的起草部门与审议部门基本分离。

为最大限度地发挥公平竞争审查制度的价值，本条将中央和地方政府部门制定的、有关经济管理的所有公共政策都纳入了审查范围，包括行政法规、部门规章、地方政府规章、规范性文件和其他政策性文件等。特别是地方各级政府部门制定的大量“红头文件”，这些文件种类多、数量大、针对性强，很可能对市场竞争造成损害，属于重点审查的对象。而政府部门负责起草的地方性法规，虽不属于行政性法律文件的范围，但可以参照公平竞争审查的做法，在起草过程中评估草案对市场竞争的影响。

（三）相关立法或规定

1.《国务院关于在市场体系建设中建立公平竞争审查制度的意见》（国发〔2016〕34号）

三、科学建立公平竞争审查制度

（一）审查对象。行政机关和法律、法规授权的具有管理公共事务职能的组织（以下统称政策制定机关）制定市场准入、产业发展、招商引资、招标投标、政府采购、经营行为规范、资质标准等涉及市场主体经济活动的规章、规范性文件和其他政策措施，应当进行公平竞争审查。

行政法规和国务院制定的其他政策措施、地方性法规，起草部门应当在起草过程中进行公平竞争审查。未进行自我审查的，不得提交审议。

2. 经济合作与发展组织“竞争评估工具书”（2015）

前言

竞争评估工具书可用于以下三个方面：

（1）新法律法规草案的评估（如通过监管市场影响评估）；

（2）（整个经济或某个特定市场）现行法律法规及规章制度的总体评估；

（3）政府部门政策的制定和审核，如政府部门制定法律法规或竞争机构对规章的竞争影响评估。

二、自我审查机制

(一) 新增条文

第四十四条 审查义务主体在制定涉及市场主体经济活动的规定时，应当自行开展公平竞争审查。未经公平竞争审查的，不得出台。

对行政法规草案和国务院其他规定送审稿、地方性法规草案，由负责起草的行政机关和法律、法规、规章授权的具有管理公共事务职能的组织在起草过程中进行公平竞争审查。未经公平竞争审查的，不得提交审议。

(二) 修改说明

本条规定了公平竞争审查的主要方式是自我审查。

公平竞争审查可以采用内部审查和外部审查两种方式。自我审查本质上是内部审查。在我国，自我审查是公平竞争审查制度的核心。我国经济领域的政策措施种类繁多、数量庞大，而我国反垄断执法资源有限，反垄断执法机构无法做到对所有的政策措施进行直接审查。设置外部审查模式，公平竞争审查制度则可能因阻力太大而难以落地。总体来说，作为“权宜之计”，自我审查模式是我国当前的现实选择。

由于我国长期以来非常重视产业政策而对竞争政策重视不够，自我审查容易出现动力不足、有失客观公正等问题。审查义务机关既作为政策制定机关又作为政策监督机关，具有双重角色，这似乎与“任何人不得做自己行为的法官”这一法治要求相冲突。政策制定机关自我审查的总体行为逻辑呈现为：政策制定机关基于确定的标准、程序、方法等制度内容及自身专业化、信息化的体制机制，在保障审查效果独立性基础上，兼容自身内部规则和行政伦理，整合已有制度体系，使政策措施满足公平竞争审查制度总体要求。因此，加强外部监督，特别是刚性约束非常重要。自我审查机制的实施必须加强社会监督和执法监督，建立文件定期抽查机制。抽查之后发现问题，及时向社会公布，以起到警示教育作用。

针对不同的审查对象，自我审查的要求是不同的。本条第 1 款和第 2 款规定的两类审查对象的重要区别之一是，前者的起草部门与审议部门通常合一，本条第 1 款和第 2 款规定的起草部门与审议部门基本分离。在自我审查模式下，政策措施的制定主体也就是公平竞争审查的主体，为免自我审查流于形式，可以要求政策制定主体提交审查报告或出具明确的审查结论。对第一类文件，审查报告或审查结论可作为政策措施附件存档，必要时公布；对第二类文件，审议部门应当将审查报告或审查结论作为审议的前提，未进行自我审查的，不得提交审议。

新加坡采用的是典型的“内部审查”模式。政府机构在制定与竞争相关的政策时，要求评估其对市场竞争是否存在负面作用，并要求考虑相关替代程序，以减少对市场竞争的不利影响。为了提升政府机构理解政策对市场竞争的影响效果，新加坡竞争委员会制定了“政府机构评估工具书”和“CIA 清单”。该清单对是否限制企业的数量或范围、是否限制企业的竞争能力、是否减少企业的积极性以及是否限制消费者的选择权和知情权等方面作出了规定。政府机构首先要对上述清单的内容进行内部审查，一旦发现满足了上述其中一个条件，政府机构需根据“政府机构评估工具书”进行进一步的竞争影响评估，在此过程当中，政府机构可以向新加坡竞争委员会获取相关建议。从审查主体的分工与效果来看，新加坡由政策制定机构主导公平竞争审查，新加坡竞争委员会发挥指导和建议作用。

韩国的公平竞争审查分为初步评估和深度评估两个步骤。这种模式有效地实现了竞争主管部门与政策制定部门的分工与合作，充分发挥各个部门在不同阶段的积极作用，旨在减轻韩国公平交易委员会的评估压力。同时，政策制定部门对政策的初步评估只是作为深度评估的基础，审查的主导权和决定权仍掌握在韩国公平交易委员会手中。

无疑，单一的内部审查模式有很大弊端。尽管新加坡竞争委员会并不会主动对政策进行竞争审查，但是会制定《竞争评估指南》作为政策制定机关自我审查的标准，同时会对政策制定机关提供指导与建议。韩国的初步评估和深度评估相结合的方式，虽然提升了竞争审查的科学性与合理性，但是却需要较高的实施成本。我国的制度设计是在政策制定机关自我审查的基础上进行二次审查，重点审查政策对市场竞争的影响程度，从实质意义上对政策的质量进行把关。政策制定机关在自我审查结束后通常有两种结果：一是审查结果认为对竞争有影响，此时，应由政策制定机关自行撤回，或者根据评估结果修改后交由竞争执法机构审查；二是审查结果认为对竞争没有影响，此时应当将政策交由竞争执法机构进行二次审查，即竞争执法机构应当对政策主动进行深入评估。

（三）相关立法或规定

1.《国务院关于在市场体系建设中建立公平竞争审查制度的意见》（国发〔2016〕34号）

三、科学建立公平竞争审查制度

（二）审查方式。政策制定机关在政策制定过程中，要严格对照审查标准进行自我审查。经审查认为不具有排除、限制竞争效果的，可以实施；具有排除、限制竞争效果的，应当不予出台，或调整至符合相关要求后出台。没有进行公平竞争审查的，不得出台……

2. 新加坡竞争委员会（CCS）"政府机构评估工具书"和"CIA清单"（具体内容略）

3.《欧盟运行条约》

第108条 （1）欧盟委员会应当与成员国合作，经常审查这些成员国内现存的所有援助制度。它应向后者建议经济发展进步或内部市场运作所需的任何适当措施。

（2）在通知当事人提交意见后，如果欧盟委员会根据第107条发现一国或通过国家资源所授予的援助与内部市场不相容，或是该援助被滥用，则欧盟委员会应当决定所涉成员国应在欧盟委员会规定时间内废除或更改该项援助。

如果有关国家在规定的时间内不遵守这项决定，委员会或任何其他有关国家可以不考虑第258和259条的规定，将该事项直接提交至欧盟法院。

如果在特殊情况下这样的决定是正当的，那么根据成员国申请，理事会可以在不考虑第107条的规定或第109条的条例情况下，一致决定该国正在或打算授予的援助应当被认为与内部市场相容。关于所涉的援助问题，如果欧盟委员会已经启动了本款第一段规定的程序，那么有关国家已向理事会提出申请这一事实应当具有中止该程序的效果，直至理事会表明其态度为止。

但是，如果理事会在提出该申请的三个月内仍没能表明态度，欧盟委员会应当就案件作出决定。

（3）应当将授予或改变援助的任何计划通知欧盟委员会，使其具有足够时间提交意见。如果其认为根据第107条任何此类计划均不与内部市场相容，其应当及时启动第2款所规定的程序。有关成员国不得实施其建议的措施，直至该程序产生最终决定。

（4）委员会可通过关于某些类别的国家援助的条例，即欧盟理事会根据本条约第109条已确定对其免除本条第3款规定的程序。

三、书面审查

（一）新增条文

第四十五条　审查义务主体开展公平竞争审查应当形成明确的书面审查结论。书面审查结论由审查义务主体存档。未形成书面审查结论出台相关规定的，视为未进行公平竞争审查。

审查义务主体开展公平竞争审查，应当征求利害关系人意见或者向社会公开征求意见，并在书面审查结论中说明征求意见情况。对规定出台前需要保密的，由审查义务主体按照相关法律法规处理。

前款规定的利害关系人，是指参与相关市场竞争的经营者、上下游经营者、消费者以及制度措施可能影响其公平参与市场竞争的其他市场主体。

（二）修改说明

本条规定了公平竞争审查应当形成明确的书面结论，审查义务主体应该征求利害关系人意见或者公开向社会征求意见。

公平竞争审查制度具有两个典型特征：其一，公平竞争审查是一种专业评估、实质审查，而不是法律清理、形式审查。公平竞争审查制度本质上是一种价值权衡，是对经济政策体系内部不同政策目标进行比较，然后以竞争价值为优先考虑，强调其他政策的制定与实施应服从竞争价值的要求。其二，公平竞争审查是一种全方位、持续性审查，而非局部性、阶段性审查。我国目前的公平竞争审查制度，既有事前审查也有事后清理，既涉及行政文件审查，也涉及立法文件审查。公平竞争审查的特点要求公平竞争审查的形式必须严格，也就是必须采用书面形式，每一次审查必须留痕，并且采用向社会公开或者向利害关系人征求意见的方式。从而确保公平竞争审查不流于形式，每一次审查都取得实质效果。

公平竞争审查不同于法律清理，法律清理的目的是对违反上位法立法目的的下位法进行修正和删除。公平竞争审查以追求竞争价值为目的，旨在进行利益衡量，因此在实践中通常存在利害关系人。利害关系人，是指参与相关市场竞争的经营者、上下游经营者、消费者以及制度措施可能影响其公平参与市场竞争的其他市场主体。当出现利害关系人众多或者不好确定利害关系人等情形时，也可以选择以公开征求社会意见的形式，替代征求利害关系人的意见。

（三）相关立法或规定

《国务院关于在市场体系建设中建立公平竞争审查制度的意见》（国发[2016] 34号）

三、科学建立公平竞争审查制度

（二）审查方式。……制定政策措施及开展公平竞争审查应当听取利害关系人的意见，或者向社会公开征求意见。有关政策措施出台后，要按照《中华人民共和国政府信息公开条例》要求向社会公开。

四、定期评估

（一）新增条文

第四十六条　对经公平竞争审查后出台的规定，审查义务主体应当对其影响全国统一市场和公平竞争的情况进行定期评估。经评估认为妨碍全国统一市场和公平竞争的，应当及时废止或者修改完善。

审查义务主体可以建立专门的定期评估机制，也可以在定期清理本地区、本部门规章和规范性文件时一并评估。

（二）修改说明

公平竞争审查的主要方式是自我审查。经过公平竞争审查后出台的政策措施随着时间的推移，会产生不适应当前经济发展的情况，政策机关仍需进行定期的审核评估。

定期评估实际上是二次评估，是对政策措施出台前公平竞争审查的补充。在自我审查模式下，定期评估显得特别重要，它可以弥补政策措施出台前公平竞争审查的遗漏或不足。政策制定主体如果自我审查不力，可以通过事后的定期评估制度予以重新评估。此外，定期评估还可以应对政策措施实施中市场环境出现的新变化。

定期评估机制是公平竞争审查制度的重要补充，为使定期评估制度化，需要在实施中进一步明确以下几个问题：①定期评估的时限要求，即定期评估应当常态化，应该达到一定年限时至少评估一次；②定期评估的方式应尽力避免自我评估，而以第三方评估为主；③委托第三方评估时，应确立第三方的遴选标准和确认程序；④定期评估的公开机制，即定期评估应向社会公开征求意见，评估结果应向社会公开。

（三）相关立法或规定

《国务院关于在市场体系建设中建立公平竞争审查制度的意见》（国发［2016］34号）

四、推动公平竞争审查制度有序实施

（三）定期评估完善。对建立公平竞争审查制度后出台的政策措施，各级人民政府及所属部门要在定期清理规章和规范性文件时，一并对政策措施影响全国统一市场和公平竞争的情况进行评估……

五、第三方评估

（一）新增条文

第四十七条　审查义务主体在开展公平竞争审查工作的以下阶段和环节，可以引入第三方评估：

（一）对拟出台的规定进行公平竞争审查；

（二）对经公平竞争审查出台的规定进行定期评估；

（三）对适用例外规定出台的规定进行逐年评估；

（四）对公平竞争审查制度实施前已出台的规定进行清理；

（五）对公平竞争审查制度实施情况进行综合评估；

（六）与公平竞争审查工作相关的其他阶段和环节。

第四十八条　对拟出台的规定进行公平竞争审查时，存在以下情形之一的，鼓励引入第三方评估：

（一）审查义务主体拟适用例外规定的；

（二）社会舆论普遍关注、对社会公共利益影响重大的；

（三）存在较大争议、部门意见难以协调一致的；

（四）被多个单位或者个人反映或者举报涉嫌违反公平竞争审查标准的。

（二）修改说明

上述条款规定了引入第三方评估的阶段和环节。所谓第三方评估，是指受政策制定机关委托，由利害关系方以外的组织机构依据一定的标准和程序，运用科学、系统、规范的评估方法，对有关政策措施进行公平竞争评估，或者对公平竞争审查其他有关工作进行评估，形成评估报告提供政策制定机关决策参考的活动。

在自我审查模式下，政策制定主体不仅可能存在不愿审查的问题，也可能存在无力审查的问题。竞争影响评估是一种专业性审查，不仅需要考虑竞争价值与其他政策目标的平衡，还要结合竞争法律制度，对行业发展、创新激励、竞争状况等市场客观情况进行综合考察。政策制定主体受到部门利益或地方利益影响，缺乏全局与整体思维，也不具备反垄断法方面的专业知识。为确保自我审查具有实质性效果，政策制定主体在必要时应委托第三方进行竞争影响评估。第三方可以是具备相应专业能力的咨询机构、实务律师、专家学者等。

第三方评估应当遵循客观公正、科学严谨、专业规范、公开透明、注重实效的原则。为建立健全公平竞争审查第三方评估机制，鼓励支持政策制定机关在公平竞争审查工作中引入第三方评估，提高审查质量，确保审查效果，推动公平竞争审查制度深入实施，根据《国务院关于在市场体系建设中建立公平竞争审查制度的意见》要求，市场监管总局研究制定了《公平竞争审查第三方评估实施指南》（以下简称《指南》），并经公平竞争审查工作部际联席会议第二次全体会议审议通过。该《指南》规定了第三方评估适用范围、评估内容、评估机构、评估程序、评估方法等。

在国外，澳大利亚、新加坡和韩国均建立了对公平竞争的第三方评估制度。澳大利亚政府于 1995 年设立国家竞争理事会，其主要职能是以第三方机构形式负责对垄断基础设施进行竞争评估。各州、地方政府成立专门机构负责在本地区实施竞争评估，国家竞争理事会对他们执行竞争政策改革进行独立的咨询审查。从审查主体的专业性角度来看，澳大利亚国家竞争理事会是专责负责竞争评估的新设机构，而新加坡和韩国都是由具有执法经验的竞争执法机构来负责。虽然澳大利亚国家竞争理事会专责负责审查竞争政策有利于保持独立性与中立性，但是新设机构不仅需要考虑设立成本、运营成本，还要评估摆脱现有竞争执法部门的经济成本。

（三）相关立法或规定

《国务院关于在市场体系建设中建立公平竞争审查制度的意见》（国发［2016］34号）

四、推动公平竞争审查制度有序实施

（三）定期评估完善。……鼓励委托第三方开展评估。评估报告应当向社会公开征求意见，评估结果应当向社会公开。经评估认为妨碍全国统一市场和公平竞争的政策措施，要及时废止或者修改完善。

六、审查标准

（一）新增条文

第四十九条　经公平竞争审查认为相关规定存在影响市场准入和退出、限制商品和要素自由流动、增加经营者生产经营成本、影响经营者生产经营行为等违反公平竞争原则的内容，应当不予出台或者调整至符合公平竞争要求后出台。

没有法律、行政法规依据，行政机关和法律、法规、规章授权的具有管理公共事务职能的组织不得制定减损市场主体合法权益或者增加其义务的规定；不得违反本法，制定含有排除、限制竞争内容的规定。

（二）修改说明

本条是关于公平竞争审查标准的规定。

我国行政机关和法律、法规、规章授权的具有管理公共事务职能的组织数量众多、权力范围极大，为了限制这些机关和组织手中的行政权力，使市场竞争在公平有序的环境中进行，就必须树立明确的公平竞争审查标准。各机关和组织进行公平竞争审查时，应以法律法规规定的标准为准绳，不符合标准的应当按照公平竞争审查程序予以废止。

行政机关和法律、法规、规章授权的具有管理公共事务职能的组织滥用行政权力，限制、排除市场竞争，通常会从影响市场准入和退出、限制商品和要素自由流动、影响生产经营成本和生产经营行为等多个角度来进行，因此也需要从这几个角度来确立标准，进行公平竞争审查。《意见》和《细则》也是从上述四个角度对公平竞争审查的标准进行了规定。此外，本法条在第 2 款以列举的方式细化了禁止的行为类型。

具体地，公平竞争审查包括以下 18 个标准：①不得设置不合理和歧视性的准入和退出条件；②不得未经公平竞争授予经营者特许经营权；③不得限定经营、购买、使用特定经营者提供的商品和服务；④不得设置没有法律法规依据的审批或者事前备案程序；⑤不得对市场准入负面清单以外的行业、领域、业务设置审批程序；⑥不得对外地和进口商品、服务实行歧视性价格或补贴政策；⑦不得限制外地和进口商品、服务进入本地市场或阻碍本地商品运出、服务输出；⑧不得排斥或限制外地经营者参加本地招标投标活动；⑨不得排斥、限制或者强制外地经营者在本地投资或者设立分支机构；⑩不得对外地经营者在本地的投资或设立的分支机构实行歧视性待遇；⑪不得违法给予特定经营者优惠政策；⑫安排财政支出一般不得与企业缴纳的税收或非税收入挂钩；⑬不得违法免除特定经营者需要缴纳的社会保险费用；⑭不得违法要求经营者提供各类保证金，或扣留经营者保证金；⑮不得强制经营者从事《反垄断法》规定的垄断行为；⑯不得违法披露或者要求经营者披露生产经营敏感信息；⑰不得超越定价权限进行政府定价；⑱不得违法干预实行市场调节价的商品、服务价格水平。

（三）相关立法或规定

1.《国务院关于在市场体系建设中建立公平竞争审查制度的意见》（国发［2016］34 号）

三、科学建立公平竞争审查制度

（三）审查标准。要从维护全国统一市场和公平竞争的角度，按照以下标准进行审查：……（具体内容略）。

2. 国家发展和改革委员会、财政部、商务部、国家工商行政管理总局、国务院法制办《公平竞争审查制度实施细则（暂行）》（2017）

第三章　审查标准（具体内容略）

3. 经济合作与发展组织（OECD）“竞争评估工具书”（2015）

第一章　竞争评估和竞争核对清单（Competition assessment and the competition checklist）

竞争核对清单（Competition Checklist）

如果拟出台的政策有以下任何一方面影响，则应该实行竞争效应评估：

(A) 限制供应商的数量或经营范围

如果拟执行的政策：

1. 授予某供应商提供商品或服务的特许经营权
2. 确立颁发营业执照或经营许可证制度
3. 对某些类型的供应商提供商品或服务的能力进行限制
4. 大幅提高市场的进入或退出成本
5. 对公司提供产品或服务，资本投资和劳务供应能力设置地域壁垒

(B) 限制供应商的竞争能力

如果拟执行的政策：

1. 控制或影响商品和服务的价格
2. 限制供应商进行广告宣传或市场营销的自由
3. 设置有利于某些供应商的产品质量标准，或者设置过度超前的产品质量标准
4. 大幅提高某些供应商的生产成本（尤其是对市场新进入者和现有企业进行区别对待）

(C) 打击供应商参与竞争的积极性

如果拟执行的政策：

1. 创建自我管理或联合管理的体制
2. 要求或鼓励供应商披露产量、价格、销售额或成本的信息
3. 对特定行业或特定供应商给予一般竞争法的豁免

(D) 对消费者可获信息及其选择的限制

如果拟执行的政策：

1. 限制消费者的选择能力
2. 通过直接或间接增加更换供应商的成本来限制消费者选择供 应商的自由
3. 从根本上改变消费者进行高效购买所需的信息

七、例外规定

(一) 新增条文

第五十条 审查义务主体对相关规定进行公平竞争审查时，认为虽然具有一定的限制竞争的效果，但属于下列情形之一的，不适用本法第四十九条的

规定：

（一）维护国家经济安全、文化安全或者国防建设的；

（二）为实现扶贫开发、救灾救助等社会保障目的的；

（三）为实现节约能源资源、保护生态环境等社会公共利益的；

（四）法律、行政法规规定的其他情形。

属于前款第一项至第三项情形，不适用本法第四十九条规定的，审查义务主体还应当说明相关规定对实现政策目标不可或缺，且不会严重排除和限制市场竞争，并明确实施期限。

审查义务主体应当逐年评估相关规定的实施效果。实施期限到期或者未达到预期效果的制度措施，应当及时停止执行或者进行调整。

（二）修改说明

本条是公平竞争审查制度的例外规定。公平竞争审查适用例外制度是指某些规定虽具有排除、限制竞争的效果，但由于其所在特定经济领域的特殊性，出于保障国家利益和社会公共利益的考虑，排除适用公平竞争审查的情形。设计公平竞争审查适用例外制度的目的是在维护与市场经济相适应的竞争政策前提下，兼顾其他政策。公平竞争审查适用例外制度以公平竞争审查为前提，只有当某项拟出台的政策措施在公平竞争审查标准下具有限制竞争的特点时，才会启动适用例外制度。具体来说，公平竞争审查是指竞争主管机构或其他机构通过分析、评价拟订中（或现行）的法律法规或政策可能（或已经）产生的竞争影响，提出不妨碍法律法规和政策目标实现且对竞争损害最小的替代方案。

公平竞争审查制度的例外规定符合以市场竞争为原则、政府干预为例外的现代市场经济基本要求，在各国的立法和司法实践中有所体现。澳大利亚在1993年规定了竞争评估适用例外制度，该制度旨在对某项尚未出台或已出台的政策措施进行评估，从而确保市场竞争失灵领域得到健康持续发展。继澳大利亚之后，韩国、日本、美国等也相继引入了竞争评估适用例外制度。

公平竞争审查制度的例外规定包括四种情形：一是维护国家经济安全、文化安全或者涉及国防建设；二是实现扶贫开发、救灾救助等社会目的；三是实现节约能源资源、保护生态环境等社会公共利益；四是法律、行政法规规定的其他情形。

例外规定需要满足两个重要条件：一是要说明限制竞争对特定的政策目标是不可或缺的，即不得不这么做，以防止例外情形的滥用；二是政策措施不会严重排除、限制市场竞争。

另外，对上述政策措施实施的效果要进行逐年评估，按本例外规定实施以后，判别实施效果到底怎么样，对未达到预期效果的要停止执行或者进行调整；也就是说，实施例外政策是有监督的。总体来说，既要为实施例外情形留出空间，同时也为防止滥用例外情形建立相应的评估和监督机制。

（三）相关立法或规定

1.《国务院关于在市场体系建设中建立公平竞争审查制度的意见》（国发［2016］34号）

三、科学建立公平竞争审查制度

（四）例外规定。属于下列情形的政策措施，如果具有排除和限制竞争的效果，在符合规定的情况下可以实施：

1. 维护国家经济安全、文化安全或者涉及国防建设的；

2. 为实现扶贫开发、救灾救助等社会保障目的的；

3. 为实现节约能源资源、保护生态环境等社会公共利益的；

4. 法律、行政法规规定的其他情形。

政策制定机关应当说明相关政策措施对实现政策目的不可或缺，且不会严重排除和限制市场竞争，并明确实施期限。

政策制定机关要逐年评估相关政策措施的实施效果。实施期限到期或未达到预期效果的政策措施，应当及时停止执行或者进行调整。

2. 国家发展和改革委员会、财政部、商务部、国家工商行政管理总局、国务院法制办《公平竞争审查制度实施细则（暂行）》(2017)

第四章 例外规定（具体内容略）

3.《欧盟运行条约》

第107条 （1）除条约另有规定外，国家给予或者利用国家财源给予的援助，不论方式如何，凡优待某些企业或者某些生产部门，以致破坏竞争或者对竞争产生威胁，从而对成员国间的贸易有不利影响时，应被视为与内部市场相抵触。

（2）下列行为与内部市场相容：

（a）具有社会性质的、给予消费者个人的援助，但此等援助的给予不得存在与有关产品的原产地相关的任何歧视；

（b）用于弥补自然灾害或特殊事件所造成损失的援助；

（c）给予受德国分裂影响的德国某些地区的经济援助，此等援助对于补偿由分裂造成的经济损失来说是必要的。在《里斯本条约》生效5年后，经委员会提议，理事会可通过一项决定废除本项。

（3）下列行为可视为与内部市场相容：

（a）旨在帮助生活水平异常低下或失业严重的地区，以及第349条所提及地区的经济发展，鉴于其结构、经济和社会情况而给予的援助；

（b）推动执行共同欧洲利益的重要计划或救济成员国经济的严重骚乱的补贴；

（c）旨在促进某些活动或某些经济区域的发展，但此等援助对贸易条件的不利影响不得导致违反共同利益；

（d）旨在推动文化和遗产保护的援助，但此等援助对联盟内的贸易条件和竞争产生的不利影响不得导致违反共同利益；

（e）其他类型的基于欧盟委员会提议的理事会决定所指定的援助。

八、社会监督

（一）新增条文

第五十一条　审查义务主体涉嫌未进行公平竞争审查或者违反本法第四十九条的规定出台相关规定的，任何单位和个人有权向上级机关或者反垄断执法机构举报。举报采用书面形式并提供相关事实和证据的，上级机关应当进行核实，反垄断执法机构应当进行必要的调查。

（二）修改说明

公众举报是指政策制定机关涉嫌未进行公平竞争审查或者违反审查标准出台政策措施的，任何单位和个人均可以向政策制定机关的上级机关或者反垄断执法机构举报。举报采用书面形式并提供相关事实和证据的，上级机关应当核实有关情况；涉嫌违反《反垄断法》的，反垄断执法机构应当进行必要的调查。在数据和信息时代，公众举报成为获取政策制定机关自我审查现状的重要途径，因此，需要对公众举报制度的程序性规定进一步进行细化，使之具有更强的可操作性。

结合相关法律法规的程序性规定，公平竞争审查的公众举报机制可以进一步明确以下内容：

第一，进一步明确书面举报的内容标准。公众的书面举报具体应当包括：①举报人的基本情况，包括举报人的名称、住址、联系方式等；②被举报人的基本情况，包括被举报人的名称、地址、主要从事的行业、生产的产品或者提供的服务等；③涉嫌垄断行为的相关事实，包括被举报人违反法律、法规和规章实施垄断行为的事实以及有关行为的时间、地点等；④相关证据，包括书证、物证、证人证言、视听资料、电子数据、鉴定结论等，有关证据应当有证据提供人的签名并注明获得证据的来源；⑤是否就同一事实已向其他行政机关举报或者向人民法院提起诉讼。举报材料不齐全的，反垄断执法机构可以要求举报人及时补齐。

第二，建立严格且明确的反馈机制。反垄断执法机构应结合案件具体情况，在合理期限内作出是否立案的决定，并书面通知举报人，保障执法机关积极反馈并认真落实。

第三，进一步明确责任的追究机制。经审查发现确有违法的，对政策制定机关和直接负责的主管人员、其他直接责任人员依法追究相关责任。反垄断执法机构可以向有关上级机关提出依法处理的建议。

第四，为举报人搭建安全的投诉举报途径，建立严格的举报人信息保密机制。

公平竞争审查过程中还应包括其他重要的社会监督途径，例如制定政策措施及开展公平竞争审查的过程中应当向利害关系人或社会公开征求意见，不仅可以加强沟通、减少误会，还可以降低政策法规实施的阻力。另外，法律、法规、规章规定制定相关政策措施必须组织听证的，还应当在听证中增加公平竞争审查内容。

拓宽公众参与渠道，降低社会监督的门槛，让更多的社会力量参与到公平竞争审查工作中来，对于推动公平竞争审查工作的开展、营造良好的社会氛围和建设公平竞争的市场环境具有重要意义。

健全公平竞争审查的外部监督体系，以执法监督为重点，对公平竞争审查的关键性内容、程序和领域、行业进行重点监控和检查，在执法监督中重点审查在自我审查环节中认为损害公平竞争以及有争议的政策措施，同时应当重视社会监督途径提供的线索和信息，参与投诉举报案件的处理。健全公平竞争审查的外部监督体系，还应当以社会监督为保障，充分调动社会力量参与监督工作，为公众参与公平竞争审查提供更为完善的渠道。完善外部监督制度，科学的自我审查机制与完善的外部监督机制的结合，才能够进一步推动公平竞争审查制度的落实，对于推动确立竞争政策的基础性地位，从制度源头上厘清政府与市场的边界，规范政府行为，促进市场竞争的发展具有重要的作用。

（三）相关立法或规定

1.《国务院关于在市场体系建设中建立公平竞争审查制度的意见》（国发［2016］34号）

五、健全公平竞争审查保障措施

（三）加强执法监督。对涉嫌违反公平竞争审查标准的政策措施，任何单位和个人有权举报，有关部门要及时予以处理；涉嫌违反《中华人民共和国反垄断法》的，反垄断执法机构要依法调查核实，并向有关上级机关提出处理建议。案件情况和处理建议要向社会公开。政策制定机关要及时纠正排除和限制竞争的政策措施，维护公平竞争的市场秩序。

2. 国家发展和改革委员会、财政部、商务部、国家工商行政管理总局、国务院法制办《公平竞争审查制度实施细则（暂行）》（2017）

第二十一条　政策制定机关涉嫌未进行公平竞争审查或者违反审查标准出台政策措施的，任何单位和个人可以向政策制定机关反映，政策制定机关应当核实有关情况。

第二十三条　政策制定机关涉嫌未进行公平竞争审查或者违反审查标准出台政策措施的，任何单位和个人可以向政策制定机关的上级机关或者反垄断执法机构举报。举报采用书面形式并提供相关事实和证据的，上级机关应当核实有关情况；涉嫌违反《中华人民共和国反垄断法》的，反垄断执法机构应当进行必要的调查。

第七章　对涉嫌垄断行为的调查

一、调查程序的启动

（一）现行条文

第三十八条　反垄断执法机构依法对涉嫌垄断行为进行调查。

对涉嫌垄断行为，任何单位和个人有权向反垄断执法机构举报。反垄断执法机构应当为举报人保密。

举报采用书面形式并提供相关事实和证据的，反垄断执法机构应当进行必要的调查。

（二）修改建议

第五十二条　反垄断执法机构依法对涉嫌垄断行为进行调查。

反垄断执法机构依据职权，或通过举报、其他机关移送等途径，发现涉嫌垄断行为。

对涉嫌垄断行为，任何单位和个人有权向反垄断执法机构举报。反垄断执法机构应当为举报人保密。举报采用书面形式并提供相关事实和证据的，反垄断执法机构应当进行初步的核查和评估。反垄断执法机构可以对举报本法所禁止的重大违法行为且符合相应奖励条件的单位或个人进行相应的奖励。

反垄断执法机构应结合案件具体情况，在合理期限内作出是否立案的决定，并书面通知举报人。

（三）修改说明

本条是关于对涉嫌垄断行为启动反垄断调查程序的规定。经调研及分析研究，我们对本条修改所涉及的问题及争点有如下认识：

第一，本条第1款是否应作修改，是否应在该款规定基础上对反垄断执法机构启动反垄断调查程序所依据的基本标准加以进一步明确，如参照国外有关立法例，将“危害公共利益”等作为启动调查程序的考量因素。我们认为，为反垄断调查程序的启动确立一般性的控制标准，对于彰显《反垄断法》的公平性、约束执法机构的随意性具有重要的价值。但确立该一般性的控制标准，是极为考验一国反垄断执法能力与经验的，在不具备良好执法能力与经验支持的情况下，该一般标准反而会限制一国执法机构职能的发挥。就我国实际而言，尚不足以在现阶段通过抽象提炼设置该一般性控制标准，有待通过未来执法实践的成熟和执法经验的积累逐渐获得对该一般性标准的认识。“反垄断执法机构依法对涉嫌垄断行为进行调查”这一规定高度概括，简明扼要，并可理解为已将行为是否“涉嫌垄断”作为是否启动调查的一般判断标准，因此我们建议予以保留，作为我国反垄断调查程序启动的一般性规定。

第二，本条第2款是新增条款，是关于调查程序启动具体方式的规定，也即反垄断案件在执法机构立案的具体方式。现行《反垄断法》第38条未明确提出执法机构可以依据职权开启调查，通过上下级机关或其他机关移送、报告以及交办等途径。对此我们认为，考虑到保障调查程序的透明性以及尽可能降低执法程序启动的随意性，真正达到依法调查、依法执行，有必要对调查程序的启动方式进行“列举+兜底”形式的立法。反垄断案件立案程序的重点在于执法机构通过哪些途径获取相关案件的信息与证据，并决定正式开启调查程序。综观我国实践经验与外国立法例，执法机构通常通过“主动依职权开启调查”以及“任何单位和个人举报”的方式开启调查程序；其中可以将现行第38条中的“任何单位和个人举报”解释为同时包括经营者的举报与机关的移送案件，为保障程序透明性，在立法表述上宜具体明确地分别列举。同时，在实践中不排除执法机构通过其他途径获得相关证据并立案调查，因此建议采取“……等途径”的表述方式，保障执法机构调查启动具体方式的灵活性。

第三，本条第3款承袭现行《反垄断法》第38条第2、3款，本条款的主要目的在于：一是尽可能地鼓励相关个人与单位提供信息与证据，因此对举报人的身份认定不应过于狭窄，我们建议保留“任何单位和个人有权向反垄断执法机构举报”这一款；二是考虑到举报人的实际保密需要以及鼓励更多单位和个人对涉嫌垄断行为进行举报，我们建议保留“反垄断执法机构应当为举报人保密”。

第四，现行《反垄断法》第38条第3款中规定的“必要的调查”含义较为模糊，目前实践中存在两种不同认识：一是将其理解为对采用书面形式并提供相关事实和证据的举报所采取的正式的反垄断调查；二是将其理解为对举报在启动反垄断调查程序前的调查，以决定是否启动正式反垄断调查程序。这一表述是否有必要得到进一步澄清我们认为，“必要的调查”概念确实存在含混之处，但从其本意来看应理解为是启动正式垄断调查程序前所实施的初步调查。应借鉴国外相关经验，将该“必要的调查”明确为启动反垄断调查程序前的“初步的核查和评估”程序，同时采用“核查”概念而非“调查”概念，使之与启动反垄断调查程序后的正式调查加以明确区分，因此，建议将“必要的调查”概念修改为“初步的核查和评估”这一概念。

第五，为鼓励举报人向反垄断执法机构积极提供重大垄断行为的相关证据，便利反垄断行政调查执法工作，执法机构可以对举报人进行一定程度的奖励。借鉴域外相关制度，部分国家的反垄断执法机构也均设定了对举报人的相关奖励制度。例如，在英国，竞争与市场管理局有根据其自由裁量权决定是否对举报人进行一定奖励的权力，奖励的数额取决于：①举报信息对执法的价值；②违法行为所带来的对经济和消费者损害的数额；③举报者为提供信息所投入的努力；④举报者为提供信息所承担的风险。[1]我国的执法机关事实上也采取了相似的举措，2019年11月，国家市场监督管理总局发布《市场监管领域重大违法行为举报奖励暂行办法（修订征求意见稿）》，将举报竞争法违法列为奖励的范围。鉴于具体的举报奖励，考虑到个案的差异以及适用该制度的灵活性，在《反垄断法》的层面上，适宜赋予执法机构该奖励的权力，但是具体的奖励细则由执法机构通过部门规章的形式进行规定。

第六，对上述初步核查和评估程序是否应详细规定执法机构的权力，以及举报人和被调查人的权利；经初步核查和评估后，是否应要求执法机构作出对举报是否启动立案的决定，该决定是否应及时送达举报人，举报人对不立案的决定是否有权向法院起诉。我们认为，反垄断调查程序启动前的初步核查和评估程序对于哪些案件能够纳入执法机构执法范围，以及与案件相关的当事人的利益是否能够得到保障都有着重大的影响。为增强其透明度与公正性，加强其程序设计是极为重要的，例如：核查与评估的内容、程序及结果等，均有细化相应规定的必要。对此，欧盟竞争法对垄断案件立案前行政调查和评估阶段的

---

〔1〕 CMA, Rewards for information about cartel, https: //www. gov. uk/government/publications/cartels-informant-rewards-policy, 31 March 2014.

程序、行政机关和当事各方的权力与权利等内容都有相关的法律规定，可以为我国提供借鉴[1]。我们吸取了相关的一些成果，对执法机构进行初步核查和评估后，规定应当结合案件具体情况，在合理期限内作出是否立案的决定。同时由于明确以“决定”来作出，也相应保障了举报人对该决定可以依据《反垄断法》申请行政复议或者提起行政诉讼的权利；关于行政机关和相关当事人的其他权力与权利等，由于涉及内容较多，我们认为未来可在执法机构出台的具体程序性规定中加以进一步明确。

基于上述认识，我们建议现行《反垄断法》第38条的第1、2款可以保留，第3款可依据上述理由加以修改，并新增部分条款。

（四）相关立法或规定

1. 国家市场监督管理总局《禁止垄断协议暂行规定》(2019)

第十五条 反垄断执法机构依据职权，或者通过举报、上级机关交办、其他机关移送、下级机关报告、经营者主动报告等途径，发现涉嫌垄断协议。

第十六条 举报采用书面形式并提供相关事实和证据的，反垄断执法机构应当进行必要的调查。书面举报一般包括下列内容：

（一）举报人的基本情况；

（二）被举报人的基本情况；

（三）涉嫌垄断协议的相关事实和证据；

（四）是否就同一事实已向其他行政机关举报或者向人民法院提起诉讼。

反垄断执法机构根据工作需要，可以要求举报人补充举报材料。

第十七条 反垄断执法机构经过对涉嫌垄断协议的必要调查，决定是否立案。

省级市场监管部门应当自立案之日起7个工作日内向市场监管总局备案。

2. 国家市场监督管理总局《禁止滥用市场支配地位行为暂行规定》(2019)

第二十三条 反垄断执法机构依据职权，或者通过举报、上级机关交办、其他机关移送、下级机关报告、经营者主动报告等途径，发现涉嫌滥用市场支配地位行为。

第二十四条 举报采用书面形式并提供相关事实和证据的，反垄断执法机

---

[1] 黄勇、刘燕南：“欧盟反垄断案件立案调查前程序研究及对我国的启示”，载《价格理论与实践》2013年第6期。

构应当进行必要的调查。书面举报一般包括下列内容：

（一）举报人的基本情况；

（二）被举报人的基本情况；

（三）涉嫌滥用市场支配地位行为的相关事实和证据；

（四）是否就同一事实已向其他行政机关举报或者向人民法院提起诉讼。

反垄断执法机构根据工作需要，可以要求举报人补充举报材料。

第二十五条　反垄断执法机构经过对涉嫌滥用市场支配地位行为必要的调查，决定是否立案。

省级市场监管部门应当自立案之日起7个工作日内向市场监管总局备案。

3. 国家市场监督管理总局《制止滥用行政权力排除、限制竞争行为暂行规定》(2019)

第十条　反垄断执法机构依据职权，或者通过举报、上级机关交办、其他机关移送、下级机关报告等途径，发现涉嫌滥用行政权力排除、限制竞争行为。

第十一条　对涉嫌滥用行政权力排除、限制竞争行为，任何单位和个人有权向反垄断执法机构举报。反垄断执法机构应当为举报人保密。

第十二条　举报采用书面形式并提供相关事实和证据的，反垄断执法机构应当进行必要的调查。书面举报一般包括下列内容：

（一）举报人的基本情况；

（二）被举报人的基本情况；

（三）涉嫌滥用行政权力排除、限制竞争行为的相关事实和证据；

（四）是否就同一事实已向其他行政机关举报或者向人民法院提起诉讼。

第十三条　反垄断执法机构负责所管辖案件的受理。省级以下市场监管部门收到举报材料或者发现案件线索的，应当在7个工作日内将相关材料报送省级市场监管部门。

对于被举报人信息不完整、相关事实不清晰的举报，受理机关可以通知举报人及时补正。

第十四条　反垄断执法机构经过对涉嫌滥用行政权力排除、限制竞争行为的必要调查，决定是否立案。

当事人在上述调查期间已经采取措施停止相关行为，消除相关后果的，可以不予立案。

省级市场监管部门应当自立案之日起7个工作日内向市场监管总局备案。

第十五条　立案后，反垄断执法机构应当及时进行调查，依法向有关单位和个人了解情况，收集、调取证据。

4. 欧盟第 1/2003 号条例（2003）[1]

第 17 条　对经济部门和协议种类的调查

（1）当成员国之间的贸易趋势、价格刚性或其他情况表明共同市场内的竞争可能被限制或扭曲时，委员会可以对经济的某个特定部门实施调查，或对跨不同部门的特定类型的协议进行调查。在调查过程中，委员会可能要求相关企业或企业协会提供为实行条约第 81 条和第 82 条所必需的信息，并可以为此进行任何必要的搜查。

委员会尤其可以要求相关企业或企业协会向其告知所有的协议、决定以及协同行为。

委员会可以就对经济的某个特定部门或对跨不同部门特定类型的协议的调查结果发表报告，并邀请利害关系人进行评论。

（2）第 14、18、19、20、22、23 条以及第 24 条参照适用。

5. 德国《反对限制竞争法》（2017）

第 54 条　程序制度、当事人

（1）卡特尔当局应当依据职权或申请，启动程序。如有必要，竞争当局应为保护举报人而依职权启动程序。除非本法另有规定，本程序适用德国行政程序法的一般条款。

（2）卡特尔当局程序中的当事人为：

①申请启动程序的主体；

②调查程序所指向的卡特尔、企业、商业及行业协会或职业机构；

③该决定将对其利益产生重大影响的个人和团体，以及经其申请后已被卡特尔当局接纳加入程序的个人和团体；该决定影响众多消费者，进而消费者整体利益将受到重大影响时，代表这些消费者利益的由公共基金资助的消费者中心和其他消费者协会；

④第 37 条第 1 款或第 3 款情形下的卖方。

（3）联邦卡特尔局也是州最高机关进行的程序的当事人。

6. 加拿大《竞争法》（2019）

第 9 条　申请调查

---

〔1〕全称为“Council Regulation（EC）No 1/2003 of 16 December 2002 on the implementation of the rules on competition laid down in Articles 81 and 82 of the Treaty”。

（1）任何居住于加拿大且年满18周岁的人，若认为有下列情况，可以申请局长进行调查：①有人违反依据本法第32、33、34条或第七章第一部分、第八章作出的命令。②存在依据第七章第一部分或第八章作出命令的理由。③已经或将要触犯第六章或第七章规定的罪行，可申请专员介入调查。

（2）申请人依据第（1）款所作出申请的，应同时以庄重或法定的形式进行陈述，并应当注明以下情况：①为进行本法规定的联络，申请人或申请人其中之一的姓名和住址，或其有权提供联系方式的代理人的姓名和住址；②（i）被指控的违法行为的性质；（ii）要求作出命令的理由的性质，或（iii）被指控的犯罪行为的性质，以及所涉人员和利害关系人的姓名；及③支持其主张的证据的简要陈述。

第10条　局长调查

（1）在下列情况下，局长如认为有必要查明某些事实，则可以启动调查程序：①依据第九条提起的申请，②局长有理由认为：（i）有人违反了依本法第三十二条、三十三条、三十四条或第七章第一部分或第八章作出的命令；（ii）存在依第七章第一部分或第八章作出命令的理由，或（iii）已经或将要触犯第六章第一部分或第七章所规定的罪行，或者③受部长指示调查（b）项（i）至（iii）小项所指的任何状况。

（2）应其行为依本法正在受到调查的人或依第九条申请调查的人的书面请求，局长应当向其告知调查的进展状况。

（3）依本条所进行的调查活动均应当秘密进行。

7. 韩国《规制垄断与公平交易法》（2016）

第四十九条　违法行为的确认、申报等

（1）公平交易委员会认为有违反本法规定的嫌疑时，可以依职权进行必要的调查。

（2）任何人认为有违反本法规定的行为发生的，可以向公平交易委员会报告。

（3）公平交易委员会依第一款或者第二款的规定进行调查后，应当以书面形式将该调查结果（包括因调查而被执行的纠正措施）通知相关当事人。

（4）对违反本法规定的行为，公平交易委员会在下列期限届满后，不得指令本法规定的纠正措施或者施加任何罚款：如果，基于法院裁定撤销的纠正措施或罚款以及基于此类裁定而作出的新的处分不应适用上述规则：

①当公平交易委员会针对违反本法的行为开始调查，调查开始之日起五

年后；

②当公平交易委员会未针对违反本法的行为开始调查，自行为终止之日起七年后。

8. 日本《禁止私人垄断及确保公平交易法》(2013)

第45条 (1) 任何人在认为有违反本法规定的事实发生时，均可向公正交易委员会报告事实，并要求采取适当的措施。

(2) 在接到前款规定的报告时，公正交易委员会应对该事件进行必要的调查。

(3) 依据公正交易委员会规则，如果依据第(1)款所作出的报告，包含了涉及具体事实的书面指控时，对该报告涉及的案件，公正交易委员会决定采取适当措施或者不采取措施的，应及时通知报告者。

(4) 公正交易委员会在认为有违反本法规定的事实或符合垄断状态的事实时，可以依职权采取适当的措施。

二、调查措施

(一) 现行条文

第三十九条 反垄断执法机构调查涉嫌垄断行为，可以采取下列措施：

(一) 进入被调查的经营者的营业场所或者其他有关场所进行检查；

(二) 询问被调查的经营者、利害关系人或者其他有关单位或者个人，要求其说明有关情况；

(三) 查阅、复制被调查的经营者、利害关系人或者其他有关单位或者个人的有关单证、协议、会计账簿、业务函电、电子数据等文件、资料；

(四) 查封、扣押相关证据；

(五) 查询经营者的银行账户。

采取前款规定的措施，应当向反垄断执法机构主要负责人书面报告，并经批准。

(二) 修改建议

第五十三条 反垄断执法机构调查涉嫌垄断行为，可以采取下列措施：

(一) 进入被调查的经营者的营业场所、设施或其他有关场所进行检查；

（二）询问被调查的经营者、利害关系人或者其他有关单位或者个人，要求其说明有关情况；

（三）查阅、复制被调查的经营者、利害关系人或者其他有关单位或者个人的有关单证、协议、会计账簿、业务函电、电子数据等文件、资料；

（四）指定并聘请专家证人或技术人员协助调查；

（五）查封、扣押相关证据；

（六）查询与经营者相关联的账户。

采取前款规定的措施，应当向反垄断执法机构主要负责人书面报告，并经批准。

（三）修改说明

本条是关于对反垄断执法机构有权采取的调查措施的规定。经调研及分析研究，我们对本条修改所涉及的问题及争点有如下认识：

第一，本条第1款第1项对“场所进入权”进行了规定，但其中“其他有关场所”应作何理解在实践中存在争议，该场所是否包括被调查人以外的“利害关系人或者其他有关单位或者个人”的场所，另外是否包括被调查人及其工作人员的个人居所？对此我们认为，该场所进入权一般严格意义上仅限于被调查人的营业场所，而不能扩展到案外人所控制的场所，否则会极大扩张执法机构的权力，导致案外人的正常经营等活动受到不当的干预。此外，进入被调查人及其工作人员的个人居所属于搜查权的范畴，涉及当事人的人身自由，应只在司法活动中由有权机关行使，也不应列入本条规定可允许进入的范围。但法律不宜针对被调查场所作出过于细化的规定，应该基于执法机关相对弹性的认定空间，故对于原条文中“其他相关场所”予以保留。我们认为，执法机构可以通过内部程序性规定予以明确，但是如果是被调查人的商用交通运输工具，可理解为是被调查人营业场所的延伸，应属于可进入的范围。根据我国《行政强制法》的相关规定，行政机关可以采取的行政强制措施包括查封场所、设施或者财物，《反垄断法》的行政调查权应该可以扩展到经营者的商用交通工具等经营设施。结合域外经验，我们在场所进入权之中增加了“设施”，以保障行政机关可以进入经营者的商用交通工具等经营设施上。

第二，本条第1款第2项规定的“询问权”是否应有询问时间、询问次数的限制，以避免执法机构以连续询问的形式变相限制被调查人人身自由。我们认为，该种现象确实值得《反垄断法》加以防范，从“询问权”的性质考量，该权力实质上并不具有强制性[1]，虽然会使被调查人产生“回答并解释说明相关问题”的义务，但该义务为软性义务，违反该义务并不直接导致相应的不利后果。基于“询问权”这一特性，并为保障执法机构能够全面调查及收集案件信息，我们建议对该“询问权”不作时间、次数等限制。

第三，本条第1款第3项规定的“查阅复制权”是否应有范围上的限制，例如：为避免泄露被调查人的商业秘密或防止不当干涉被调查人“非涉案业务”的开展，而将可查阅复制的资料限定为非涉及商业秘密的资料及只与涉案业务相关的资料。我们认为，执法机构在调查过程中接触并知晓相关商业秘密往往是不可避免的，《反垄断法》已对此作了规定，要求执法机构及其人员应当保守所获知的商业秘密，如违反也有承担相关责任的规定，因而以商业秘密保护这一理由来限定执法机构查阅复制范围似无充分依据；关于是否应将查阅复制范围限定为涉案业务，由于执法机构在调查涉嫌垄断行为时需对被调查人行为所涉及的相关市场、市场份额、集中度等问题作出判断，需要对被调查人的经营情况有全面的掌握，因而也不应依据业务范围来对查询复制资料的范围作出限制。

第四，执法机构是否应就采取本条规定的调查措施提前通知被调查人，以保障被调查人的知情权。我们认为，突袭调查已是各国反垄断实践所普遍接纳的极为重要的一种调查方式，可以有效防止被调查人提前转移证据，有利于执法机构对案件所需证据及信息的获取。因此，不应强制要求执法机构在采取调查措施前都提前通知被调查人，在此方面对本条应不作相应调整。

第五，本条规定调查措施的采取“应当向反垄断执法机构主要负责人书面报告，并经批准”，该程序是否适当，该等调查措施的采取是否应接受司法机关审查。我们认为，相关调查措施的采取若能经司法机关审查，应更符合法治原则；但从我国当前实践来看，司法机关的介入在反垄断执法领域尚未形成成熟的体系与机制，从而无法对相关执法措施实施有效审查和监督，并且可能会影响相关执法措施的效率。因此，建议本条规定的措施应只需要获得行政执法机关内部授权即可采取，相关司法介入程序可待我国反垄断行政执法、司法体系完善并成熟后再作考虑。

第六，当反垄断执法机构调查非常具有专业性和技术性的特殊领域时，聘请相关专业的专家或技术人员协作调查是世界各国比较通行的做法。特别是进

---

[1] 时建中主编：《反垄断法——法典释评与学理探源》，中国人民大学出版社2008年版，第389页。

入诸如生物制药、计算程序、数据存储、人工智能等比较前沿的领域，专家或技术人员能够发挥其专长或技术优势，有效弥补反垄断执法机构人员在专业技能方面的不足。实践中，我国反垄断执法机构已经在相关执法过程中聘请经济或技术专家参与相关调查、论证，《反垄断法》修订时应当将这种实践做法予以落实，明确赋予反垄断执法机构可以根据调查需要指定和聘请专家证人或技术人员协助调查的职权。基于此，我们建议反垄断执法机构的执法职权中增设一项："指定并聘请专家证人或技术人员协助调查"。

第七，将原法"（五）查询经营者的银行账户"修改为"（六）查询与经营者相关联的账户"。鉴于实践中有经营者通过个人账户隐匿非法经营活动往来，转移违法所得，应当允许反垄断执法机构查询与经营者相关联的账户，而不限于经营者的银行账户。同时，为了防止不适当地扩大执法机构的调查权限，引起对个人账户和隐私信息不必要的泄露或干扰，又应当对执法机构的调查权限有所限制。我们认为，应当将可以查询的账户限制在与经营者违法经营活动相关联的金融账户和非金融账户范围内。随着支付手段多元化特别是电子支付方式的普及，经营者之间的资金往来可能不通过其银行账户，而是通过非金融机构支付服务达成。在此情况下，反垄断执法机构查询范围的规定应该具有前瞻性和包容性，如果有证据证明经营者利用个人账户转移、隐匿违法所得，应当允许执法机构可以调查经营者或者相关个人与违法经营活动相关联的银行账户和非金融机构账户。因此，建议此处修改为"查询与经营者相关联的账户"。

（五）相关立法

1.《中华人民共和国行政强制法》(2012)

第二条　本法所称行政强制，包括行政强制措施和行政强制执行。

行政强制措施，是指行政机关在行政管理过程中，为制止违法行为、防止证据损毁、避免危害发生、控制危险扩大等情形，依法对公民的人身自由实施暂时性限制，或者对公民、法人或者其他组织的财物实施暂时性控制的行为。

行政强制执行，是指行政机关或者行政机关申请人民法院，对不履行行政决定的公民、法人或者其他组织，依法强制履行义务的行为。

第九条　行政强制措施的种类：

（一）限制公民人身自由；

（二）查封场所、设施或者财物；

（三）扣押财物；

（四）冻结存款、汇款；

（五）其他行政强制措施。

第十条 行政强制措施由法律设定。

尚未制定法律，且属于国务院行政管理职权事项的，行政法规可以设定除本法第9条第1项、第4项和应当由法律规定的行政强制措施以外的其他行政强制措施。

尚未制定法律、行政法规，且属于地方性事务的，地方性法规可以设定本法第9条第2项、第3项的行政强制措施。

法律、法规以外的其他规范性文件不得设定行政强制措施。

2. 英国《竞争法》(1998)

第26条 调查：要求文件和信息的权力

(1) 依据第25条，为进行调查，竞争和市场管理局可要求任何人向其出示指定文件，或向其提供其认为与调查有关的任何事项相关的指定信息。

(2) 第1款赋予的权力须以书面通知行使。

(3) 第2款下的通知须注明——(a) 调查的标的和目的；和 (b) 依据第43及44条违法的性质。

(4) 在第1款中，“指定”意味着——(a) 在通知中指明或描述的；或 (b) 属于通知中指明或描述的类别。

(5) 竞争与市场管理局亦可在通知中指明——(a) 任何文件被出示或任何信息被提供的时间和地点；(b) 出示或提供的方式和形式。

(6) 根据本条规定，要求任何人出示文件的权力包括以下权力——(a) 如果文件已经印发：(i) 复制或摘录该文件；(ii) 要求相对人或在任何时候受雇或曾受雇于其的任何人士，就该文件作出解释；(b) 如果文件没有印发，则要求其尽其所知和所信，说明文件在何处。

第26A条 调查：询问的权力

(1) 为进行调查的目的，竞争与市场管理局可向与相关企业有联系的个人发出通知，要求他就与调查有关的任何事项回答问题——(a) 在通知指明的地点；及 (b) 在指定的时间或在收到通知时。

(2) 竞争与市场管理局须将根据第1款发出的通知书复印件，送交在发出通知书时，与个人有现时联系的相关企业。

(3) 在任何情况下，竞争与市场管理局必须采取合理的步骤，在个人被要求回答问题之前，遵守第2款的规定。

(4) 如竞争与市场管理局在第3款所述的时间之前不满足第2款的规定，则在第3款所述时间之后，须在切实可行范围内尽快满足该规定。

(5) 第1款下的通知须为书面形式，并须指明——(a) 调查的标的及目的；及 (b) 依据第44条违法的性质。

(6) 就本条目的而言——(a) 个人与某一企业有联系，如果他或她是或曾经是：(i) 与管理或控制企业有关，或 (ii) 受雇于企业，或以其他方式为企业工作；及 (b) 个人与企业是有现时联系的，如果在那个时候，他或她是相关的，是受雇的或以其他方式工作的。

(7) 在本条中，“有关企业”是指其行为作为有关调查的一部分而受到调查的企业。

3. 日本《禁止私人垄断及确保公平交易法》(2013)

第47条　(1) 公正交易委员会为对案件进行必要的调查，可以作出下列各项措施：

(i) 责令案件相关人员或证人出面接受讯问，或者向这些人征求意见或报告；

(ii) 要求专家证人出面给出专家意见；

(iii) 责令账簿资料和其他物品的持有人提交该物品，或扣留该提交的物品；

(iv) 进入案件相关人的营业场所及其他必要的场所，对业务及财产状况、账簿资料及其他物品进行检查。

(2) 公正交易委员会在认为合适时，可以依据政令，指定公正交易委员会的职员为调查官，令其执行前款的措施。

(3) 依据前款规定，如公正交易委员会令其职员到场进行检查时，应使其携带证明身份的证明书并向相关人员出示。

(4) 不得将第一款规定的处分权限解释为犯罪搜查的权限。

第75条　依据第47条第1款 (i) (ii) 项、第47条第2款的规定出席或出具专家意见的证人或专家证人，可以根据政令的规定请求差旅费及补贴。

4. 韩国《规制垄断与公平交易法》(2016)

第50条　对违法行为的调查等

(1) 为实施本法，公平交易委员会认为必要时，可以依总统令的规定采取以下措施：

①传唤当事人、利害关系人或者证人出席并听取意见；

②指定鉴定人并委托鉴定；

③向企业、企业组织或其高级职员、雇员发布指令，要求其申报成本及经营状况，或出示其他必要信息或资料，或者扣留现有的信息或资料。

三、调查程序的基本要求

（一）现行条文

第四十条　反垄断执法机构调查涉嫌垄断行为，执法人员不得少于二人，并应当出示执法证件。

执法人员进行询问和调查，应当制作笔录，并由被询问人或者被调查人签字。

（二）修改建议

第五十四条　反垄断执法机构调查涉嫌垄断行为，应当遵守下列规定：

（一）调查前须向反垄断执法机构负责人报告并经书面批准；

（二）行政执法人员不得少于二人，出示执法身份证件；

（三）当场告知当事人采取调查措施的理由、依据以及当事人依法享有的权利、救济途径；

（四）制作现场笔录，现场笔录由当事人和反垄断执法人员签名或者盖章，当事人拒绝的，在笔录中予以注明；

（五）当事人不到场的，邀请见证人到场，由见证人和执法人员在现场笔录上签名或者盖章。

（三）修改说明

本条是关于反垄断执法机构具体调查程序的规定。经调研及分析研究，我们对本条修改所涉及的问题及争点有如下认识：

第一，参照我国《行政强制法》第18条关于行政强制措施规定，行政机关在实施强制措施时，应当在“实施前须向行政机关负责人报告并经批准”。此处考虑到部分反垄断调查措施可能对经营者的生产经营产生较大影响，尤其是涉及进入被调查单位的营业场所或者设施进行搜查，因此要求执法人员在实施搜查之前“向执法机构负责人报告并经书面批准”。

第二，现行《反垄断法》第 40 条第 1 款规定："反垄断执法机构调查涉嫌垄断行为，执法人员不得少于 2 人，并应当出示执法证件"，旨在对反垄断执法人员加以约束，防止行政调查权的滥用。但该规定较为简单，未对执法人员在实际调查过程中给予更多有效的限制。为保障反垄断调查措施的采取是基于正当目的，不偏离对涉嫌垄断行为进行调查这一基本目标，结合《行政处罚法》第 37 条的相关规定，应当要求执法人员提供具有有效授权的执法证件，以此防范和遏制调查权的滥用。

第三，现行第 40 条第 2 款对调查和询问笔录作了规定，但"应当制作笔录"的规定过于简单，为保障笔录客观、真实、完整地记录调查过程，建议根据《行政强制法》的相关规定，细化反垄断执法机构进行调查的程序规定。反垄断调查是一种行政执法，应当符合一般性的行政执法规定，因此，《行政处罚法》和《行政强制法》的相关措施也应适用于反垄断调查。此外，除被询问人或被调查人签字外，还应明确执法人员也需要签字，以更加强化笔录制作的严肃性和对执法人员的责任约束。

第四，鉴于我国反垄断调查程序以往更多强调对执法机构权力的保障，而较为忽视被调查人或被询问人的权利这一情况，我们认为有必要强化执法机构的程序义务，进而达到对相关当事人权利保障的加强。我们建议在本条中作出原则性规定，强调执法机构应遵守法律、行政法规关于行政执法程序的规定，同时要保障被调查人或被询问人合法权益的义务。因此，我们建议增设"当场告知当事人采取调查措施的理由、依据以及当事人依法享有的权利、救济途径"，以及"现场笔录由当事人和反垄断执法人员签名或者盖章，当事人拒绝的，在笔录中予以注明"。保障当事人的程序权利和法律救济权利，强调在当事人拒绝签名或盖章的情况下，反垄断执法人员应当在笔录中予以注明，既保障当事人的权益，又确保现场笔录的真实、客观。

第五，考虑到反垄断执法实际可能面临的多种复杂场面，需要赋予执法人员能够灵活处理现场执法被动局面的权力。在被调查人拒不到场或者拒不签字的情形下，为保证执法工作的顺利进行，维持执法现场的客观、公正，应当赋予执法人员邀请相关见证人现场作证，以留下被调查人拒不配合调查的现场证据。据此，我们建议增设"当事人不到场的，邀请见证人到场，由见证人和执法人员在现场笔录上签名或者盖章"。增加这样的规定，既强调了反垄断执法人员处理现场复杂情况的职权，也和《行政强制法》的相关规定保持一致。

基于上述认识，我们建议对本条相关内容进行修改。

（五）相关立法

1.《中华人民共和国行政强制法》（2012）

第十八条　行政机关实施行政强制措施应当遵守下列规定：

（一）实施前须向行政机关负责人报告并经批准；

（二）由两名以上行政执法人员实施；

（三）出示执法身份证件；

（四）通知当事人到场；

（五）当场告知当事人采取行政强制措施的理由、依据以及当事人依法享有的权利、救济途径；

（六）听取当事人的陈述和申辩；

（七）制作现场笔录；

（八）现场笔录由当事人和行政执法人员签名或者盖章，当事人拒绝的，在笔录中予以注明；

（九）当事人不到场的，邀请见证人到场，由见证人和行政执法人员在现场笔录上签名或者盖章；

（十）法律、法规规定的其他程序。

第十九条　情况紧急，需要当场实施行政强制措施的，行政执法人员应当在二十四小时内向行政机关负责人报告，并补办批准手续。行政机关负责人认为不应当采取行政强制措施的，应当立即解除。

2. 欧盟《第1/2003号条例》（2003）

第20条　欧盟委员会的搜查权

（1）为了实施本条例授予的职责，欧盟委员会可以实施对企业和企业协会的搜查。

（2）欧盟委员会授权的实施搜查的执法人员和其他附随的人员有权：

（a）进入企业和企业协会的任何场所，土地和运输工具；

（b）搜查与经营相关的账簿和其他记录，无论其存储的媒介；

（c）制作或获得上述账簿或记录的复制品或摘录；

（d）在搜查的期限内和必要程度上查封经营场所及账簿或记录；

（e）要求企业或企业协会的任何代表或员工解释，关于搜查标的物或搜查目标的事实或文件，并记录其回答。

（3）欧盟委员会授权的实施搜查权的执法人员和其他附随人员应当依据载

明搜查标的物和搜查目的的书面授权行使其职权，并且依据第23条，如被要求的相关商业账簿或其他商业记录不完整时，或者如本条第二段中询问的回答不正确或具有误导性时，实施处罚。在搜查前的适当时间内，欧盟委员会应当通知搜查实施地的成员国竞争机关。

(4) 企业或企业协会被要求服从由欧盟委员会意见所指令的搜查。意见应当明确搜查的标的物和搜查目的，指定开始日期并且指出第23条和第24条下的处罚以及该意见由欧盟法院司法审查的权利。欧盟委员会应当在咨询搜查所在地竞争机关后做出意见。

(5) 搜查所在地的成员国竞争机关的执法人员以及被授权或任命的人员应当，在成员国竞争机关或欧盟委员会的要求下，主动地协助该欧盟委员会授权的执法人员和其他附随人员。为此，其应拥有第二段中的权力。

(6) 委员会授权的执法人员和其他附随人员依据本条认定企业阻碍本条规定的搜查，相关成员国应当提供其必要的协助，要求适当时警察或同等执行机关的协助，以使其实施搜查。

(7) 如果第6款规定的协助依据国内规则要求司法机关的授权，此授权应被适用。此授权也可被适用作为预防性措施。

(8) 当第7款涉及的授权被适用，国内司法机关应限定，欧盟委员会意见是真实的，并且在考虑到被搜查的标的物，设想的强制措施既不是武断的也非是过度的。在限制强制措施的比例上，国内司法机关可要求委员会，直接或通过成员国竞争机关，针对涉嫌违反条约第81和82条的行为的理由，以及涉嫌违法行为的严重性和相关企业参与的本质提供详细解释。但是，国内司法机关既无权质疑搜查的必要性，也无权要求提供欧盟委员会文档中的信息。欧盟委员会的意见的合法性仅可被欧盟法院审查。

第21条　其他场所的搜查

(1) 如果一个合理的怀疑存在，与证明违反条约第81或82条相关的商业或其他搜查标的物的账簿或其他记录被保存在其他场所、地区和交通工具，包括相关企业和企业协会主管、经理和其他工作人员的住宅，欧盟委员会可以以意见指示在此类其他场所、地区和交通工具的搜查。

(2) 意见应指明搜查的主体和目标，安排搜查的起始日期并且指明欧盟法院审查意见的权利。其应特别说明，使欧盟委员会依据第1款推断嫌疑的原因。欧盟委员会应在询问搜查所在地成员国竞争执法机关之后做出意见。

(3) 依据第1款做出的意见不可在无相关成员国国内司法机构的事先授权

下被执行。国内司法机构应确认欧盟委员会的意见是真实的，并且考虑到涉嫌违法行为的严重程度、所搜证据的重要性、相关企业的参与以及搜查标的物相关的商业账簿和记录被保存在被授权搜查的营业场所的合理可能性，设定的强制措施既非武断的，也并非过度的。国内司法机构可要求欧盟委员会，直接或通过成员国竞争机关提供，关于设定的强制措施符合比例的必要因素的详细解释。

但是，国内司法机构不能对搜查的必要性表示怀疑，或者要求欧盟委员会提供其文件中的信息。欧盟委员会意见的合法性应仅限于欧盟法院的审查。

(4) 依据本条第1款，官方和其他欧盟委员会授权的附随人员为执行搜查令，应有权陈述第20条(2)(a)(b)和(c)。第20条(5)和(6)应参照适用。

3. 英国《竞争法》(1998)

第27条　没有授权令进入商业场所的权力

(1) 获得竞争与市场管理局书面授权的其官员("调查员")可以进入与根据第25条进行的调查有关的任何生产经营场所。

(2) 只有向生产经营场所的占有人出示符合下列条件的书面通知，调查员才能行使本节规定的职权，进入有关生产经营场所——(a)至少提前两个工作日通知预进入该生产经营场所；(b)说明调查事项和意图；并(c)说明第42至第44条所规定的违法行为的性质。

(3) 下列情况下，不适用于第(2)小节的规定——(a)竞争与市场管理局有理由怀疑该生产经营场所正在被或一直被下列主体占用：(i)根据第25(a)条正在被调查的协议的一方当事人；或(ii)根据第25(b)条其行为正在被调查的企业；或(b)如果调查员采取了所有可行措施却无法通知到当事人。

(4) 在第(3)款规定的情况下，调查员行使第(1)款规定的进入权时必须出示——(a)授权的证明；及(b)含有第(2)(b)款和第(c)款规定信息的文件。

(5) 根据本节规定进入生产经营场所的调查员有权——(a)携带他认为必要的设备；(b)要求生产经营场所中的任何人：(i)出示他认为与该调查有关的任何事项相关的文件；和(ii)如文件已出示，对该文件作出说明；(c)要求任何人，据其所知所信，说明文件的存放地点；(d)复制，或摘录已出示的文件；(e)调查员认为与该调查有关的任何事项相关的信息，如存储于电脑并能从该生产经营场所处获得，应要求以下列方式提交：(i)可以被取走，且

(ii) 可视并可读或者它可以很容易地以可见和可读的形式产生。(f) 采取任何必要步骤，以保存他认为与调查相关事项有关的文件或防止对该文件的干扰。

(6) 在本条中，“营业场所”是指非用于住宅的处所（或处所的任何部分）。

第28条 授权令下进入经营场所

(1) 竞争与市场管理局提出申请，法院或法庭可发出授权令，如果其满足——(a) 有合理理由怀疑文件存在于一个场所：(i) 根据第26或27条要求出示的文件；和 (ii) 尚未按照规定出示的；(b) 有合理理由怀疑：(i) 竞争与市场管理局根据第26条有权要求在任何营业场所出示文件；和 (ii) 这些文件需要被出示，没有被出示，而是将其隐藏、移走、篡改或销毁；或 (c) 调查人员试图进入场所，以依据第27条行使他的权力，但无法进行，有合理理由怀疑，依据该条需要出示的文件存在于场所中。

(2) 根据本条发出的授权令，须授权竞争与市场管理局的一名具名人员，以及竞争与市场管理局以书面授权陪同该名具名人员的任何其他人员——(a) 进入授权令所指明的处所，并为该目的使用合理所需的强制力；(b) 在该处所进行搜查和复制，或摘录依据第 (1) 款提出的申请所获批的有关类别的文件（“有关类别”）；(c) 在下列情况下，占有任何看来属于有关类别的文件：(i) 为保存文件或防止对文件形成干扰的必要行动；或 (ii) 在该场所内索取文件副本不是合理可行的；(d) 采取依据 (c) (i) 段所述目的看来必要的任何其他步骤；(e) 要求任何人对属于有关类别的文件作出解释，或尽其所知和所信，说明文件所在地方；(f) 要求储存于电子表格及在该场所可取得的信息，以及被授权官员认为与调查有关事项有关的信息，须以下列形式出示：(i) 可将其取走；及 (ii) 该文件是可见和易读的或以可见和易读的形式容易被出示的。

(3) 如果，根据第 (1) (b) 款在授权令的情况下，法院或（视情况而定）法庭满足，其合理怀疑，在该场所也存在其他文件与调查相关，授权令应同时授权涉及任何此类文件时，实施依据第 (2) 款中的行为。

(3A) 根据本条发出的授权令，可授权特定人员陪同具名官员执行。

(4) 任何人士凭根据本条发出的授权令进入场所，可随身携带他认为需要的设备。

(5) 在离开根据本条发出授权令而进入的任何场所时，如该场所无人居住或占用人暂时不在该场所，该名人员必须在离开该场所时，使该场所的安全状况与他在该场所时一样有效。

(6) 根据本条发出的授权令有效期至由发出授权令当日起计算的一个月期间届满为止。

(7) 根据第 (2) (c) 款占有的任何文件，可保留三个月。

(7A) 根据本条授权令的申请必须——(a) 在向法院提出申请的情况下，按照法院规定；(b) 在向法庭提出申请的情况下，按照法庭规定。

(8) 在本条中“营业场所”的含义与第 27 条相同。

第 28A 条 授权令下进入住宅场所的权力

(1) 对于竞争与市场管理局提出的申请，如果以下情况满足，法院或法庭可发出授权令——(a) 有合理理由怀疑，文件存在于任何住宅场所：(i) 根据第 26 条要求出示的文件；以及 (ii) 未按照要求出示的；或 (b) 有合理理由怀疑：(i) 竞争与市场管理局依据第 26 条有权要求在任何住宅场所内出示的文件；和 (ii) 这些文件需要被出示，没有被出示，而是将其隐藏、移走、篡改或销毁。

(2) 根据本条发出的授权令，须授权竞争与市场管理局的一名具名人员，以及竞争与市场管理局以书面授权陪同该名具名人员的任何其他人员——(a) 进入授权令所指明的处所，并为该目的使用合理所需的强制力；(b) 在该处所进行搜查和复制，或摘录依据第 (1) 款提出的申请所获批的有关类别的文件 (“有关类别”)；(c) 在下列情况下，占有任何看来属于有关类别的文件：(i) 为保存文件或防止对文件形成干扰的必要行动；或 (ii) 在该场所内索取文件副本不是合理可行的；(d) 采取为 (c) (i) 段所述目的看来必要的任何其他步骤；(e) 要求任何人对属于有关类别的文件作出解释，或尽其所知和所信，说明文件所在地方；(f) 要求储存于电子表格及在该场所可取得的信息，以及被授权官员认为与调查有关的事项有关的信息，须以下列形式出示：(i) 可将其取走；及 (ii) 该文件是可见和易读的或以可见和易读的形式容易被出示的。

(3) 如果，根据第 (1) (b) 款在授权令的情况下，法院或（视情况而定）法庭满足其合理怀疑，在该场所也存在其他文件与调查相关，授权令应同时授权涉及任何此类文件时，实施依据第 (2) 款中的行为。

(4) 根据本条发出的授权令，可授权特定人员陪同具名官员执行。

(5) 任何人士凭根据本条发出的授权令进入场所，可随身携带他认为需要的设备。

(6) 在离开根据本条发出授权令而进入的任何场所时，如该场所无人居住或占用人暂时不在该场所，该名人员必须在离开该场所时，使该场所的安全状况与他在该场所时一样有效。

(7) 根据本条发出的授权令有效期至由发出授权令当日起计算的一个月期间届满为止。

(8) 根据第 (2) (c) 款占有的任何文件，可保留三个月。

(8A) 根据本条授权令的申请必须—— (a) 在向法院提出申请的情况下，按照法院裁定；(b) 在向法庭提出申请的情况下，按照法庭裁定。

(9) 在本条中，“住宅场所”意味着作场所（或一部分场所）用作住宅和—— (a) 也用于与企业或企业协会的事务有关的场所；或 (b) 存放与企业或企业协会的事务有关的文件的场所。

4. 德国《反对限制竞争法》(2017)

第 59 条 要求提供信息

(1) 依据本法，卡特尔当局在必要的程度内履行其职权，卡特尔当局可采取如下措施，直到其决定产生效力：

①要求企业和企业联合会披露关于其经济情况的信息，并且上交文件；这同时包括以评价或分析竞争情况或市场情况为目标的以及由企业和企业联合会掌握的一般性的市场调查；

②要求企业或企业联合会依据第 36 (2) 条披露关于关联企业的经济情况的信息，并且上交这些企业的文件，只要此信息由其掌握或只要现存法律关系允许其获得关联企业被要求的信息；

③在通常的工作时间在经营场所查阅和检查企业和企业联合会的经营文件。

第 1 款第①项和第③项应同时适用商业和行业联合会以及职业组织，关于其行为、章程、决定，以及被决定影响的成员的数量和名称。卡特尔当局可规定第①项和第②项中涉及必须披露的信息的形式；特别是，其可规定用于输入信息的在线平台。

(2) 企业的所有者及其代表，以及法人、公司，以及在无法人资格的协会中被法律或章程指定作为代表的人，有义务提交被要求的文件，披露被要求的信息，提供现存的商业文件以供查阅和检查并且允许商业文件的检查，以及进入办公场所和营业场所。

(3) 受卡特尔当局委托以执行检查的个人可进入企业或企业协会的办公场所。德国基本法第 13 条所规定的基本权利在此范围内受限。

(4) 仅在卡特尔当局所在地的地区法院法官裁定之下，搜查可以被执行。如果可以假定文件存放在被搜查或检查的相关场所，并且提交该文件是被要求的，卡特尔当局依据第一段的搜查是被允许的。住宅不可侵犯的基本权利［德国基本法第13（1）条］在此范围内受限。德国刑事诉讼法第306条至第310条以及第311a条应参照适用此类裁决的上诉。当存在迫切危险，第三段中涉及的个人可于经营时间执行必要的搜查，无需司法裁决。搜查的记录以及其重要结果应当场制作、展示，当缺乏司法裁决，推定迫切危险的事实也应被记录。

（5）德国刑事诉讼法典第55条应参照适用有义务提供信息的个人。

（6）由联邦经济事务与能源部或州最高机关的提供信息的要求，应以书面单次指令做出，联邦卡特尔局应以决定做出。该要求的法律基础、主体和目标应在其中说明并且确定提供证据的合理时间限制。

（7）联邦经济事务和能源部或州最高机关的检查的决定，应以书面单次指令做出，并且联邦卡特尔局以其主席同意的决定做出。指令或决定应标明检查的时间、法律基础、主体和目标。

5. 日本《禁止私人垄断及确保公平交易法》（2013）

第48条　公正交易委员会在对案件进行必要的调查时，应将调查的主要内容写入笔录，特别是在采取了前条第（1）款规定的措施时，应将进行措施的日期及其结果明确记录下来。

四、执法机构及其工作人员的保密义务

（一）现行条文

第四十一条　反垄断执法机构及其工作人员对执法过程中知悉的商业秘密负有保密义务。

（二）修改建议

第五十五条　反垄断执法机构及其工作人员，以及依法参与执法活动的第三人，对执法过程中知悉的商业秘密负有保密义务。

前款规定人员，对依法取得的资料或者了解的信息应仅供调查等执法活动使用，不得用于其他目的。

（三）修改说明

本条是关于反垄断执法机构及其人员的保密义务的规定。经调研及分析研

究，我们对本条修改所涉及的问题及争点有如下认识：

第一，在调查过程中，除执法机构及其内部工作人员，有可能存在参与调查等执法活动的第三方主体，例如反垄断法执法机构可能聘请相关专家或技术人员参与调查。实践中，反垄断执法机构聘请相关专家证人，邀请第三方机构进行经济分析和技术鉴定已经成为反垄断执法中的重要环节，这类参与执法活动的第三方势必会触及商业秘密。如果参与执法活动的第三方泄露商业秘密，不仅会损伤反垄断执法机构的执法威严和信用，也会损害被调查人的权益。因此，应当将反垄断执法机构及其调查人员的保密义务延及参与调查的第三方。我们建议在第 1 款中增加“依法参与执法活动的第三人”，这样既可以强化参与调查的第三方的责任，又有利于保护被调查人的商业秘密。

第二，关于在执法过程中所获悉相关资料和信息的使用目的问题。执法机构在执法过程中依法取得的相关资料和信息既包括属于商业秘密的信息，也包括非商业秘密的信息。商业秘密的使用受到限制，非商业秘密的信息使用也应受到限制，这是对被调查经营者权利的保护，同时也是促进其积极配合执法调查的保障和动力。对此，我国《价格法》第 36 条已经明确规定：“政府部门价格工作人员不得将依法取得的资料或者了解的情况用于依法进行价格管理以外的任何其他目的，不得泄露当事人的商业秘密。”为了保持与现行法的一致性，我们建议增加第 2 款：“前款规定人员，对依法取得的资料或者了解的信息应仅供调查等执法活动使用，不得用于其他目的。”

基于上述认识，我们建议对本条相关内容进行修改。

（四）相关立法或规定

1.《中华人民共和国反不正当竞争法》(2019)

第十五条　监督检查部门及其工作人员对调查过程中知悉的商业秘密负有保密义务。

第十六条　对涉嫌不正当竞争行为，任何单位和个人有权向监督检查部门举报，监督检查部门接到举报后应当依法及时处理。

监督检查部门应当向社会公开受理举报的电话、信箱或者电子邮件地址，并为举报人保密。对实名举报并提供相关事实和证据的，监督检查部门应当将处理结果告知举报人。

第三十条　监督检查部门的工作人员滥用职权、玩忽职守、徇私舞弊或者泄露调查过程中知悉的商业秘密的，依法给予处分。

2. 欧盟《第 1/2003 号条例》(2003)

第 28 条　职业秘密

(1) 在不影响第 12 条和第 15 条的情况下，根据第 17 条至 22 条收集的信息只用于获取信息的目的。

(2) 在不影响第 11、12、14、15 和 27 条所预见的信息交换和使用的情况下，委员会和各成员国竞争机关、在这些机关监督下工作的官员、公务员和其他人员以及成员国其他机关的官员和公务员不得披露他们根据本条例获得或交换的信息以及属于职业保密义务范围内的信息。这项义务也适用于根据第 14 条出席咨询委员会会议的成员国的所有代表和专家。

3. 德国《反对限制竞争法》(2017)

第 46 条　反垄断委员会的决定、组织、权利和义务

(3) 反垄断委员会的成员以及秘书处的工作人员对商议内容以及被反垄断委员会视为保密的有关商议材料，负有缄默义务。该缄默义务也适用于提供给反垄断委员会并被反垄断委员会视为保密的信息以及依据第 2a 款的信息。

4. 加拿大《竞争法》(2019)

第 29 条　(1) 在实施本法过程中履行或曾经履行义务或职责的人，不得向他人披露或允许他人披露下列事项，但向加拿大法律实施机构提供有关情况或为了便于本法的实施与执行除外：(a) 根据本法从其处获取资料信息的人的身份；(b) 根据本法第 11、15、16 或第 114 条取得的资料信息；(b1) 根据加拿大交通法 53.71 至 53.81 节获取的信息；(c) 是否已发出关于第 114 条中的特定拟议交易的通知，或提供有关该交易的资料信息；或 (d) 从第 102 条中的证明书的申请人处获得的资料信息；(e) 依据本法自愿提供的任何资料信息。

(2) 本条不适用于已经公布的资料信息或经提供资料的人授权可以披露的资料信息。

5. 日本《禁止私人垄断及确保公平交易法》(2013)

第 39 条　现任或曾任委员会主席、委员及公正交易委员会的职员，不得泄露、盗用因其职务而知晓的企业秘密。

6. 韩国《规制垄断与公平交易法》(2016)

第 62 条　保守秘密的义务

履行或者曾经履行本法规定职务的委员或者公职人员，或者负责调解或者曾负责调解纠纷的理事会的雇员，不得泄露该职务上知晓的有关企业或企业组织的秘密信息，不得以实施本法之外的目的对秘密信息进行利用。

五、被调查人的配合义务

（一）现行条文

第四十二条　被调查的经营者、利害关系人或者其他有关单位或者个人应当配合反垄断执法机构依法履行职责，不得拒绝、阻碍反垄断执法机构的调查。

（二）修改建议

不作修改，移至第五十六条。

（三）修改说明

本条是关于被调查人的配合义务的规定。经调研及分析研究，我们认为，积极配合反垄断执法机构进行调查是被调查的经营者、利害关系人或者其他有关单位或者个人应履行的法律义务。因此，本条款能够满足实践需要，不予修改。

（四）相关立法或规定

1.《中华人民共和国反不正当竞争法》（2019）

第十四条　监督检查部门调查涉嫌不正当竞争行为，被调查的经营者、利害关系人及其他有关单位、个人应当如实提供有关资料或者情况。

2. 欧盟《第 1/2003 号条例》（2003）

第 18 条　要求信息

（1）为了履行本条例赋予的职责，委员会可通过简要要求或决定，要求企业和企业协会提供所有必要的信息。

（2）在向企业或企业协会送达信息简要要求，委员会应当说明该要求的法律依据和目的，指定需要什么信息并规定提供信息的期限，以及依据第 23 条规定提供错误或误导性信息的处罚。

（3）委员会以决定要求企业和企业协会提供信息的，应当说明该决定的法律依据和目的，具体说明需要提供哪些信息并规定提供信息的期限。它还应指明依据第 23 条实施的处罚，并指明或实施第 24 条规定的处罚。它还应表明由欧盟法院审查该决定的权利。

(4) 企业的所有者或其代表，以及对于法人、公司或企业，或无法人资格的协会中依据法律或章程被授权代表他们的人应当代表企业或企业协会提供所要求的信息。获正式授权行事的律师可代表其客户提供有关资料。如所提供的资料不完整、不正确或有误导性，后者将负全责。

(5) 委员会应毫不迟延地将简要要求或决定的复印件提交企业或企业联合会所在地的成员国竞争机关，以及其地域范围内受到影响的成员国的竞争机关。

(6) 应委员会的要求，成员国政府和竞争机关应向委员会提供执行本条例赋予委员会职责所需的一切信息。

六、陈述、申辩和听证

（一）现行条文

第四十三条　被调查的经营者、利害关系人有权陈述意见。反垄断执法机构应当对被调查的经营者、利害关系人提出的事实、理由和证据进行核实。

（二）修改建议

第五十七条　被调查的经营者、利害关系人有权进行陈述和申辩。

反垄断执法机构应当对被调查的经营者、利害关系人在陈述、申辩中提出的事实、理由和证据进行核实。

被调查的经营者、利害关系人提出的事实、理由成立的，反垄断执法机构应当采纳。反垄断执法机构不得因被调查的经营者、利害关系人的陈述、申辩加重处罚。

（三）修改说明

本条是关于被调查人相关程序权利的规定。经调研及分析研究，我们对本条修改所涉及的问题及争点有如下认识：

第一，当事人在调查过程中的有效参与是透明、公正执行《反垄断法》的重要保证。当事人（被调查的经营者和利害关系人）参与的主要方式包括：调查过程中，有机会提交相关资料和辩论意见，为自己申辩；有机会为自己的理由提供证据；有机会与反垄断执法机构进行沟通。我国《行政强制法》第 8 条第 1 款明确规定，“公民、法人或者其他组织对行政机关实施行政强制，享有陈述权、申辩权；有权依法申请行政复议或者提起行政诉讼；因行政机关违法实施行政强制受到损害的，有权依法要求赔偿”。国外立法也有类似规定，如德国《反对限制竞争法》规定：“卡特尔当局应当给予当事人发表意见的机会。卡特尔当局可以在适当的情况下，给予程序有关的经济各界的代表发表意见机会。”基于此，我们建议将第 1 款中当事人“有权陈述意见”修改为“有权进行陈述和申辩”；并增设第 2 款：“反垄断执法机构应当对被调查的经营者、利害关系人在陈述、申辩中提出的事实、理由和证据进行核实”。

第二，当事人在行政处罚决定作出之前，不仅具有陈述、申辩的权利，对其在陈述、申辩中提出的事实、理由和证据，反垄断执法机关还应当进行复核，并作出记录，必要时还可以进行补充调查，经复核和补充调查的资料和证据，都可以在最终作出处罚决定时参考。如果当事人提出的事实、理由或者证据成立的，反垄断执法机构应当采纳。即便是不予采纳，也不能因为被调查人、利害关系人的陈述、申辩或者要求听证而加重对其处罚。这样才能够充分保障当事人的权益，保证行政决定的公正性。为增加行政调查和处罚程序的公开性和公正性，我们建议增加第 3 款，明确规定：“被调查的经营者、利害关系人提出的事实、理由成立的，反垄断执法机构应当采纳。反垄断执法机构不得因被调查的经营者、利害关系人的陈述、申辩加重处罚。”

基于上述认识，我们建议对本条相关内容进行修改。

（五）相关立法

1.《中华人民共和国行政强制法》（2012）

第八条　公民、法人或者其他组织对行政机关实施行政强制，享有陈述权、申辩权；有权依法申请行政复议或者提起行政诉讼；因行政机关违法实施行政强制受到损害的，有权依法要求赔偿。

公民、法人或者其他组织因人民法院在强制执行中有违法行为或者扩大强制执行范围受到损害的，有权依法要求赔偿。

2.《中华人民共和国行政处罚法》（2017）

第六条　公民、法人或者其他组织对行政机关所给予的行政处罚，享有陈述权、申辩权；对行政处罚不服的，有权依法申请行政复议或者提起行政诉讼。

公民、法人或者其他组织因行政机关违法给予行政处罚受到损害的，有权依法提出赔偿要求。

第三十二条　当事人有权进行陈述和申辩。行政机关必须充分听取当事人的意见，对当事人提出的事实、理由和证据，应当进行复核；当事人提出的事实、理由或者证据成立的，行政机关应当采纳。

行政机关不得因当事人申辩而加重处罚。

第四十二条 行政机关作出责令停产停业、吊销许可证或者执照、较大数额罚款等行政处罚决定之前，应当告知当事人有要求举行听证的权利；当事人要求听证的，行政机关应当组织听证。当事人不承担行政机关组织听证的费用。听证依照以下程序组织：

（一）当事人要求听证的，应当在行政机关告知后三日内提出；

（二）行政机关应当在听证的七日前，通知当事人举行听证的时间、地点；

（三）除涉及国家秘密、商业秘密或者个人隐私外，听证公开举行；

（四）听证由行政机关指定的非本案调查人员主持；当事人认为主持人与本案有直接利害关系的，有权申请回避；

（五）当事人可以亲自参加听证，也可以委托一至二人代理；

（六）举行听证时，调查人员提出当事人违法的事实、证据和行政处罚建议；当事人进行申辩和质证；

（七）听证应当制作笔录；笔录应当交当事人审核无误后签字或者盖章。

当事人对限制人身自由的行政处罚有异议的，依照治安管理处罚法有关规定执行。

第四十三条 听证结束后，行政机关依照本法第三十八条的规定，作出决定。

3. 国家市场监督管理总局《禁止垄断协议暂行规定》(2019)

第三十五条 本规定对垄断协议调查、处罚程序未做规定的，依照《市场监督管理行政处罚程序暂行规定》执行，有关时限、立案、案件管辖的规定除外。

反垄断执法机构组织行政处罚听证的，依照《市场监督管理行政处罚听证暂行办法》执行。

4. 国家市场监督管理总局《禁止滥用市场支配地位行为暂行规定》(2019)

第三十八条 本规定对滥用市场支配地位行为调查、处罚程序未做规定的，依照《市场监督管理行政处罚程序暂行规定》执行，有关时限、立案、案件管辖的规定除外。

反垄断执法机构组织行政处罚听证的，依照《市场监督管理行政处罚听证暂行办法》执行。

5. 欧盟《第1/2003号条例》(2003)

第27条　当事人、举报人和其他人的听证

(1) 在依据第7、8、23和24 (2) 条作出决定前，委员会应给予程序中的企业或企业协会就委员会已提出异议的事项表达意见的机会。委员会只能基于相关各方已经发表意见的部分来做出决定。投诉人应当可以紧密参与程序。

(2) 有关各方的辩护权应在程序中得到充分尊重。在保护企业商业秘密的正当利益不受影响的情况下，各方应有权接触委员会的档案，但这不包括委员会或成员国竞争主管部门的保密信息以及内部文件。特别是，不应包括到委员会与成员国竞争主管部门之间的通信往来，或是各成员国竞争主管部门之间的通信往来，包括根据第11条和第14条起草的文件。本段落中的任何规定不应阻碍委员会为证明违法行为而披露或者使用信息。

(3) 如果委员会认为有必要的话，它可以对其他自然人或法人召开听证会。只要他们表明有足够的利益，该等自然人或法人请求听证的申请就应当得到批准。成员国竞争主管部门也可以请求委员会对于其他自然人或法人召开听证会。

(4) 如果委员会准备根据第9条或第10条的规定作出决定，它应当公布该案件的概述，承诺的主要内容或所提议的行动。具利害关系的第三方可以在委员会公告所规定的期限内提交他们的意见，该期限不得少于一个月。公告应当考虑企业保护其商业秘密的正当利益。

6. 德国《反对限制竞争法》(2017)

第56条　发表意见，听证的机会

(1) 卡特尔当局应当给予当事人发表意见的机会。

(2) 卡特尔当局可以在适当的情况下，给予程序有关的经济各界的代表发表意见机会。

(3) 卡特尔当局可以依职权或者有申请举行公开的听证。听证有涉危害公共秩序，特别是危及国家安全，或重大的经营或商业秘密之虞的，则应排除公众参与全部或者部分听证。在第42条的情形下，联邦经济与能源部应当举行公开听证；当事人表示同意的，卡特尔当局可以不进行听证而做出决定。依据第42条公开听证的案件，垄断委员会依据第42 (5) 有权发表意见并解释其准备的观点。

(4) 行政程序法第45和46条应当适用。

第57条　调查、取证

(1) 卡特尔当局可以进行一切必要的调查，并获取一切必要的证据。

(3) 证人证言应作成笔录，由进行调查工作的卡特尔当局成员签字，如有书记员在场，笔录还应由书记员签字。笔录应记载询问的地点和日期以及工作人员和当事人的姓名。

(4) 笔录应向证人宣读，或请证人亲自过目，以获得其认可。证人已经认可的，应将此记录在案，并由证人签字。没有签字的，应说明原因。

(5) 在询问专家时，参照适用第3款和第4款的规定。

(6) 如卡特尔当局认为，证人宣誓对于获得真实证言是必要的，则可以请求地区法院要求证人宣誓。由法院裁定是否宣誓是必要的。

7. 日本《禁止私人垄断及确保公平交易法》(2013)

第49条　如果公正交易委员会试图根据第7条第1款或第2款、第8-2条第1款或第3款、第17-2条、第20条第1款的规定发布命令（以下称“停止令”），则其应当对可能收到命令的对象举行听证会。

第50条　(1) 在前条规定的听证中，公正交易委员会应当在听证日之前的合理期限内，将停止令中的下列事项以书面形式通知可能的对象：

(i) 停止令的预期内容

(ii) 公正交易委员会认定的事实和法律、法规的适用情况

(iii) 听证的日期和地点

(iv) 管辖听证事项的组织名称和所在地

(2) 前款规定的书面通知，应当载明下列事项：

(i) 禁止令的对象可在听证当日陈述其意见及提交证据，或以书面陈述及证据代替在听证当日出庭。

(ii) 在听证结束前，禁止令的可能对象可根据第52条的规定要求查阅及索取证据副本。

七、对垄断行为的处理决定

(一) 现行条文

第四十四条　反垄断执法机构对涉嫌垄断行为调查核实后，认为构成垄断行为的，应当依法作出处理决定，并可以向社会公布。

（二）修改建议

第五十八条　反垄断执法机构对涉嫌垄断行为调查核实后，认为构成垄断行为的，应当依法作出处理决定，并及时向社会公布。

反垄断执法机构作出较大数额罚款等行政处罚决定前，应当告知当事人有要求举行听证的权利；当事人要求听证的，反垄断执法机构应当组织听证。

（三）修改说明

本条是关于反垄断执法机构对垄断行为的处理决定的规定。经调研及分析研究，我们对本条修改所涉及的问题及争点有如下认识：

第一，关于对垄断行为的处理决定是否应在本条中加以类型化。从目前《反垄断法》的规定来看，第七章已经基本明确了反垄断执法机构对不同垄断行为可以作出的处理决定类型。此外，针对不同的垄断行为可作出的处理决定在一个条文中加以类型化存在极大难度，原因是处理决定需要结合不同垄断行为的特殊性，以及对竞争影响的具体评估等多种因素才能确定。因此，在本条中对垄断行为的处理决定加以类型化和统一规定是不现实的，也欠缺必要性，我们建议在此方面对该条不作调整。

第二，关于垄断行为的处理决定是“可以”公布还是“应当”公布的问题。从我国反垄断实践看，由于原条文规定的是“可以”，因而执法机构并不重视将执法处理决定及时向社会进行公布，造成对垄断行为的调查处理的透明度不高，社会公众对执法处理决定无法实施有效的监督。同时，执法机关调查结束后如果久拖不决，不仅给经营者的正常经营带来巨大的不确定性，也不利于提高行政执法效率。因此，建议将原条文中规定的“认为构成垄断行为的，应当依法作出处理决定，并可以向社会公布”修改为“反垄断执法机构对涉嫌垄断行为调查核实后，认为构成垄断行为的，应当依法作出处理决定，并及时向社会公布”。这样，明确了执法机构对垄断行为的处理决定“应当”向社会公布的义务，进一步增强反垄断执法的透明度，加强社会公众对执法程序的监督。

第三，建议导入听证程序问题。根据我国《行政处罚法》第 42 条的规定，“行政机关作出责令停产停业、吊销许可证或者执照、较大数额罚款等行政处罚决定之前，应当告知当事人有要求举行听证的权利；当事人要求听证的，行政机关应当组织听证”。就《反垄断法》而言，当反垄断执法机构作出对经营者或利害关系人具有重大影响的决定时，《行政处罚法》规定的听证程序应当予以适用。事实上，国家发改委在2013年3月7日公布的《价格行政处罚程序规定》中，已经规定“价格主管部门对案件调查报告进行审查后，作出行政处罚决定前，应当书面告知当事人拟作出的行政处罚决定以及作出行政处罚决定的事实、理由、依据，并告知当事人依法享有的陈述、申辩权利；符合听证条件的，应当一并告知听证的权利”。《反垄断法》应当借鉴这一有效做法，并通过法制化的方式将其固定下来。结合《行政处罚法》和国家发展和改革委员会的价格执法实践，我们建议增加第2款，“反垄断执法机构作出较大数额罚款等行政处罚决定前，应当告知当事人有要求举行听证的权利；当事人要求听证的，行政机关应当组织听证”。至于听证的具体程序，应当符合《行政处罚法》的相关规定，在《反垄断法》中可以不再作详细规定。关于“较大数额罚款”的标准，应当根据我国经济发展水平和执法需要进行适时调整，不适宜在《反垄断法》中进行规定，建议在反垄断执法机构颁布的实施细则中予以明确。

基于上述认识，我们建议对本条相关内容进行修改。

（四）相关立法或规定

1. 国家市场监督管理总局《禁止垄断协议暂行规定》（2019）

第二十条　反垄断执法机构对垄断协议进行行政处罚的，应当依法制作行政处罚决定书。

行政处罚决定书的内容包括：

（一）经营者的姓名或者名称、地址等基本情况；

（二）案件来源及调查经过；

（三）违法事实和相关证据；

（四）经营者陈述、申辩的采纳情况及理由；

（五）行政处罚的内容和依据；

（六）行政处罚的履行方式、期限；

（七）不服行政处罚决定，申请行政复议或者提起行政诉讼的途径和期限；

（八）作出行政处罚决定的反垄断执法机构名称和作出决定的日期。

第二十八条　反垄断执法机构认定被调查的垄断协议属于反垄断法第十五条规定情形的，应当终止调查并制作终止调查决定书。终止调查决定书应当载明协议的基本情况、适用反垄断法第十五条的依据和理由等内容。

反垄断执法机构作出终止调查决定后，因情况发生重大变化，导致被调查的协议不再符合反垄断法第十五条规定情形的，反垄断执法机构应当重新启动调查。

第二十九条 省级市场监管部门作出中止调查决定、终止调查决定或者行政处罚告知前，应当向市场监管总局报告。

省级市场监管部门向被调查经营者送达中止调查决定书、终止调查决定书或者行政处罚决定书后，应当在7个工作日内向市场监管总局备案。

第三十条 反垄断执法机构作出行政处理决定后，依法向社会公布。其中，行政处罚信息应当依法通过国家企业信用信息公示系统向社会公示。

2. 国家市场监督管理总局《禁止滥用市场支配地位行为暂行规定》(2019)

第二十八条 反垄断执法机构对滥用市场支配地位行为进行行政处罚的，应当依法制作行政处罚决定书。

行政处罚决定书的内容包括：

（一）经营者的姓名或者名称、地址等基本情况；

（二）案件来源及调查经过；

（三）违法事实和相关证据；

（四）经营者陈述、申辩的采纳情况及理由；

（五）行政处罚的内容和依据；

（六）行政处罚的履行方式、期限；

（七）不服行政处罚决定，申请行政复议或者提起行政诉讼的途径和期限；

（八）作出行政处罚决定的反垄断执法机构名称和作出决定的日期。

第三十五条 反垄断执法机构作出行政处理决定后，依法向社会公布。其中，行政处罚信息应当依法通过国家企业信用信息公示系统向社会公示。

3. 欧盟《第1/2003号条例》(2003)

第7条 违法行为的查明和终止

(1) 委员会根据申诉或自行采取行动，发现有违反条约第81条或第82条的行为时，可决定要求有关的企业和企业协会终止这种违法行为。为此目的，它可向他们施加任何与所犯的违法行为相称的行为性或结构性的补救措施，并可有效地终止违法行为。只有在没有同等有效的行为性补救措施，或任何同等有效的行为性补救措施比结构补救措施对有关企业的负担更重的情况下，才能实施结构性补救措施。如果委员会有正当理由，也可以就过去已经发生的违法行为作出决定。

(2) 自然人、法人或成员国只要能证明存在合法利益，均有权根据第1款而投诉。

第10条　宣布不适用

如果与适用条约第81条和第82条相关的公共利益有需要，委员会可以依职权主动以决定形式宣布条约第81条不适用于协议、企业协会的决定或协同行为，其理由可以是条约第81（1）条规定的条件没有满足，或是条约第81（3）条规定的条件得以满足。

委员会也可以就条约第82条做出同样的决定。

4. 韩国《规制垄断与公平交易法》(2016)

第52条　陈述意见的机会

(1) 对于违反本法规定的事项，公平交易委员会在作出采取纠正措施或者责令罚款之前，应给予当事人或者利害关系人陈述意见的机会。

(2) 当事人或者利害关系人可以参加公平交易委员会的听证，并陈述意见或者提交有关资料。

八、中止、终止调查程序

（一）现行条文

第四十五条　对反垄断执法机构调查的涉嫌垄断行为，被调查的经营者承诺在反垄断执法机构认可的期限内采取具体措施消除该行为后果的，反垄断执法机构可以决定中止调查。中止调查的决定应当载明被调查的经营者承诺的具体内容。

反垄断执法机构决定中止调查的，应当对经营者履行承诺的情况进行监督。经营者履行承诺的，反垄断执法机构可以决定终止调查。

有下列情形之一的，反垄断执法机构应当恢复调查：

（一）经营者未履行承诺的；

（二）作出中止调查决定所依据的事实发生重大变化的；

（三）中止调查的决定是基于经营者提供的不完整或者不真实的信息作出的。

（二）修改建议

第五十九条　对反垄断执法机构调查的涉嫌垄断行为，被调查的经营者在反垄断执法机构作出行政处罚事先告知前，可以作出采取具体措施消除该行为后果的承诺，并提出中止调查的申请。中止调查的申请应以书面形式提出，并由被调查经营者的主要负责人签字并盖章。

反垄断执法机构根据被调查经营者的承诺，在考虑行为的性质、持续时间、后果、社会影响、经营者承诺的措施及其预期效果等具体情况后，对是否同意中止调查作出决定。中止调查的决定应当以书面形式载明涉嫌垄断行为的事实、经营者承诺的具体措施、履行承诺的期限与方式、不履行或不完全履行承诺的法律后果等内容。

反垄断执法机构对被调查的经营者承诺的接受，不适用于具有严重排除或限制竞争的垄断协议或滥用市场支配地位行为。

第六十条 反垄断执法机构决定中止调查的，应当对经营者履行承诺的情况进行监督，并可要求经营者委托第三方监督受托人进行监督。经营者应当在规定的时限内向反垄断执法机构书面报告承诺履行情况。经营者已履行承诺或作出中止调查决定所依据的事实发生重大变化，且经营者的行为后果已有效消除的，反垄断执法机构可以决定终止调查，并制作终止调查决定书。终止调查决定书应当载明被调查经营者涉嫌垄断行为的事实、承诺的具体内容、履行承诺的情况、监督情况等内容。

有下列情形之一的，反垄断执法机构应当恢复调查：

（一）经营者未履行承诺的；

（二）作出中止调查决定所依据的事实发生重大变化，且经营者的行为后果未有效消除的；

（三）中止调查的决定是基于经营者提供的不完整或者不真实的信息作出的；

（四）发生其他应当恢复调查的情形的。

反垄断执法机构依据本条作出中止调查、恢复调查及终止调查决定前，应将决定内容向社会进行公示，并充分听取利害关系人及其他社会公众提出的意见。

（三）修改说明

本条是关于经营者承诺制度的规定。原条文经修改后由于内容较多，建议设为两个条文。经调研及分析研究，我们对本条修改所涉及的问题及争点有如下认识：

第一，关于经营者承诺制度的适用范围。从国外的立法和实践来看，经营者承诺制度主要适用于竞争损害较为轻微的案件，具有严重违法性的案件一般不能适用该制度，如美国和欧盟在承诺制度的适用方面都对核心卡特尔进行了排除。同时，在执法机构对相关行为实施了初步调查并掌握初步违法证据，或者被调查的垄断行为难以查清、调查垄断行为的成本过高时适用承诺制度较为合适，而如果已达到充分证明违法的程度时一般不适用该承诺制度。基于上述对经营者承诺制度适用范围的一般认识，我们认为，我国也应借鉴国外的相关经验，对承诺制度的适用范围予以适度限制，一方面避免该制度因无范围上的必要限制而导致滥用，另一方面也须保障执法机构适度的自由裁量权，充分发挥该制度对竞争秩序维护的积极功能。因此，我国《反垄断法》不应从正面意义上强制规定执法机构对哪些案件适用承诺制度，但应从反面意义上对不适用承诺制度的案件作出规定，从而在制度的刚性与灵活性之间达成平衡。一般来说，对于具有竞争关系的经营者之间固定或者变更商品价格、限制商品生产或者销售数量、分割销售市场或原材料采购市场的横向垄断协议案件，执法机构不应接受经营者提出承诺。我们建议本条增加如下对于核心限制行为的排除适用规定："反垄断执法机构对被调查的经营者承诺的接受，不适用于具有严重排除或限制竞争的垄断协议或滥用市场支配地位行为"。

第二，关于经营者承诺制度的启动条件。首先，经营者承诺制度本质上是一种和解制度，应基于经营者的自愿而达成，经营者自己作出承诺并提出申请是启动该制度的一般方式。但是，经营者提出承诺应该具有明确的时间期限，在执法机构对涉嫌违法行为调查核实后，认为已经构成垄断行为，应当作出处理决定的，再接受经营者的承诺不仅没有意义，而且也会纵容经营者的违法行为。因此，经营者承诺应当在反垄断执法机构采取《反垄断法》第 39 条所规定的措施之后，但还没有作出行政处罚事先告知书之前提出。对于执法机构已经发出行政处罚事先告知书之后提交的承诺，执法机构不应当再接受。基于此，我们建议在原法条基础上进一步完善承诺制度启动的提出方式和期限，将第 45 条第 1 款改为"被调查的经营者在反垄断执法机构所作出行政处罚事先告知前，可以作出采取具体措施消除该行为后果的承诺，并提出中止调查的申请"，并增加"中止调查的申请应以书面形式提出，并由被调查经营者的主要负责人签字并盖章"。

第三，关于经营者承诺的内容与措施。设置经营者承诺制度的初衷是针对违法性质并不严重的行为，通过执法机构和经营者达成的和解，促使经营者采取措施，有效恢复市场竞争，节约行政执法成本。经营者承诺的具体措施应该能够恢复市场有效竞争，达到并满足执法机构认可的程度，因此承诺的具体内容应当由执法机构和经营者协商议定。当前我国经营者承诺制度的主要弊端在于：首先，经营者承诺制度适用过程中经营者与执法机构之间关系不平等，未体现出“和解制度”应有的平等协商特性；其次，现行制度没有明确执法机构是否能够适用经营者承诺的审查评估程序，没有设定必要的标准或参考因素；再次，现行制度没有明确经营者承诺的具体内容，也没有规定经营者不履行或者不完全履行经营者承诺制度所要承担的法律责任。我们认为这些都应当通过法律予以规定，并据此建议增加内容：“反垄断执法机构可以决定是否同意中止调查。中止调查的决定应当载明经营者承诺的具体措施、履行承诺的期限与方式、不履行或不完全履行承诺的法律后果等内容。”

第四，关于经营者承诺的监督。反垄断执法机构作出中止调查决定后，负有对经营者履行承诺情况进行监督的职责。对此，执法机构可采取的监督措施很多，但受限于其监督能力和所需付出的监督成本，因而引入具有专业性和中立性的第三方监督机构是较为理想的监督模式。这在各国反垄断实践中都有应用，在我国商务部对经营者集中案件的处理中也有相关的规定。因此，我们建议对经营者承诺的监督也可引入第三方监督受托人机制，该机制的具体内容，可由执法机构制定具体规定进一步明确。

第五，关于经营者承诺制度适用后的处理。经营者在执法机构作出中止调查决定后，将面临两种可能的处理方式，一是恢复调查，二是终止调查。对这两种处理具体适用于何种情形，现行条文也作了相应的规定，但存在的问题是，“作出中止调查决定所依据的事实发生重大变化”时，究竟应当是恢复调查还是终止调查。有观点认为，由于市场竞争结构可能发生变化，若作出承诺的经营者已不再具有市场支配地位，其在拥有市场支配地位时作出的行为可能已不再具有限制或排除竞争的效果，要求该经营者履行其承诺不再具有合理性，此种情形下更应当是终止调查，而不是恢复调查。因此，我们认为该种情形下是应终止调查还是恢复调查，应有所区分，基本的判别标准应当是经营者的行为后果是否有效消除，若已消除，则经营者行为应不再受到追究；若尚未消除，且已不适合再履行承诺，则应恢复调查，继续对该行为加以追究。此外，我们建议对恢复调查的情形增加一个弹性条款，以保障执法机构重启调查程序在事由方面的全面性。

第六，关于经营者承诺制度的公众参与机制。经营者承诺制度的适用，使经营者与执法机构能够就涉嫌垄断行为达成和解，具有使经营者避免受到执法机构调查与追究的客观功能，但由此可能引发道德风险，或对垄断行为的弊害加以宽容，对利害关系人或其他社会公众的利益造成影响。因此，经营者承诺制度还需考虑与涉嫌垄断行为相关的利害关系人以及其他社会公众的利益和诉求。我们认为，应当在该制度的适用中建立相应的公众参与机制，允许利害关系人以及其他社会公众对程序的进行表达意见和诉求，从而增强承诺制度的透明度，实现对承诺制度适用的有效监督。基于此，我们作了相应修改，要求反垄断执法机构应将有关决定向社会进行公示，并规定利害关系人及其他社会公众有权对有关决定的作出发表意见。

基于上述认识，我们建议对本条分作两条加以规定，并对相关内容进行调整。

（五）相关立法

1. 国家市场监督管理总局《禁止垄断协议暂行规定》（2019）

第二十一条　涉嫌垄断协议的经营者在被调查期间，可以提出中止调查申请，承诺在反垄断执法机构认可的期限内采取具体措施消除行为影响。

中止调查申请应当以书面形式提出，并由经营者负责人签字并盖章。申请书应当载明下列事项：

（一）涉嫌垄断协议的事实；

（二）承诺采取消除行为后果的具体措施；

（三）履行承诺的时限；

（四）需要承诺的其他内容。

反垄断执法机构对涉嫌垄断协议调查核实后，认为构成垄断协议的，应当依法作出处理决定，不再接受经营者提出的中止调查申请。

第二十二条　反垄断执法机构根据被调查经营者的中止调查申请，在考虑行为的性质、持续时间、后果、社会影响、经营者承诺的措施及其预期效果等具体情况后，决定是否中止调查。

对于符合本规定第七条至第九条规定的涉嫌垄断协议，反垄断执法机构不得接受中止调查申请。

第二十三条　反垄断执法机构决定中止调查的，应当制作中止调查决定书。

中止调查决定书应当载明被调查经营者涉嫌达成垄断协议的事实、承诺的具体内容、消除影响的具体措施、履行承诺的时限以及未履行或者未完全履行承诺的法律后果等内容。

第二十四条　决定中止调查的，反垄断执法机构应当对经营者履行承诺的情况进行监督。

经营者应当在规定的时限内向反垄断执法机构书面报告承诺履行情况。

第二十五条　反垄断执法机构确定经营者已经履行承诺的，可以决定终止调查，并制作终止调查决定书。

终止调查决定书应当载明被调查经营者涉嫌垄断协议的事实、承诺的具体内容、履行承诺的情况、监督情况等内容。

有下列情形之一的，反垄断执法机构应当恢复调查：

（一）经营者未履行或者未完全履行承诺的；

（二）作出中止调查决定所依据的事实发生重大变化的；

（三）中止调查决定是基于经营者提供的不完整或者不真实的信息作出的。

2. 国家市场监督管理总局《禁止滥用市场支配地位行为暂行规定》(2019)

第二十九条　涉嫌滥用市场支配地位的经营者在被调查期间，可以提出中止调查申请，承诺在反垄断执法机构认可的期限内采取具体措施消除行为影响。

中止调查申请应当以书面形式提出，并由经营者负责人签字并盖章。申请书应当载明下列事项：

（一）涉嫌滥用市场支配地位行为的事实；

（二）承诺采取消除行为后果的具体措施；

（三）履行承诺的时限；

（四）需要承诺的其他内容。

反垄断执法机构对涉嫌滥用市场支配地位行为调查核实后，认为构成涉嫌滥用市场支配地位行为的，应当依法作出处理决定，不再接受经营者提出的中止调查申请。

第三十条　反垄断执法机构根据被调查经营者的中止调查申请，在考虑行为的性质、持续时间、后果、社会影响、经营者承诺的措施及其预期效果等具体情况后，决定是否中止调查。

第三十一条　反垄断执法机构决定中止调查的，应当制作中止调查决定书。

中止调查决定书应当载明被调查经营者涉嫌滥用市场支配地位行为的事实、承诺的具体内容、消除影响的具体措施、履行承诺的时限以及未履行或者未完全履行承诺的法律后果等内容。

第三十二条　决定中止调查的，反垄断执法机构应当对经营者履行承诺的情况进行监督。

经营者应当在规定的时限内向反垄断执法机构书面报告承诺履行情况。

第三十三条　反垄断执法机构确定经营者已经履行承诺的，可以决定终止调查，并制作终止调查决定书。

终止调查决定书应当载明被调查经营者涉嫌滥用市场支配地位行为的事实、承诺的具体内容、履行承诺的情况、监督情况等内容。

有下列情形之一的，反垄断执法机构应当恢复调查：

（一）经营者未履行或者未完全履行承诺的；

（二）作出中止调查决定所依据的事实发生重大变化的；

（三）中止调查决定是基于经营者提供的不完整或者不真实的信息作出的。

第三十四条　省级市场监管部门作出中止调查决定、终止调查决定或者行政处罚告知前，应当向市场监管总局报告。

省级市场监管部门向被调查经营者送达中止调查决定书、终止调查决定书或者行政处罚决定书后，应当在7个工作日内向市场监管总局备案。

3. 欧盟《第1/2003号条例》(2003)

第9条　承诺

(1) 如果委员会打算做出一项决定，要求企业终止违法行为，而相关企业承诺将会消除委员会在初步评估中表达的担忧，则委员会可以做出决定，要求企业遵守这些承诺。该决定应具有具体的期限，并可据此认为，委员会不再有理由采取进一步的行动。

(2) 下列情况下，委员会可以主动或基于请求，重新启动程序：

(a) 决定所依据的事实发生实质性变化；

(b) 相关企业从事了违反承诺的行为；或

(c) 决定是依据当事人提供的不完整、不正确或误导性信息作出的。

第23条　罚款

(2) 当企业或企业协会故意或过失地从事下列行为时，委员会可以做出决定，对其进行罚款：

(c) 未遵守依条例第9条所作出的决定中具有约束力的承诺。

第24条　定期罚款

(1) 委员会可以做出决定，对企业或企业协会处以定期罚款，从决定中认定之日起，每天征收不超过上一经营年度日平均营业额5%的罚款，以强制其：

(c) 遵守依条例第9条作出的决定中具有约束力的承诺。

4. 德国《反对限制竞争法》(2017)

第 32b 条　承诺

(1) 在依据第 30 (3) 条、第 31b (3) 条或第 32 条进行的程序中，企业提出承诺，如卡特尔当局初步估计认为该承诺能够消除其向企业表达的竞争担忧，卡特尔当局可以通过决定，宣布企业受这些承诺的约束。这一决定需要说明，依据第 2 款的规定，卡特尔当局不得行使第 30 (3) 条、第 31b (3) 条、第 32 条和第 32a 条中的权力。这一决定具有时间限制。

(2) 卡特尔当局可以废除依据第 1 款作出的决定并重新开始程序，当发生下列情形时：

①对决定具有重要意义的事实情况随后发生了变化；

②参与的企业没有遵守其的承诺；或

③决定是基于当事方提供的不完整的、错误的或者误导性的说明做出。

(五) 典型案件：中国电信、中国联通涉嫌垄断案

据相关媒体报道，2011 年开始，国家发展与改革委员会对中国电信和中国联通涉嫌价格垄断案开展调查，主要调查中国电信以过高价格变相拒绝与中国铁通交易；垄断中国互联网基础网络的中国电信和中国联通对互联网服务提供商实行价格歧视的问题。调查同时发现，两大公司之间没有实现充分互联互通，导致相关市场缺乏竞争，增加了相关互联网的服务成本，影响了访问速度。

之后，中国电信和中国联通于 2011 年底在官方网站同时发出声明，承认在互联互通以及价格上确实存在不合理行为，同时承诺整改，将提升网速并降低宽带资费。同时，两家公司分别向国家发改委提交了中止调查的申请，承诺进行整改并实现网络充分互联互通；加强专线接入资费管理，解决对互联网服务提供商的价格歧视问题；提升消费者上网速率，降低资费水平，消除涉嫌垄断行为的后果。

2014 年 2 月 19 日，国家发改委通过媒体透露，中国联通和中国电信两家公司分别向其报告了 2012 和 2013 年的整改进展，于 2013 年 12 月 23 日和 2014 年 1 月 7 日分别提交了相关整改情况；发改委正在根据《反垄断法》相关规定，对两公司是否完全履行整改承诺、相关整改措施是否消除涉嫌垄断行为后果等情况进行评估，并将根据评估结果，依法作出处理决定。此后，该案处理情况未再进行披露。

九、对滥用行政权力排除、限制竞争行为的调查

（一）新增条文

第六十一条 反垄断执法机构发现涉嫌滥用行政权力排除、限制竞争行为后，应当进行立案调查，并及时将有关调查情况向社会公布。

反垄断执法机构可以要求涉嫌滥用行政权力排除、限制竞争的行政机关和法律、法规、规章授权的具有管理公共事务职能的组织就被调查事项提供证据，并提交书面说明。反垄断执法机构可以要求被调查的行政机关和法律、法规、规章授权的具有管理公共事务职能的组织的直接负责的主管人员、其他直接责任人员以及相关经营者就被调查事项说明情况。

被调查的行政机关和法律、法规、规章授权的具有管理公共事务职能的组织应当配合反垄断执法机构依法履行职责，反垄断执法机构可以建议有关上级机关对不予配合的行政机关和法律、法规、规章授权的具有管理公共事务职能的组织依法予以处理。

（二）修改说明

本条属于新增条款，主要目的在于确立反垄断执法机构拥有针对涉嫌滥用行政权力排除、限制竞争行为的调查权。目前的《反垄断法》中，仅规定了反垄断执法机构对于行政性垄断行为的建议权，即“行政机关和法律、法规授权的具有管理公共事务职能的组织滥用行政权力，实施排除、限制竞争行为的，由上级机关责令改正；对直接负责的主管人员和其他直接责任人员依法给予处分。反垄断执法机构可以向有关上级机关提出依法处理的建议”，而缺乏反垄断执法机构对于行政性垄断行为进行调查的赋权条款。

为保障反垄断执法机构的建议权能够有效实施，我们认为有必要在《反垄断法》中确立反垄断执法机构对涉嫌滥用行政权力排除、限制竞争行为的调查权。首先，在法律条文的逻辑上，应当在调查部分明确确立反垄断执法机构针对行政性垄断行为的调查权。调查权服务于建议权，保障建议权的实现。事实上，在缺乏调查的情况下，反垄断执法机构难以认定一项行为构成行政垄断行为，更无从提出建议。其次，此处的调查权并不是为了构建一种纵向管理与被管理、指挥命令与负责报告的关系，而是为了反垄断执法机构能够有效地行使

自身职权，了解相关情况，保障《反垄断法》所授权的反垄断执法机构对行政性垄断行为的建议权的实现。从行政组织法的角度来看，我国行政机关之间的纵向关系较为明确，上下级行政组织是指挥命令与负责报告的关系，然而行政机关之间的横向关系并不明确。滥用行政权力排除、限制竞争行为的主体包括行政机关以及法律、法规、规章授权的具有管理公共事务职能的组织。反垄断执法机构只有针对涉嫌构成行政性垄断的行为进行实质上的调查，才有可能对该行为是否构成行政性垄断进行认定，从而对于构成行政性垄断的行为依照《反垄断法》向行为主体的上级机关提出建议。此处增加调查权条款的目的在于保障建议权的有效实施，最终防止行政主体滥用行政权力实施具体或抽象的行政垄断行为，干预市场竞争。

本条共分为3款，其中第1款为反垄断执法机构针对涉嫌行政垄断行为的调查权的赋权条款，要求反垄断执法机构在发现涉嫌滥用行政权力排除、限制竞争行为时，有权进行立案调查，并且应当进行立案调查。与针对三种经济性垄断行为的调查相同，反垄断执法机构也应将调查有关情况及时向社会公布。第2款为反垄断执法机构的具体调查手段条款，即在调查过程中，反垄断执法机构可以要求该行为的主管机关就被调查事项提供证据，并提交书面说明，其中包括该主管机关中直接负责的主管人员、其他直接责任人员以及相关经营者。首先，考虑到依法行政，行政权的范围由法律来规定，有必要在条文中明确调查的具体手段；同时，要求被调查机关或组织提供证据和书面说明也在实质上保障了调查权的有效实现。这里需要注意的是，针对涉嫌行政垄断行为的行政机关的调查与针对经营者的调查在手段上应当有所区别。我国《行政强制法》中所规定的行政强制措施均是针对行政相对人，包括公民、法人和其他组织。行政强制是在行政机关进行行政管理的过程中，对公民的人身自由及公民、法人或其他组织的财物进行暂时性控制的行为。而行政垄断行为的实施主体是行政机关或具有公共管理职能的组织，不符合行政强制的实施对象，因此不宜将行政强制的措施适用于针对行政垄断行为的调查活动中。综合考虑我国行政体系中横向行政机构之间关系以及保障调查权的实现，在《反垄断法》中将调查的手段设定为由被调查机关或组织提供相关证据或书面说明可能是一个适宜的解决方式。本条第3款是对不配合调查的机构或组织的责任追究的建议权，此款设计是为了进一步保障反垄断执法机构调查权的有效行使。从立法逻辑来说，为保障反垄断执法机构调查权的行使，有必要在法律条文中明确被调查行政机关和法律、法规、规章授权的具有管理公共事务职能的组织具有配合调查的义务。在实践中，被调查的行政机关或组织可能会积极妨碍或者消极回避反垄断执法机构的调查工作。由于反垄断执法机构与被调查的行政机关之间不存在领导与被领导的纵向关系，反垄断执法机构无权直接追究不配合调查的行政机关的责任，只能建议有关上级机关对其依法进行处理。

（三）相关立法或规定

国家市场监督管理总局《制止滥用行政权力排除、限制竞争行为暂行规定》(2019)

第十条 反垄断执法机构依据职权，或者通过举报、上级机关交办、其他机关移送、下级机关报告等途径，发现涉嫌滥用行政权力排除、限制竞争行为。

第十一条 对涉嫌滥用行政权力排除、限制竞争行为，任何单位和个人有权向反垄断执法机构举报。反垄断执法机构应当为举报人保密。

第十二条 举报采用书面形式并提供相关事实和证据的，反垄断执法机构应当进行必要的调查。书面举报一般包括下列内容：

（一）举报人的基本情况；

（二）被举报人的基本情况；

（三）涉嫌滥用行政权力排除、限制竞争行为的相关事实和证据；

（四）是否就同一事实已向其他行政机关举报或者向人民法院提起诉讼。

第十三条 反垄断执法机构负责所管辖案件的受理。省级以下市场监管部门收到举报材料或者发现案件线索的，应当在7个工作日内将相关材料报送省级市场监管部门。

对于被举报人信息不完整、相关事实不清晰的举报，受理机关可以通知举报人及时补正。

第十四条 反垄断执法机构经过对涉嫌滥用行政权力排除、限制竞争行为的必要调查，决定是否立案。

当事人在上述调查期间已经采取措施停止相关行为，消除相关后果的，可以不予立案。

省级市场监管部门应当自立案之日起7个工作日内向市场监管总局备案。

第十五条 立案后，反垄断执法机构应当及时进行调查，依法向有关单位和个人了解情况，收集、调取证据。

十、授权执法的监督与报告程序

（一）新增条文

第六十二条　国务院反垄断执法机构根据工作需要，授权省、自治区、直辖市人民政府相应的机构，依照本法规定负责有关反垄断调查工作，国务院反垄断执法机构应当对被授权机构的调查工作进行监督，被授权机构不得再向下一级人民政府相应的机构进行授权。

（二）修改说明

本条款是在调查阶段的授权执法程序条款，现行《反垄断法》在第10条中规定了国务院反垄断执法机构是负责反垄断执法工作的机构，省、自治区、直辖市人民政府相应的机构被国务院反垄断执法机构在根据工作需要而进行授权的情况下，负责有关反垄断执法工作。在调查程序部分增加授权执法程序条款，以及条款的具体设定，主要基于以下几点考量：

第一，对于《反垄断法》的行政执行来说，授权执法是具有一定必要性的。一方面，就实际情况来说，国务院反垄断执法机构的执法资源较为有限，有必要对地方执法机构进行一定程度的授权执法；另一方面，相比国务院反垄断执法机构，地方反垄断执法机构可能对部分发生在本辖区的案件更加了解，其对发生在本辖区的案件进行调查也更符合提高执法效率、节约执法资源的目标。

第二，在《反垄断法》总则中设置了授权执法的条款，在本部分新增授权执法条款的意义在于加强国务院反垄断执法机构对地方反垄断执法机构在调查过程中的监督与指导，确保反垄断行政调查程序能够合法有效进行。在目前的行政执行中，一直存在着普遍授权与个案授权等模式。无论何种授权方式，国务院反垄断执法机构仍然是《反垄断法》中法定的负责行政执法的主体，其有义务对其授权的省级反垄断执法机构的调查行为进行监督。同时，考虑到反垄断案件的执法通常较为专业和复杂，诸如垄断协议等案件可能涉及多个经营者，行政垄断案件可能涉及其他行政机关等，地方反垄断执法机构可能需要在必要时得到国务院反垄断执法机构的指导。

同时，在调查过程中，确定国务院反垄断执法机构对于地方反垄断执法机构的调查程序的监督，以及要求地方反垄断执法机构向国务院反垄断执法机构进行报告与备案，有利于统一协调执法工作。一方面，这一做法有利于解决未来可能发生的案件管辖权争议；另一方面，统一全国的执法调查尺度，使得调查程序透明、可预期。另外，依据《反垄断法》总则授权条款的相关规定，目前我国反垄断调查执法的授权应仅限于省、自治区、直辖市级的相关执法机构，总则的授权条款并未将反垄断调查权授予下一级人民政府的相应机构。反垄断的授权执法主要针对垄断协议、滥用支配地位以及行政性垄断行为，相关的调查执法工作具有一定的专业性，对市场自由竞争以及经营者的日常经营活动具有一定影响，综合考虑相关因素，将授权调查限定在省、自治区、直辖市级人民政府相关执法机构具有一定的现实意义。

第三，在条文的选择上，本条采取了概括性的表达方式，具体如何在调查过程中进行授权由反垄断执法机构通过行政规章予以细化。不在《反垄断法》中具体详细地规定授权制度，使反垄断执法机构在具体授权模式的选择上具有一定自由度，同时也是给授权执法制度的未来发展留下空间。

（四）相关立法或规定

1. 国家市场监督管理总局《禁止垄断协议暂行规定》(2019)

第二条　国家市场监督管理总局（以下简称市场监管总局）负责垄断协议的反垄断执法工作。

市场监管总局根据反垄断法第十条第二款规定，授权各省、自治区、直辖市市场监督管理部门（以下简称省级市场监管部门）负责本行政区域内垄断协议的反垄断执法工作。

本规定所称反垄断执法机构包括市场监管总局和省级市场监管部门。

第三条　市场监管总局负责查处下列垄断协议：

（一）跨省、自治区、直辖市的；

（二）案情较为复杂或者在全国有重大影响的；

（三）市场监管总局认为有必要直接查处的。

前款所列垄断协议，市场监管总局可以指定省级市场监管部门查处。

省级市场监管部门根据授权查处垄断协议时，发现不属于本部门查处范围，或者虽属于本部门查处范围，但有必要由市场监管总局查处的，应当及时向市场监管总局报告。

第十七条　反垄断执法机构经过对涉嫌垄断协议的必要调查，决定是否立案。

省级市场监管部门应当自立案之日起7个工作日内向市场监管总局备案。

第十八条 市场监管总局在查处垄断协议时，可以委托省级市场监管部门进行调查。

省级市场监管部门在查处垄断协议时，可以委托下级市场监管部门进行调查。

受委托的市场监管部门在委托范围内，以委托机关的名义实施调查，不得再委托其他行政机关、组织或者个人进行调查。

第十九条 省级市场监管部门查处涉嫌垄断协议时，可以根据需要商请相关省级市场监管部门协助调查，相关省级市场监管部门应当予以协助。

第二十九条 省级市场监管部门作出中止调查决定、终止调查决定或者行政处罚告知前，应当向市场监管总局报告。

省级市场监管部门向被调查经营者送达中止调查决定书、终止调查决定书或者行政处罚决定书后，应当在7个工作日内向市场监管总局备案。

第三十一条 市场监管总局应当加强对省级市场监管部门查处垄断协议的指导和监督，统一执法标准。

省级市场监管部门应当严格按照市场监管总局相关规定查处垄断协议案件。

2. 国家市场监督管理总局《禁止滥用市场支配地位行为暂行规定》(2019)

第二条 国家市场监督管理总局（以下简称市场监管总局）负责滥用市场支配地位行为的反垄断执法工作。

市场监管总局根据反垄断法第十条第二款规定，授权各省、自治区、直辖市市场监督管理部门（以下简称省级市场监管部门）负责本行政区域内滥用市场支配地位行为的反垄断执法工作。

本规定所称反垄断执法机构包括市场监管总局和省级市场监管部门。

第三条 市场监管总局负责查处下列滥用市场支配地位行为：

（一）跨省、自治区、直辖市的；

（二）案情较为复杂或者在全国有重大影响的；

（三）市场监管总局认为有必要直接查处的。

前款所列滥用市场支配地位行为，市场监管总局可以指定省级市场监管部门查处。

省级市场监管部门根据授权查处滥用市场支配地位行为时，发现不属于本部门查处范围，或者虽属于本部门查处范围，但有必要由市场监管总局查处的，应当及时向市场监管总局报告。

第二十五条 反垄断执法机构经过对涉嫌滥用市场支配地位行为必要的调查，决定是否立案。

省级市场监管部门应当自立案之日起7个工作日内向市场监管总局备案。

第二十六条 市场监管总局在查处滥用市场支配地位行为时，可以委托省级市场监管部门进行调查。

省级市场监管部门在查处滥用市场支配地位行为时，可以委托下级市场监管部门进行调查。

受委托的市场监管部门在委托范围内，以委托机关的名义实施调查，不得再委托其他行政机关、组织或者个人进行调查。

第二十七条 省级市场监管部门查处涉嫌滥用市场支配地位行为时，可以根据需要商请相关省级市场监管部门协助调查，相关省级市场监管部门应当予以协助。

第三十四条 省级市场监管部门作出中止调查决定、终止调查决定或者行政处罚告知前，应当向市场监管总局报告。

省级市场监管部门向被调查经营者送达中止调查决定书、终止调查决定书或者行政处罚决定书后，应当在7个工作日内向市场监管总局备案。

第三十六条 市场监管总局应当加强对省级市场监管部门查处滥用市场支配地位行为的指导和监督，统一执法标准。

省级市场监管部门应当严格按照市场监管总局相关规定查处滥用市场支配地位行为。

3. 国家市场监督管理总局《制止滥用行政权力排除、限制竞争行为暂行规定》(2019)

第二条 国家市场监督管理总局（以下简称市场监管总局）负责滥用行政权力排除、限制竞争行为的反垄断执法工作。

市场监管总局根据反垄断法第10条第2款规定，授权各省、自治区、直辖市人民政府市场监督管理部门（以下统称省级市场监管部门）负责本行政区域内滥用行政权力排除、限制竞争行为的反垄断执法工作。

本规定所称反垄断执法机构包括市场监管总局和省级市场监管部门。

第三条 市场监管总局负责对下列滥用行政权力排除、限制竞争行为进行调查，提出依法处理的建议（以下简称查处）：

（一）在全国范围内有影响的；

（二）省级人民政府实施的；

（三）案情较为复杂或者市场监管总局认为有必要直接查处的。

前款所列的滥用行政权力排除、限制竞争行为，市场监管总局可以指定省级市场监管部门查处。

省级市场监管部门查处滥用行政权力排除、限制竞争行为时，发现不属于本部门查处范围，或者虽属于本部门查处范围，但有必要由市场监管总局查处的，应当及时向市场监管总局报告。

第十六条　市场监管总局在查处涉嫌滥用行政权力排除、限制竞争行为时，可以委托省级市场监管部门进行调查。

省级市场监管部门在查处涉嫌滥用行政权力排除、限制竞争行为时，可以委托下级市场监管部门进行调查。

受委托的市场监管部门在委托范围内，以委托机关的名义进行调查，不得再委托其他行政机关、组织或者个人进行调查。

第十七条　省级市场监管部门查处涉嫌滥用行政权力排除、限制竞争行为时，可以根据需要商请相关省级市场监管部门协助调查，相关省级市场监管部门应当予以协助。

第二十一条　省级市场监管部门在提出依法处理的建议或者结束调查前，应当向市场监管总局报告。提出依法处理的建议后 7 个工作日内，向市场监管总局备案。

反垄断执法机构认为构成滥用行政权力排除、限制竞争行为的，依法向社会公布。

第二十二条　市场监管总局应当加强对省级市场监管部门查处滥用行政权力排除、限制竞争行为的指导和监督，统一执法标准。

省级市场监管部门应当严格按照市场监管总局相关规定查处滥用行政权力排除、限制竞争行为。

4. 欧盟《第 1/2003 号条例》(2003)

第 22 条　成员国竞争机关的调查

(1) 为了查证是否存在违反条约第 81 条和第 82 条的行为，成员国竞争主管部门可以根据成员国法律在其本国领域内，代表另一个成员国竞争主管部门并为该部门实施检查或进行其他的事实搜集工作。对所收集的信息进行的任何交换和使用应当按照第 12 条的规定执行。

(2) 应委员会的要求，如果委员会认为根据第 20 (1) 条的规定有必要进行该调查，或者委员会根据第 20 (4) 条的规定作出决定而命令进行检查的话，成员国竞争主管部门应当实施检查。负责实施调查的成员国竞争主管部门的官员以及他们授权或指定的人员应当按照其国家的法律行使其权力。

如果委员会要求，或实施检查所在地的成员国竞争主管部门要求，委员会授权的官员以及其他陪同人员可以协助该主管部门的官员。

5. 德国《反对限制竞争法》(2017)

第 48 条　管辖权

(1) 竞争主管机构是联邦卡特尔局，联邦经济事务与能源部，以及依据各州法有管辖权的最高联邦州机关。

(2) 如果涉案行为的影响效果或限制性或歧视性行为的效果超越州的地域范围，除非本法的条款将特定事项的管辖权分配给特定的竞争机关，联邦卡特尔局应执行本法授权竞争机关的职责与权力。其他任何情况，依据州法有管辖权的最高联邦州机关应执行此类职责和权力。

(3) 联邦卡特尔局应监控透明程度，包括电力和汽油市场以及电力和汽油交易所的批发价格的透明程度，自由化的程度和有效性以及在批发和零售上的竞争程度。联邦卡特尔局应不延迟地从其监控活动中汇整的数据提供给联邦网络管理局。

第 49 条　联邦卡特尔局和最高联邦州机关

(1) 当联邦卡特尔局开启程序或进行调查，其应同时通知相关经营者注册地所在区域的最高联邦州机关。如果最高联邦州机关开启程序或进行调查，其应同时通知联邦卡特尔局。

(2) 如果依据第 48 (2) 条第 1 项联邦卡特尔局有管辖权，最高联邦州机关应将案件转交联邦卡特尔局。如果依据第 48 (2) 条第 2 项最高联邦州机关有管辖权，联邦卡特尔局应将案件转交最高联邦州机关。

(3) 在联邦卡特尔局的申请下，依据第 48 (2) 条第 2 项，最高联邦州机关可将不属于最高联邦州机关管辖的案件转交联邦卡特尔局，只要基于案件的情况（转交）是合适的。

(4) 在最高联邦州机关的申请下，依据第 48 (2) 条第 1 项，联邦卡特尔局可将不属于联邦卡特尔局管辖的案件转交给最高联邦州机关，只要基于案件的情况（转交）是合适的。经过转交，最高联邦州机关应成为有管辖权的竞争机关。在转交之前，联邦卡特尔局应通知相关的最高联邦州机关。如果相关最高联邦州机关在联邦卡特尔局确定时间段内拒绝转交，转交不会发生。

第八章　法律责任

一、垄断协议的法律责任

（一）现行条文

第四十六条　经营者违反本法规定，达成并实施垄断协议的，由反垄断执法机构责令停止违法行为，没收违法所得，并处上一年度销售额百分之一以上百分之十以下的罚款；尚未实施所达成的垄断协议的，可以处五十万元以下的罚款。

经营者主动向反垄断执法机构报告达成垄断协议的有关情况并提供重要证据的，反垄断执法机构可以酌情减轻或者免除对该经营者的处罚。

行业协会违反本法规定，组织本行业的经营者达成垄断协议的，反垄断执法机构可以处五十万元以下的罚款；情节严重的，社会团体登记管理机关可以依法撤销登记。

（二）修改建议

第六十三条　经营者违反本法规定，达成并实施垄断协议的，由反垄断执法机构责令停止违法行为，并处罚款。罚款数额为上一年度总销售额百分之十以下乘以违法行为实施期间；期间少于六个月的，以半年计；期间多于六个月但少于一年的，以一年计。违法行为实施超过三年的，按三年计算，从违法行为结束之日起向前追溯三年。对于上一年度销售额极低或没有销售额的经营者，可以处五千万元以下的罚款；尚未实施所达成的垄断协议的，可以处五百万元以下的罚款。

对达成垄断协议不能排除其责任的经营者的董事、监事、高级管理人员或主要负责人及直接负责人，可以处五百万元以下的罚款。

经营者有本法第十三条第一项、第三项、第四项、第六项所列行为之一，情节严重的，对其判处一千万元以下的罚金，并对直接负责的主管人员和其他直接责任人员，处三年以下有期徒刑或者拘役，并处或者单处一百万以下的罚金。

第六十四条 具有竞争关系的经营者达成垄断协议，参与的经营者主动向反垄断执法机构报告达成垄断协议的有关情况并提供重要证据的，反垄断执法机构可以酌情减轻或者免除处罚。

第一个主动报告达成垄断协议的有关情况并提供重要证据的，可以免除处罚或者按照不低于百分之八十的幅度减轻罚款；第二个主动报告达成垄断协议的有关情况并提供重要证据的，可以按照百分之三十至百分之六十的幅度减轻罚款；其他主动报告达成垄断协议的有关情况并提供重要证据的，可以按照不高于百分之四十的幅度减轻罚款。

前款适用对象的资格条件、重要证据的认定、减免处罚的具体规定以及其他程序性规范由国务院另行规定。

第六十五条 行业协会违反本法规定，组织本行业的经营者达成垄断协议的，反垄断执法机构可以处五百万元以下的罚款；情节严重的，社会团体登记管理机关可以依法撤销登记；对能够证明自身在垄断协议达成时明确表达异议或完全不知道垄断协议的存在，且没有实施该垄断协议的行业协会会员，可以减轻或者免除处罚。

（三）修改说明

本条是关于垄断协议的法律责任。

1. 经营者的法律责任

我们的修改建议包括：删除“没收违法所得”的规定，增加考虑违法行为的实施期间；去掉处罚比例幅度的下限，将罚款数额增加一个选择项，用于上一年度销售额极低或没有销售额的情况；提高对于“尚未实施的垄断协议”的处罚上限。

（1）“没收违法所得”面临的困境是如何计算违法所得的数额。一个竞争状态下可供参考的违法所得数额很难计算。欧盟的做法是用严苛的罚款来覆盖其中违法所得的部分。而对于实施垄断行为多年的经营者如果只对其处以“上一年度”销售额一定比例的罚款，显然力度不足，也很难起到预防和震慑违法行为的作用。

欧盟在《关于1/2003条例第23（2）（a）罚款计算方法的指南》中指出，“在确定罚款数额时，违法行为持续的期间也起到重大作用。持续期间必然对违法行为在市场上的潜在后果造成影响。因此，罚款应当反映企业参与违法行为的期间”。为了防止违法经营者因处罚过轻而获利，我们认为，以上一年度销售额的一定百分比对违法经营者进行处罚时，如果乘以一个违法期间，则可以起到替代“没收违法所得”的效果。日本在考虑到违法行为实施期间的同时，还规定了一个违法期间的计算上限（3年），用以防止罚款数额过大。如果违法行为实施期间超过3年，则为该行为结束之日起向前追溯3年的期间。日本还规定罚款的除斥期间为5年，即违法行为结束之日起5年以后，公正交易委员会不得再对违法行为人处以课征金。我们建议，我国《反垄断法》可以借鉴欧盟和日本的规定，在计算罚款数额时既考虑违法期限，又考虑设定一个3年的上限，来平衡过轻和过重的处罚。

（2）现行条文中按照“上一年度销售额1%以上10%以下的罚款”，看似比较确定，但实施起来却存在诸多障碍，很多问题有待明确。例如，“上一年度”自何时起算；“销售额”指什么范围的销售额，是全球范围、国内范围还是垄断协议波及的相关地域市场范围，是全部产品的销售额还是涉案产品的销售额；如果经营者在上一年度的销售额很少甚至为零，又该怎么办。从机构改革前国家发改委和国家工商总局的执法实践来看，对存在多个销售项目的企业进行处罚，执法机构采取的罚款计算依据多为“上一年度涉案产品”在国内的销售额。2016年6月17日，国务院反垄断委员会公布了《关于认定经营者垄断行为违法所得和确定罚款的指南》的征求意见稿，其中对“上一年度”和“销售额”给出了定义。根据该征求意见稿，“‘上一年度’通常指反垄断执法机构启动调查时的上一个会计年度。垄断行为在反垄断执法机构启动调查时已经停止的，‘上一年度’为垄断行为停止时的上一个会计年度。‘销售额’则以实施垄断行为的地域范围内涉案商品的销售收入作为依据，如果这个地域范围大于中国境内市场，一般以境内相关商品的销售收入为计算依据”。该指南最终未能公布。对“上一年度”和“销售额”的认定，还有待相关指南的出台加以明确。当违法企业上一年度销售额为零或极低时，则会导致罚款数额为零或极低，无法起到惩罚的作用。此时，“没收违法所得”有其存在的必要。然而依前述，“没收违法所得”在计算上存在困难，因此我们建议以销售额的一定比例乘以违法期间来计算罚款，以同时满足没收违法所得和罚款两项功能；对销售额的范围可以界定为全球范围，以确保反垄断执法机构的最高罚款上限为涉案企业全球销售额的10%。而在具体案件的处理上，可以借鉴英国"相关销售额"的做法，以涉案企业的相关销售额的30%为处罚上限。[1]对于上一年度销售额为零或极低的情况，我们建议，确定一个罚款的上限，由反垄断执法机构依据案件具体情况确定罚款数额。比如，依据《韩国规制垄断及公平交易法》第22条，"当销售额不存在时，可以命令其缴纳不超过20亿韩元的课征金"。关于"销售额1%以上10%以下"的比例限度，考虑到恢复竞争秩序的目的和更好地适应实际需求，我们认为，1%的处罚门槛，可以考虑删除。

（3）对尚未实施的垄断协议，现行法律给出的罚款上限为50万元，我们认为过低。基于我国当下的经济发展水平和能够实施垄断行为的经营者普遍具有的雄厚实力，50万元的罚款固定额度上限显得非常低微。而且，"尚未实施"并不否认经营者仍具有达成垄断协议的主观故意。因此，有必要提高经营者尚未实施垄断协议时的罚款额度，制定一个兼具预防性、威慑力且科学合理的限额。我们认为500万的罚款上限或许比较合适。

2. 增加对经营者的董事、监事、高管等主要负责人及其他直接责任人的处罚条款，并单独成一款

我国现行《反垄断法》实行的是单罚制，即对垄断行为承担相应法律责任的主体是经营者，通常表现为法人和非法人组织。而该经营者中主导企业决策、推动垄断协议达成的董事、高管等主要负责人及直接责任人，却不承担任何法律责任。由于实施垄断行为的企业多为具有相对经济垄断能力的大型企业或企业联盟，仅对经营者进行处罚而缺失主要责任人承担法律责任，直接影响了《反垄断法》的震慑力和实施效果。我们认为，为了预防和制裁经营者的主要负责人在高额的垄断利润诱惑下达成垄断协议，有必要引入双罚制，扩大责任主体范围，对实施垄断协议的经营者及其高管人员或直接参与的雇员等其他直接责任人同时处罚，提高《反垄断法》的惩罚力度和威慑力，促使主要负责人和其他责任人在行为决策之前更加谨慎。

3. 将宽大政策另起一条，列明主要规范

在反垄断法中规定宽大政策或宽恕制度，作为一种重要的调查工具，已经在美国、欧盟、加拿大等司法辖区形成了很好的实践经验，被证明用于打击卡特尔行为非常有效。宽大政策可以激励垄断协议的成员主动报告违法行为，从内部瓦解垄断联盟，提高反垄断执法机构的执法效率。宽大政策一般适用于严

---

[1] OFT's guidance as to the appropriate amount of a penalty, section 2.5

重的、蓄意的限制竞争行为，尤其是核心卡特尔和国际卡特尔，意在通过豁免举报者的法律责任来解决严重垄断行为发现难、调查难、取证难的问题。在美国，司法部出台了《公司宽大政策》和《个人宽大政策》，分别适用于参与垄断行为的经营者和其中的任何个人。宽大政策适用于需要提起刑事检控的反垄断案件，且只对第一个报告人有豁免效果，并同时要求报告人完全坦诚地报告违法行为和全面、持续的配合。相比之下，欧盟的宽大政策得益于巨额罚款的威慑。宽大政策分为全部豁免和部分豁免两种情形。全部豁免只适用于第一个报告人，部分豁免重在考察报告人提供的具有“重要附加值”的证据。

我国现行条文对宽大政策规定得过于原则，缺乏适用条件、减免幅度、减免程序等具体规定。国家工商总局和国家发改委都曾经出台宽大政策具体的操作细则。2018 年机构改革之后，国家市场监督管理总局颁布的《禁止垄断协议暂行规定》中规定的宽大政策只对前三名申请者适用：“对于第一个申请者，反垄断执法机构可以免除处罚或者按照不低于 80%的幅度减轻罚款；对于第二个申请者，可以按照 30%至 50%的幅度减轻罚款；对于第三个申请者，可以按照 20%至 30%的幅度减轻罚款。”这一规定，排除了第四名及以后的其他申请者，意在鼓励经营者尽早报告违法行为，申请宽大政策的适用。

值得注意的是，2019 年日本对宽大制度的适用作了重大修改。这次的修改主要考虑了过往的案件处理中，不配合调查的经营者增加、案件处理停滞不前以及在先顺序的申请人提供的证据并没有那么“重要”等现实问题。修改后的宽大制度仍然分为调查开始前和调查开始后两个阶段。对于调查开始前，第一名报告者，有权获得课徵金的全部免除；第二名报告者，有权获得课徵金 20%的免除；第三名至第五名的报告者，有权获得课徵金 10%的免除；第六名以后的报告者，有权获得课徵金 5%的免除。对于调查开始后的报告者，有权获得 5%~10%的课徵金免除。由此看到，这次修改将第一名报告者的全部免除，与其后所有报告人的免除比例明显拉开。对于第二名以后的报告者，更多地考虑了报告证据的重要性以及与调查机关的配合情况。对于调查开始前的第二名报告者，在 20%的基础上，依配合情况可再获得最多 40%的减免。第三名至第五名报告者，在 10%减免的基础上，依配合情况同样可获得最多 40%的减免。第六名以后的报告者，在 5%的减免基础上，依配合情况也可获得最多 40%的减免。而对于调查开始后的报告者，在原先 5%~10%减免的基础上，可再依配合情况最多获得 20%的减负。因此，日本的这次修改主要体现了对第一个报告者的重大鼓励，以及对其后报告者证据质量和配合情况的考量。

借鉴日本新近的合理性修改，我们认为，对于第一个申请者，仍然保持现有规定，即反垄断执法机构可以对其免除处罚或者按照不低于80%的幅度减轻罚款。对于已经充分配合并提供关键证据的第一个报告人应当给予免除处罚的决定。对第二个及其后申请者的减免比例适当拉大，以考虑证据质量和配合程度给予执法机关一定的裁量空间。同时，应当允许第四名以后的申请者适用宽大制度。另外，我们建议此次修改《反垄断法》，对于宽大制度的适用范围、适用主体以及不同顺序申请者的处罚力度由法律加以确认，而将申请受理需要满足的条件、如何认定重要证据以及其他程序性规定交由国务院反垄断委员会另行制定宽大政策适用指南加以细化。

4. 关于行业协会的法律责任

我们的修改建议包括：提高罚款上限；对行业协会单独规定、增加行业协会内部抵制型会员减免处罚的规定。

行业协会作为经营者的联合体，在信息交换、主导或协助经营者达成垄断协议方面更为便利，对竞争秩序的破坏也更容易实现。因此，各国均对行业协会的垄断行为加以规制。行业协会虽为非营利性组织，经费多源于成员的会员费，偿付能力有限。但是，随着我国经济发展水平的不断提高以及经营者经济实力的逐渐增强，我们认为，应当适当提高对行业协会的罚款限额。

对于情节严重的，现行《反垄断法》规定社会团体登记管理机关有权依法撤销登记。日本在其《禁止私人垄断与确保公正交易法》中赋予了公正交易委员会和法院的解散行业协会的权力。其第8条之二中规定，“公正交易委员会可以根据第八章第二节所规定的程序，责令事业者团体停止实施该行为、解散该团体及采取其他排除该行为所必要的措施”。第95条之四中还赋予了法院在判处行业协会承担刑事处罚的同时，将其解散的权力。由于我国的社会团体登记管理机关是民政部门，如果赋予反垄断执法机构解散行业协会的权力，会与民政部门的职权存在冲突或衔接问题，无法很好地实施。因此，我们不建议修改这项内容。

对协会会员的处罚应当依据现行第46条第1款对于经营者的处罚规定实施。但是，如果行业协会会员可以证明其在反垄断执法机构调查前根本不知道垄断协议的存在，或者明确抵制过或反对垄断协议，且没有实施过垄断协议。那么，将其与行业协会和积极参与实施垄断协议的成员一概而论，则有失公平。因此，我们认为，该类会员如果可以证明自身在垄断协议达成时明确表达异议，或完全不知道垄断协议的存在，且没有实施该垄断协议，则可以酌情减轻或者免除处罚。

5. 引入刑事责任

刑事责任是法律责任中最为严厉的一种，它以剥夺组织财产、个体人身自由或财产为内容，威慑力较民事和行政责任更强，不仅具有最大的惩罚性，而且对遏制犯罪行为有着最强的阻吓作用。我国《反垄断法》针对反垄断执法机构调查执法中拒绝、阻碍调查行为，以及反垄断执法机构的渎职行为规定了刑事责任，但没有针对垄断行为规定刑事责任条款。一般认为，强制交易和串通投标行为属于垄断行为，因此，《刑法》上关于扰乱市场秩序罪中的强制交易罪和串通投标罪属于《反垄断法》规范意义上的刑事责任。

对于是否应当针对垄断行为在《反垄断法》中规定刑事责任，各国理论和实践有不同的认识。判断垄断协议是否具有"应刑罚性"，一般需要综合考察该违法行为所破坏之法益的价值与程度、违法行为的危险性、违法行为人主观上的可责性以及刑罚的不可避免性等。大多垄断行为都不具备刑法上的"应刑罚性"，但对固定价格、划定市场等核心卡特尔行为，因为其对竞争秩序的危害严重，主观恶性强，有相当一部分学者主张对其规定刑事责任。从立法例来看，域外包括美国、加拿大、日本、韩国、爱尔兰、奥地利、以色列、挪威、俄罗斯等十几个国家和地区也都规定了对个人和企业的双重刑事责任。另有四个国家仅对个人规定了刑事责任，分别是英国、希腊、瑞士和法国。相比较而言，德国的《反对限制竞争法》并没有规定刑事责任，而在其 1997 年颁布的《反腐败法》中增加了"反竞争的犯罪行为"，规定了贿赂罪和串通投标罪。欧盟的反垄断法制裁体系中也没有规定刑事制裁措施，主要依赖高额的罚款来制裁违法行为。

我们认为，严重破坏市场经济秩序、损害国家利益和社会公共利益的垄断行为具有"应刑罚性"。我国的《反垄断法》应当增加刑事责任以强化其执法力度和预防功能。同时，一个强有力的制裁威胁也是宽大政策顺利实施的保障。但是，出于慎刑原则的考虑，在适用范围上，应以适用本身违法原则的核心卡特尔（固定价格、限定产量、划分市场等）为规范对象，这也是规定刑事责任国家的普遍做法。对于滥用市场支配地位行为的刑事责任，虽然有些国家或地区做了相应的规定，但是在实践中几乎没有动用。

我们建议与我国《刑法》中单位犯罪的处罚模式相衔接，同时对"直接负责的主管人员和其他直接责任人员”判处刑罚。[1]确立单位犯罪“双罚制”的主要原因在于，单位本身没有自主意识，单位犯罪是由其直接负责的主管人员和其他直接责任人员的意识所主导的。如果只对单位判处罚金，主导单位犯罪的直接负责的主管人员和其他直接责任人员并没有任何损失，刑罚对他们构不成威慑。防止单位犯罪的根本还在于防止直接负责的主管人员和其他直接责任人员主导犯罪。此外，根据我国现行《刑法》中关于破坏市场经济秩序罪的规定，对单位的直接负责的主管人员和其他直接责任人员的制裁方式以罚金和短期自由刑为主。其中，自由刑为 3 年以下有期徒刑或拘役。与罚金所带来的财产损失相比，自由刑所带来的人身自由受限更能让相关责任人员感受到切肤之痛。考虑到个人罚金与公司罚金的数额差别，我们建议，公司直接负责的主管人员和其他直接责任人员主导公司实施核心卡特尔行为的，应处 3 年以下有期徒刑或者拘役，并处或者单处 100 万以下的罚金。

（四）相关立法或规定

1. 美国《谢尔曼法》(1890)

第 1 条　任何限制州际间或与外国之间的贸易或商业的契约，以托拉斯形式或其它形式的联合，或共谋，都是非法的。任何人签订上述契约或从事上述联合或共谋，将构成重罪。如果参与人是公司，将处以不超过 1 亿美元的罚款。如果参与人是个人，将处以不超过 100 万美元的罚款，或 10 年以下监禁。或由法院酌情并用两种处罚。

第 2 条　任何人垄断或企图垄断，或与他人联合、共谋垄断州际间或与外国间的商业和贸易，将构成重罪。如果参与人是公司，将处以不超过 1 亿美元的罚款；如果参与人是个人，将处以不超过 100 万美元的罚款，或 10 年以下监禁。也可由法院酌情并用两种处罚。

第 3 条　任何契约、以托拉斯形式或其他形式的联合、共谋、用来限制美国准州内、哥伦比亚区内，准州之间、准州与各州之间、准州与哥伦比亚区之间，哥伦比亚区同各州间，准州、州、哥伦比亚区与外国间的贸易或商业是非法的。任何人签订上述契约或从事上述联合或共谋，是严重犯罪。如果参与人是公司，将处以不超过 1 亿美元的罚款；如果参与人是个人，将处以 100 万美元

---

[1] 《刑法》第 31 条规定：“单位犯罪的，对单位判处罚金，并对其直接负责的主管人员和其他直接责任人员判处刑罚。本法分则和其他法律另有规定的，依照规定。”

以下的罚款，或10年以下监禁，或由法院酌情两种处罚并用。

2. 美国司法部《公司宽大政策》（Corporate Leniency Policy）（1993）

A. 调查开始前的宽大政策

公司如果在调查开始前报告非法行为，并满足下列六项条件，可以获得宽大政策：

（1）公司主动报告其非法行为时，反垄断局还没有从其他任何渠道得到关于公司非法行为的信息；

（2）该公司发现其报告的非法行为后，及时采取了有效的措施停止其非法行为；

（3）在反垄断局的整个调查过程中，公司能够完全坦率地报告其非法行为，并完全、持续和全面地配合；

（4）报告的违法行为确实是公司的行为而不是任何经理或职员的个人行为；

（5）如果可能，公司应当赔偿受害方的损失；

（6）公司没有强迫其他公司参加非法行为，并且明显不是非法活动中的领导者或创始人。

B. 宽大政策的替代要求

如果公司报告违法行为没有同时满足上述A部分的六个条件，而满足下述七个条件的，无论是在调查开始之前还是之后，仍可适用宽大政策：

（1）公司是第一个报告并有资格获得所报告违法行为的宽大政策；

（2）在公司报告时反垄断局尚未获得证明该公司很可能定罪的证据；

（3）该公司发现其报告的非法行为后，及时采取了有效措施停止参与非法行为；

（4）公司能够完全坦率地报告其非法行为，并完全、持续和全面地配合，推动了反垄断局的调查；

（5）报告的违法行为确实是公司的行为而不是任何经理或职员的个人行为；

（6）如果可能，公司应当赔偿受害方的损失；

（7）考虑到违法行为的性质，主动报告公司在其中的角色以及报告的时间，反垄断局适用宽大政策不会对其他经营者造成不公平。

3. 欧盟《第1/2003号条例》（2003）

第23条　罚款

（2）委员会可以通过决定对企业或企业协会处以罚款，如果企业或企业协会故意或过失地从事了下列行为：……（a）它们违反了条约第81条和第82

条；……

对于每一个参与违法的企业或企业协会，对其处以的罚款额不应超过其前一营业年度总营业额的10%。

如果企业协会的违法行为与其成员的活动有关，对其所处的罚款额不应超过受该协会违法行为影响的市场上活动的每一个成员的总营业额之和10%。

(3) 在确定罚款额度时，应当同时考虑到违法行为的严重性和持续时间。

(4) 在考虑到企业协会成员的营业额后对企业协会处以罚款，但该企业协会没有支付能力时，企业协会有义务从其成员那里收集款项，以支付罚款。

如果该款项没有在委员会规定的期限内支付给企业协会，委员会可以直接要求任何成员企业支付该罚款，如果该成员企业的代表是企业协会决策机构的成员。

在委员会根据上述第2小段的规定要求企业支付罚款后，为了确保全额支付罚款，委员会还可以要求任何在发生违法行为的市场活跃的成员企业支付罚款的余额。

但是，委员会不应要求上述第2和第3小段项下的企业支付罚款，如果该企业可以证明它们没有实施企业协会的违法决定，并且，在委员会开始调查案件之前，该企业不知道该违法决定的存在，或是已经积极地与该违法决定保持距离。

对于支付罚款，每个企业承担的金额，不应超过其前一个营业年度总营业额的10%。

(5) 根据第1款和第2款作出的决定不应具有刑法性质。

4. 欧盟委员会《关于1/2003条例第23（2）（a）条罚款计算方法的指南》(2006)[1]

(24) 为了充分考虑每个企业参与违法行为的持续时间，罚款总额为销售价值（见上文第20~23段）乘以参与违法行为的年限。期间不足六个月的，以半年计；期间多于六个月但少于一年的，以一年计。

5. 日本《禁止私人垄断及确保公正交易法》(2013)

第7-2条 (1) 事业者在含有不正当交易限制或属于不正当交易限制事项内容的国际协定或国际合同中，实施以下各项所列行为时，公正交易委员会应

---

[1] 全称是“Guidelines on the method of setting fines imposed pursuant to Article 23（2）（a）of Regulation No 1/2003”。

根据第八章第二节所规定的程序，责令该事业者，就该行为的事业活动实行之日起到该行为实施活动结束之日的期间（若该期间超过三年，则为该行为的事业活动结束之日起向前追溯三年的期间。以下简称实施期间），依政令就该商品或服务所规定的方法计算出的销售额（该行为与接受商品或服务的供应相关时，为依政令就该商品或服务所规定的方法计算出的购买金额）乘以百分之十（零售业为百分之三、批发业为百分之二。）得出金额的相当数额作为罚款，上缴国库。但当该数额不足一百万日元时，不得责令其缴纳。

（i）与商品或服务价格有关的；

（ii）关于商品或者服务，通过对以下任何一项实施实质性限制，以致对价格造成影响的

（a）供应量或购买量；

（b）市场占有率；

（c）交易对方。

第 89 条　（1）对符合下列各项之一者，处以五年以下徒刑或五百万日元以下的罚金。（i）违反第三条的规定，实施私人垄断或不正当交易限制的；（ii）违反第八条第一项的规定，在任何特定交易领域实质性地限制竞争的。

（2）实施前款犯罪的未遂将受到处罚。

6. 欧盟《关于减免卡特尔案件中罚款的通知》（2006）[1]

（8）第一个提交其参与卡特尔违法行为的企业，委员会将豁免其应该被处以的全部罚款，如果其提供的证据在委员会看来，可以：

（a）对被指控的卡特尔进行有针对性的调查；或者

（b）认定被指控的卡特尔行为违反欧共体第 81 条。

（23）企业披露其参与影响共同体的卡特尔行为，如果不符合上述第 II 部分规定的条件，仍可以获得减免处罚的资格。

（24）为了获得该资格，企业必须向委员会提供相对于委员会已经掌握的证据具有“重大附加值”的侵权证据，并且必须同时满足上述第（12）（a）至（12）（c）点中的所有条件。

（26）委员会将在行政程序结束时作出最后决定，确定一个企业减免罚款的程度。对于：

— 第一个提供重大附加值的企业：减免 30%~50%

---

〔1〕 全称是“Commission Notice on Immunity from fines and reduction of fines in cartel cases”。

— 第二个提供重大附加值的企业：减免 20%~30%

— 随后重大附加值的企业：最多减免 20%。

为了确定这些范围内的减少程度，委员会将考虑符合第 24 段所述条件的证据提交时间及其增值的程度。

（五）典型案件

1. 奶粉案

国家发改委于 2013 年 8 月 7 日公布了对 9 家乳粉生产企业的调查结果。依据《反垄断法》第 46 条规定，国家发改委对合生元、美赞臣等 6 家奶粉企业的价格垄断行为进行处罚，罚款共计 6.6873 亿元。国家发改委根据涉案企业的违法行为性质、配合调查情况及整改情况对涉案的 9 家企业进行了不同程度的处罚，其中 6 家企业被处以不同比例的罚款，3 家企业因主动报告、提供重要证据及主动整改而被免罚。各企业被罚及免罚的具体情况如下：

表 8-1 合生元等企业被处罚情况

奶粉企业	罚款金额（人民币）	罚款比例	罚款考虑因素
合生元	1.629 亿	6%	违法行为严重、不积极主动整改
美赞臣	2.0376 亿	4%	不主动配合调查、但积极整改
多美滋	1.7199 亿	3%	配合调查、主动整改
雅培	0.7734 亿	3%	配合调查、主动整改
富仕兰	0.4827 亿	3%	配合调查、主动整改
恒天然	0.0447 亿	3%	配合调查、主动整改
惠氏	免罚	/	主动报告、提供重要证据、主动整改
贝因美	免罚	/	主动报告、提供重要证据、主动整改
明治	免罚	/	主动报告、提供重要证据、主动整改
总计	6.6873 亿		

2. 上海黄金饰品案

2013 年 8 月，按照国家发改委价监局要求，上海市物价局对上海黄金饰品行业协会及部分金店的价格垄断行为作出了处罚决定。依据《反垄断法》第 46 条对行业协会处以最高 50 万元罚款，对五家金店处以上一年度相关销售额 1% 的罚款，共计人民币 1009.37 万元。

经查实，上海黄金饰品行业协会分别于 2007 年 7 月、2009 年 1 月、2009 年 10 月、2010 年 2 月、2011 年 11 月 21 日多次组织具有竞争关系的会员单位商议制定《上海黄金饰品行业黄金、铂金饰品价格自律实施细则》，约定了黄金、铂金饰品零售价格的测算方式、测算公式，核定价格浮动幅度。执法人员依照《价格自律细则》中规定的测算公式以浮动范围制作了某商品测算价格及浮动范围表，经测算对比，老凤祥银楼、老庙、亚一、城隍珠宝、天宝龙凤五家金店的黄金、铂金饰品零售牌价全部落在测算公式规定的浮动范围内，并且调价时间、调价幅度以及牌价高度一致。五家金店操纵了黄、铂金饰品价格，损害了其他经营者和消费者的合法权益。

二、滥用市场支配地位、相对优势地位的法律责任

（一）现行条文

第四十七条　经营者违反本法规定，滥用市场支配地位的，由反垄断执法机构责令停止违法行为，没收违法所得，并处上一年度销售额百分之一以上百分之十以下的罚款。

（二）修改建议

第六十六条　经营者违反本法规定，滥用市场支配地位、相对优势地位的，由反垄断执法机构责令停止违法行为，并处罚款。罚款数额为上一年度总销售额百分之十以下乘以违法行为实施期间；期间少于六个月的，以半年计；期间多于六个月但少于一年的，以一年计。违法行为实施超过三年的，按三年计算，从违法行为结束之日起向前追溯三年。对于上一年度销售额极低或没有销售额的经营者，可以处五千万元以下的罚款。

（三）修改说明

本条的修改思路和现行《反垄断法》第46条的修改思路一致。

（四）相关立法或规定

日本《禁止私人垄断及确保公正交易法》（2013）

第7-2条 （2）前款规定适用于事业者在私人垄断（仅限于通过支配其他事业者的事业活动而实施的）中，对该其他事业者（以下在本款中称为“被支配事业者”）供应的商品或服务实施以下任何一项行为的。此时，前款中“依政令就该商品或服务所规定的方法计算出的销售额（该行为与接受商品或服务的供应相关时，为依政令就该商品或服务所规定的方法计算出的购买金额）”应被替换为“依政令所规定的方法计算出的该事业者向被支配事业者供应的该商品或服务（包括该被支配事业者在与该行为相关的一定的交易领域供应该商品或服务所需的商品或服务）以及该事业者在该一定交易领域供应的该商品或服务（供应给该被支配事业者的除外）的销售额”；“（零售业为百分之三、批发业为百分之二）”应被替换为“（该事业者经营零售业时为百分之三，经营批发业时为百分之二）”。

（i）与价格相关的；

（ii）通过对以下任何一项实施实质性限制，对价格造成影响的。

（a）供应量；

（b）市场占有率；

（c）交易对方。

（五）典型案件

1. 欧盟委员会对AKZO掠夺性定价的处罚

ECS是英国一家生产有机过氧化物的小企业，它准备将其活动领域扩大到以有机过氧化物为原料的合成塑料市场。AKZO是一个在欧洲有机过氧化物市场上占支配地位的企业。AKZO要求ECS退出合成塑料市场，并且威胁它将在粉末添加剂市场上采取报复措施。随后，AKZO向ECS的用户以低于成本的价格提供产品，目的是将ECS从粉末添加剂市场上排挤出去。1982年6月ECS向欧共体委员会提交申请，指控AKZO违反《欧共体条约》第86条，滥用其在有机过氧化物原料市场上的支配地位，在英国和爱尔兰的粉末添加剂实施有选择性的，低于成本的价格以排挤 ECS。ECS 表示该行为自 1979 年初开始，持续了 3 年多。1985 年 12 月欧共体委员会对 AKZO 作出处罚，认定其损害竞争对手 ECS 的行为成立，责令 AKZO 停止侵权行为，并支付 1000 万欧元的罚款。AKZO 不服，上诉至欧共体法院。1991 年 7 月，欧共体法院认可了欧洲委员会对 AKZO 一案掠夺性定价的裁决，并最终裁判 AKZO 支付 750 万欧元的罚款。[1]

2. 辽宁省烟草公司抚顺市公司滥用市场支配地位案

经国家工商行政管理总局授权，辽宁省工商行政管理局于 2014 年 6 月对辽宁省烟草公司抚顺市公司涉嫌滥用市场支配地位行为立案调查，于 2015 年 6 月对涉案当事人下达了行政处罚决定。辽宁省烟草公司抚顺市公司因滥用市场支配地位行为违反了《反垄断法》，被该局责令停止违法行为，并处罚款 4334498 元。

据调查，当事人辽宁省烟草公司抚顺市公司是抚顺市行政区域内唯一一家由国务院烟草专卖行政主管部门批准，并经工商行政管理部门核准登记的具备从事卷烟批发业务主体资格的企业。由于烟草专卖法律法规的约束，当地烟草零售商只能从当事人处进货，其经营活动对当事人具有绝对的依赖性。本案的相关市场是抚顺市行政区域范围内的卷烟批发市场，当事人在相关市场内具有独占地位，具有绝对的市场控制力。因此，根据《反垄断法》第 18 条、第 19 条关于经营者市场支配地位的规定，认定当事人在相关市场内具有市场支配地位。

辽宁省工商行政管理局对辽宁省烟草公司抚顺市公司实施反垄断调查后认定，当事人以紧俏品牌卷烟的可订购数量为资源，按比例与某些特定品牌卷烟订购数量捆绑销售的行为，违反了《反垄断法》第 17 条第 1 款第 5 项“禁止具有市场支配地位的经营者从事下列滥用市场支配地位的行为：……⑤没有正当理由搭售商品，或者在交易时附加其他不合理的交易条件……”的规定，构成了滥用市场支配地位的行为。当事人的行为具有反竞争性，但考虑到当事人在反垄断调查期间能够自查整改，积极消除影响，依据《反垄断法》第 47 条“经营者违反本法规定，滥用市场支配地位的，由反垄断执法机构责令停止违法行为，没收违法所得，并处上一年度销售额 1%以上 10%以下的罚款”之规定，以及《行政处罚法》和《国家工商行政管理总局关于工商行政管理机关正确行使行政处罚自由裁量权的指导意见》的相关规定，责令当事人停止违法行为，并

[1] Case C-62/86 AKZO Chemie BV vs. Commission of the European Communities, 1991, ECR I-3359.

处以上一年度（2013 年度）捆绑销售卷烟销售额 1% 的罚款，即罚款 4334498 元。

三、违反经营者集中规定的法律责任

（一）现行条文

第四十八条　经营者违反本法规定实施集中的，由国务院反垄断执法机构责令停止实施集中、限期处分股份或者资产、限期转让营业以及采取其他必要措施恢复到集中前的状态，可以处五十万元以下的罚款。

（二）修改建议

第六十七条　经营者违反本法规定违反附加限制性条件的或者实施集中的，由国务院反垄断执法机构责令继续履行附加的限制性条件、停止实施集中、限期处分股份或者资产、限期转让营业以及采取其他必要措施恢复到集中前的状态，可以处上一年度营业收入百分之十以下的罚款。

经营者或者其实际控制人、控股股东、董事、监事、高级管理人员或者合伙人等，违反本法规定不履行经营者集中申报义务，或者不遵守审查期限内提供特定文件、材料的要求，或者违反附加的限制性条件的，国务院反垄断执法机构可以对其处每日五万元以上十万元以下的罚款。

（三）修改说明

本条是关于经营者集中法律责任的规定。目前我国对违反《反垄断法》实施集中的经营者的处罚存在畸轻畸重两种类型。前者如停止实施集中、限期处分股份或者资产、限期转让营业以及采取其他必要措施恢复到集中前的状态，后者如处 50 万元以下的罚款，这样的规定妨碍了国务院反垄断执法机构的日常执法，也不利于经营者对法律的遵守。有鉴于此，我们建议引入更多的处分方式，并对违反附加限制性条件的情形给予规定。我们建议对违法实施的经营者集中和违反附加限制性条件的处罚方式有四种，分别是：责令继续履行附加的限制性条件；责令停止实施集中；责令剥离企业股份、财产份额或者资产；行政罚款。

此外，鉴于《反垄断法》对经营者或者其实际控制人、控股股东、董事、监事、高级管理人员或者合伙人等违反《反垄断法》的行为没有作任何规定，我们建议增加相关内容，并引入日罚金制度。根据我国《公司法》和《合伙企业法》，对企业经营决策有影响的当事人包括：合伙人、控股股东、实际控制人、董事、监事、高级管理人员等。

需要指出的是，美国法中也有类似规定。根据《HSR法案》，反托拉斯执行机构可以提起民事诉讼，要求法院对任何没有遵守该法案的当事人处以每天高达1.1万美元的民事处罚，不论当事人是美国国内公司，还是外国公司。除了金钱赔偿，美国法院也可以采取衡平救济，包括撤销合并交易或者要求交易当事人交出从非法合并中取得的利润。对没有申报的合并，反托拉斯执行机构可以审查不同的出版物，并通过当事人的竞争对手、客户和其他行业消息来源获得信息。在实施《HSR法案》时，反托拉斯执法机构是不遗余力的，特别是在合并没有理由免除申报或者合并被当事人精心策划规避申报时。1999年反托拉斯执法机构首次提起民事诉讼要求法院对公司高层管理人员处以民事处罚。在该案中，反托拉斯机构认为，该管理人员应该清楚他证明的合并前申请报告表是不准确的。2004年世界首富比尔·盖茨的私人投资公司由于在收购ICOS公司5000万美元以上表决权股的过程中没有根据《HSR法案》提出申报，因此他本人接受了80万美元的罚款。尽管盖茨主张投资例外豁免，但是由于他本人就是ICOS公司的一名董事，且参与了公司日常基本的商业决策，因此没有获得支持。

（四）相关立法或规定

1. 欧盟《第139/2004号合并控制条例》（2004）

第14条　罚款

（1）第3（1）b条涵盖的人、企业或企业协会有以下行为时，委员会可作出决定，对其处以不超过第5条规定的企业或企业协会总营业额1%的罚款，不管其行为是故意还是过失：

（a）他们在第4条、第10（5）条或第22（3）条中提到的呈递书、证明书、申报书或其他补充材料中提供错误或误导性信息；

（b）在对第11（2）条中提及的请求进行答复时，他们提供错误或误导性信息；

（c）在对根据第11（3）条作出的决定中规定的请求进行答复时，他们提供错误的、不完整的或误导性信息，或在规定的时间期限内未提供信息；

（d）在根据第13条规定进行检查期间，他们提供不完整的与该企业有关的账目及记录，或拒绝服从委员会根据第13（4）条规定决定进行的调查。

（e）在按照第13（2）（e）条的规定进行询问时，

——他们给予错误或误导性答复，

——在委员会规定的时间期限内，他们未能纠正工作人员所给予的错误的、不完整的或误导性的答复，或者

——他们未能或拒绝提供与检查的主题事项和目的相关的事实的完整答复，而该调查是根据第13（4）条中说明的决定而进行的；

（f）由委员会官员或委员会授权的陪同人员根据第13（2）（d）条规定所贴封条被损毁。

（2）如果第3（1）（b）条中说明的人或相关企业故意或过失地做出以下行为，委员会可作出决定，对其处以不超过第5条规定的总营业额的10%的罚款：

（a）在实施企业集中前，未能根据第4条或第22（3）条规定进行申报，除非他们的这种做法得到第7（2）条的明确授权或得到根据第7（3）条所作出决定的明确授权；

（b）违反第7条规定实施企业集中；

（c）根据第8（3）条作出的决定宣布集中与共同市场不相容，但仍然实施了该企业集中，或不遵守第8（4）或（5）条决定要求的措施；

（d）未能遵守根据第6（1）（b）条、第7（3）条或第8（2）条第二小段做好的决定中规定的一个条件或一种义务。

（3）在确定罚款数额时，应将这些行为的本质、严重程度及持续时间考虑在内。

（4）根据本条第1款、第2款和第3款作出的决定不具刑法性质。

第15条　定期罚款

（1）委员会可作出决定，对第3（1）（b）条中说明的人员及企业或企业协会每拖延一天，处以不超过企业或企业协会日平均营业总额5%的罚款，营业总额的概念在第5条中有规定，计算时间从决定指定日期算起，目的是为了迫使他们：

（a）提供依照第11（3）条作出的决定所要求的完整正确的信息；

（b）服从依照第13（4）条作出的决定所要求的检查；

（c）遵守根据第6（1）（b）第、第7（3）条或第8（2）条第二小段作出的决定所施加的义务；或者

（d）遵守依照第8（4）或（5）条作出的决定所规定的措施。

(2) 如果第3(1)(b)条中说明的人员、企业或企业协会履行了定期罚款处罚针对的义务时，委员会可确定一个低于原决定中数额的最终定期罚款数额。

2. 美国《克莱顿法》(1914年颁布，1950年、1976年、1980年修订)

第7A条　任何企业或者其管理人员、董事、合伙人等，不遵守本规定，对其违反该法的行为处以每日1万美元以下的民事处罚，该处罚可以由民事诉讼的方式取得。任何企业或其管理人员、董事、合伙人等，若不遵守本法有关合并申报规定，或不遵守有关等待期内提供特定信息和文件性材料的要求，以及在该法规定的延长等待期后存在违法行为的，美国地区法院在联邦贸易委员会或者司法部助理提出起诉后，可以：命令违法企业服从法律规定；延长等待期；其他方式的救济。

（五）典型案件：安博凯直接投资基金JC第四有限合伙（以下简称安博凯）收购上海思妍丽实业股份有限公司（以下简称是妍丽）实施经营者集中未依法申报案

安博凯是一家投资公司，于2017年在开曼群岛注册成立，专注于北亚地区投资，投资涉及电信、媒体、金融服务、制造业、消费者、零售等行业。思妍丽是一家美容连锁企业，于2009年在上海市注册成立，股权分散，无最终控制人，主要提供生活美容服务和医疗美容服务。2018年12月28日，安博凯和思妍丽、思妍丽原股东等签订《股权转让协议》，收购思妍丽23.53%的股权。2019年1月2日，思妍丽完成变更登记。在此期间，安博凯收购思妍丽并取得控制权没有按照《反垄断法》履行经营者集中申报程序。2019年6月28日，国家市场监管总局反垄断局对该交易发起调查并最终作出结论，该交易属于《反垄断法》第20条规定的经营者集中，但该项经营者集中不会产生排除、限制竞争的效果。据此，反垄断局根据《反垄断法》第48条、第49条和《未依法申报经营者集中调查处理暂行办法》第13条规定，对安博凯处以人民币罚款35万元的行政处罚。

四、罚款数额的考虑因素、日罚款

（一）现行条文

第四十九条　对本法第四十六条、第四十七条、第四十八条规定的罚款，反垄断执法机构确定具体罚款数额时，应当考虑违法行为的性质、程度和持续的时间等因素。

（二）修改建议

第六十八条　对本法第六十三条、第六十五条、第六十六条、第六十七条规定的罚款，反垄断执法机构确定具体罚款数额时，应当考虑违法行为的性质、程度和持续的时间等因素。

经营者违反本法规定，受到行政处罚，拒不执行的，反垄断执法机构可以自改正期限届满的次日起，对其每日加处不超过上一年度平均日销售额百分之五的罚款。

（三）修改说明

增加第2款“定期罚款”的规定。

原条文是为反垄断执法机构在对违反本法规定的各种垄断行为，即垄断协议、滥用市场支配地位和违法实行经营者集中进行罚款时，提供自由裁量的考量因素，使得罚款的额度能够与违法行为的危害程度相适应，应当保留。2016年，国务院反垄断委员会公布的《关于认定经营者垄断行为违法所得和确定罚款的指南》征求意见稿曾就“性质”、“程度”以及“持续时间”对罚款数额的影响作了具体的规定，有利于更好地实施该条款。该指南尚未公布。

为了催促企业或企业协会履行罚款义务，欧盟和一些司法地区的反垄断法规定了额外的罚款。这种罚款可以翻译为“定期罚款”。国内学者多用“日罚款”的称谓，以表达每日加罚的意思，具有滞纳金的性质。欧盟《1/2003条例》第24条规定，委员会可以对逾期未能履行义务的企业或企业协会，每天加罚不超过企业上一个营业年度平均日销售额5%的罚款。我国《环境保护法》第59条规定，企业事业单位和其他生产经营者违法排放污染物，受到罚款处罚，被责令改正，拒不改正的，依法作出处罚决定的行政机关可以自责令改正之日的次日起，按照原处罚数额按日连续处罚。《行政处罚法》第51条规定，当事人逾期不履行行政处罚决定的，作出行政处罚决定的行政机关可以采取如下措施：到期不缴纳罚款的，每日按罚款数额的3%加处罚款。我国目前的反垄断案件中，反垄断执法机构在行政处罚决定作出后，可以适用《行政处罚法》的规定对拒不执行行政处罚的经营者按日加罚罚款数额的3%。然而，有些司法辖区并不是按日加罚，而是按次加罚。另外，我们看到，欧盟的定期罚款的基数是

“上一个营业年度平均日销售额”的一定百分比，而有些司法辖区的规定是固定数额区间。我们认为，欧盟的做法适用的灵活性更大、处罚的力度更强，可以更好地起到催促违法企业尽早履行罚款义务的作用。因此，我们主张借鉴欧盟的日罚款制度，对怠慢执行的经营者适用动态增长的处罚，以最大限度的制止和威慑违法行为。而对于行业协会和高管人员个人处罚的加罚制度，仍然可以适用《行政处罚法》的滞纳金制度。

（四）相关立法或规定

欧盟《第1/2003号条例》

第23条　罚款

（3）在确定罚款额度时，应当同时考虑到违法行为的严重性和持续时间。

第24条　定期罚款

（1）委员会可以通过决定，对企业或企业协会处以定期罚款。罚款金额每天不超过企业上一个营业年度平均日销售额的5%，自决定指定的日期开始计算。该罚款的目的是为了促使这些企业或企业协会：（a）按照第7条所作出的决定，终止违反条约第81条和第82条规定的行为；（b）按照第8条履行临时措施的决定；履行按照第9条做出的保证义务；（d）根据第17或18条（3）的决定提供完整和证据的信息；（e）根据第20条（4）所做的决定，接受调查。

（2）如果企业或企业协会已经履行了定期罚款所要执行的义务，则委员会可以固定下来定期罚款的数额，该数额可以低于按照原来决定所应支付的罚款数额。第23（4）则相应地适用。

（五）典型案件：微软案

2004年3月，欧盟对微软处以创纪录的4.97亿欧元（6.13亿美元）罚款，同时命令微软向竞争对手提供完整准确的交互性信息，以便他们的软件能够与Windows操作系统兼容，并“在合理和非歧视性的条款下”授权许可信息的使用。2006年7月，欧盟委员会对微软罚款2.805亿欧元，约合4.24亿美元，原因是微软未能遵守与向竞争对手提供完整准确的互操作性协议信息有关的其他两项制裁措施。2008年，欧盟再次对微软处以创纪录的8.99亿欧元（合13.5亿美元）罚款，原因是微软未能遵守制裁措施。这项罚款特别针对微软为其交互操作性协议和专利许可设定的定价结构。此次罚款是欧盟有史以来对单一公司征收的最大罚款。在这场旷日持久的反垄断纠纷中，欧洲竞争主管机关总共对微软处以约25亿美元的罚款。[1]

五、垄断行为的民事责任

（一）现行条文

第五十条　经营者实施垄断行为，给他人造成损失的，依法承担民事责任。

（二）修改建议

第六十九条　经营者实施垄断行为，给他人造成损失的，依法承担民事责任。

因本法所禁止的垄断行为而受到损失的自然人、法人和非法人组织，可以向人民法院提起诉讼，并有权要求损失额三倍的赔偿。对侵害消费者合法权益的垄断行为，中国消费者协会以及在省、自治区、直辖市设立的消费者协会，可以向人民法院提起诉讼。

（三）修改说明

增加反垄断惩罚性赔偿和民事公益诉讼的规定。

《反垄断法》上的民事责任制度是制裁和预防垄断行为的最终保障。民事责任制度的实现需要民事诉讼制度的配合。然而，《反垄断法》自2008年8月1日起施行至今，民事诉讼的实施效果并不理想。这与《反垄断法》上的私人实施机制不健全直接相关。本条的修改主要包括引入惩罚性赔偿制度和民事公益诉讼制度，完善反垄断私人实施的激励机制。

第一，“赔偿损失”是《反垄断法》中制止垄断行为最主要的民事责任形式。关于赔偿标准，《反垄断法》第50条没有给出具体的规定。民事赔偿责任在实际审判中多推定为补偿性赔偿责任。欧盟违反竞争法的损害赔偿指令（Directive 2014/104/EU）也规定了完全补偿的原则。我们认为，由于垄断行为的秘密性，发现的困难性，以及对受害者造成损害的广泛性、不确定性和复杂性，补偿性赔偿责任并不足以阻遏、威慑垄断行为。以美国的反垄断法为例，除了

---

〔1〕 Mike Ricciuti, *EU slaps Microsoft with $1.35 billion fine*, March 6, 2008 , https://www.cnet.com/news/eu-slaps-microsoft-with-1-35-billion-fine/，访问时间：2020年3月27日。

引入刑事责任制度之外，其在《谢尔曼法》中规定的三倍惩罚性赔偿制度也是制止和威慑垄断行为的又一有力保障。我国《消费者权益保护法》也规定了消费者就经营者欺诈行为可以要求三倍价款的惩罚性赔偿制度。我国具备了引入反垄断法惩罚性赔偿制度的土壤，可以在此次《反垄断法》的修订中引入三倍的惩罚性赔偿机制。

第二，对于个体消费者启动的反垄断民事诉讼，原告常因举证困难而败诉。消费者以个体力量对峙具有垄断实力的巨型企业，诉讼力量的劣势地位十分明显。对于这一问题的解决，一方面需要我们重新考虑垄断案件的证据规则，适度降低消费者一方的举证责任，同时也可以考虑引入公益诉讼制度加强原告方的诉讼力量。我国《消费者权益保护法》第 47 条已经确立了民事公益诉讼制度。对侵害众多消费者合法权益的行为，中国消费者协会以及在各省、自治区、直辖市设立的消费者协会，可以向人民法院提起诉讼。我们认为，反垄断案件涉及公共利益的保护，其损害消费者的合法权益具有普遍性，应当适用消费者民事公益诉讼制度。

（四）相关立法或规定

1. 美国《克莱顿法》（1914 年颁布，1950 年、1976 年、1980 年修订）

第 4 条　除了本条 B 款另有规定，任何因反托拉斯法所禁止的事项而遭受财产或营业损害的人，可向被告居住地、被发现地，或其代理人所在地的美国地区法院提起诉讼，不论损害大小，一律给予其损害额的三倍赔偿、诉讼费和合理的律师费。……

第 4A 条　无论何时美国因反托拉斯法所禁止的事项而遭受财产及事业的损害时，美国可在被告居住地、被发现地，或其代理人所在地向美国地区法院提起诉讼，不论损害数额大小一律予以赔偿其遭受的实际损失和诉讼费。……

2. 日本《禁止私人垄断及确保公正交易法》（2013）

第 24 条　因发生违反第 8（5）条或第 19 条规定的行为，而使其利益受到侵害或可能受到侵害者，由此造成严重损害或可能造成严重损害时，可以向侵害其利益的事业者、事业者团体或者有可能造成侵害的事业者、事业者团体提出停止侵害或预防的请求。

第 26 条　（1）前条规定的损害赔偿请求权，只有在根据第 49（1）条规定的排除措施命令〈未下达排除措施命令时，为第 62（1）条规定的缴纳命令（针对实施违反第 8 条第一项或第二项规定的行为的事业者团体的成员事业者的除外）〉或第 66（4）条第审决确定后，才能在诉讼上主张该权利。

（2）前款的请求权，自该款的排除措施命令或缴纳命令确定之日起经过三年的，因时效而消灭。

3. 德国《反对限制竞争法》(2017)

第 33a 条　损害赔偿

（1）根据第 33（1）条，故意或过失实施侵权行为人，应承担侵权引起的任何损害赔偿责任。

（2）卡特尔造成损害是一个可以反驳的推定。本条的卡特尔指两个或多个竞争对手之间旨在协调他们在市场上的竞争行为或影响竞争相关参数的协议或协同行为。这种协议或协同行为包括

a. 固定或协调买卖价格或其他贸易条件；

b. 分配生产或销售配额；

c. 分享市场和客户，包括操纵投标、限制进出口或

d. 其他针对其他竞争者的反竞争行为

（3）德国《民事诉讼法》第 287 节适用于计算侵权所造成的损害。在计算损害时，可特别考虑侵权人从第 1 款规定的侵权行为中获得的利润比例。

（4）侵权人应当自损害发生之日起按照第 1 款支付其金钱债务的利息。《德国民法》第 288 条和 289 条第 1 句应比照适用。

4. 欧盟 Directive 2014/104/EU (2014)[1]

第 3 条　获得完全赔偿的权利

（1）成员国应确保任何自然人或法人因违反竞争法的行为而遭受的损害可以请求获得完全赔偿的权利。

（2）完全赔偿意味着可以使受损人回复到违法行为没有实施的状态。因此，获得赔偿的权利包括实际损失、利润损失和利息损失。

（3）本指令下的完全赔偿不应该是过多赔偿，不论是惩罚性的，多重的或多种形式的赔偿。

[1] 全称为“Directive 2014/104/EU of the European Parliament and of the Council of 26 November 2014 on certain rules governing actions for damages under national law for infringements of the competition law provisions of the Member States and of the European Union”。

（五）典型案件

1. 重庆法霖律师事务所诉重庆市保险行业协会案

2008 年 2 月 26 日，原告重庆法霖律师事务所为其所有的别克轿车向中国太平洋财产保险股份有限公司重庆市高新支公司购买了“机动车辆综合险 2008 版”，总计金额 3282.79 元。7 月 31 日，原告发现被告重庆市保险行业协会制定的《重庆市机动车辆保险行业自律公约》（第二次修订，以下简称《自律公约》）中第 14 条规定“各财产保险机构必须严格执行重庆市机动车辆保险行业市场指导费率”。原告认为该规定应属垄断协议，被告的行为是组织本行业经营者达成垄断协议的行为，且造成了原告保险费损失。同年 8 月 1 日，《反垄断法》开始实施，原告遂以被告构成垄断为由诉至重庆市渝中区人民法院，后移送至重庆市第五中级人民法院审理，请求确认自律公约属垄断协议而无效并由被告赔偿原告保险费损失 1 元以及由被告承担公证保全费 1000 元及诉讼费。

诉讼中，被告认为：①被告重庆市保险行业协会系依法成立，不具有垄断地位和营利性；《自律公约》是对保险公司合法、正当竞争行为的自律，无保险公司通过《自律公约》实现超过合理利润的“垄断利益”，或限制了保险业的正当竞争，不构成垄断。②原告的投保和签订保险合同行为均发生在《反垄断法》实施以前，且该保险合同并没有受到《自律公约》的约束，而且原告已经实际享受了 70%的最大优惠，不存在因《自律公约》而受到任何侵权损失的事实。③第三次修订的《自律公约》及其实施细则已于 2008 年 8 月 11 日，经各在渝财产保险公司审议通过，于 2008 年 9 月 9 日正式实施。

在该案开庭之前，重庆市五中院组织双方进行了证据交换。在证据交换程序中，被告补充提供了新修订的《重庆市机动车辆保险行业自律公约》及其实施细则，以证明被告在《反垄断法》实施以后主动对自律公约进行了修订，新修订的《自律公约》完全符合《反垄断法》的规定。原告认为新修订的自律公约对以前的《自律公约》作了重大修订，修正了涉嫌垄断的条文，经修正后的条款不再有违反《反垄断法》的内容，遂于开庭的前一日向法院提出了撤诉申请。

本案为我国《反垄断法》实施后重庆市发生的第一案，又是以行业协会为被告，并且发生在传统上被认为比较特殊的保险行业，而因为保险行业协会主动修订《自律公约》，该案也成为重庆首例反垄断纠纷原告申请撤诉的案件。

2. 唐山人人信息服务有限公司诉百度案

唐山人人信息服务有限公司（以下简称唐山人人公司）是全民医药网的实际经营者。北京百度网讯科技有限公司（以下简称北京百度公司）是百度网的实际经营者。百度搜索的结果排名方式有两种：自然排名与竞价排名。原告唐山人人公司称，该公司从2008年3月起购买百度竞价排名服务，并于2个月后开始减少投入额。2008年7月，原告发现自己所经营的网站日访问量骤减。据此，唐山人人公司认为其减少对竞价排名的投入，招致百度利用市场支配地位对该网站进行了全面屏蔽，给原告造成了巨大的经济损失。被告百度公司辩称，该网站在特定时间受到搜索结果限制，是因为该网站存在大量垃圾链接，遭到百度封杀的说法不能成立。

法院经审理认为，即使是搜索引擎服务商向用户提供免费搜索服务，依然存在《反垄断法》意义上的相关市场；使用中文搜索引擎的多数用户位于中国，而中国用户可以选择并获取的具有较为紧密替代关系的搜索引擎服务一般也来源于中国境内，可以确定中国为本案的相关地域市场。唐山人人公司主张北京百度公司占据相关市场支配地位，事实依据不足，判决驳回唐山人人公司的诉讼请求。

3. 吴小秦诉陕西广电网络传媒（集团）股份有限公司捆绑交易纠纷案

原告吴小秦诉称：2012年5月10日，其前往陕西广电网络传媒（集团）股份有限公司（以下简称广电公司）缴纳数字电视基本收视维护费得知，该项费用由每月25元调至30元，吴小秦遂缴纳了3个月费用90元，其中数字电视付费基本收视维护费75元、数字电视付费节目费15元。之后，吴小秦获悉数字电视付费节目应由用户自由选择，自愿订购。吴小秦认为，广电公司属于公用企业，在数字电视市场内具有支配地位，其收取数字电视付费节目费的行为剥夺了自己的自主选择权，构成搭售，故诉至法院，请求判令：确认被告2012年5月10日收取其数字电视付费节目费15元的行为无效，被告返还原告15元。

经法院查明，数字电视基本收视维护费和数字电视付费节目费属于两项单独的服务。广电公司未证明将两项服务一起提供符合提供数字电视服务的交易习惯；如将数字电视基本收视维护费和数字电视付费节目费分别收取，亦无证据证明会损害该两种服务的性能和使用价值；广电公司未对前述行为说明其正当理由。在此情形下，广电公司利用其市场支配地位，将数字电视基本收视维护费和数字电视付费节目费一起收取，客观上影响消费者选择其他服务提供者提供相关数字付费节目，同时也不利于其他服务提供者进入电视服务市场，对市场竞争具有不利的效果。综上，广电公司在陕西省境内有线电视传输服务市场上具有市场支配地位，其将数字电视基本收视服务和数字电视付费节目服务捆绑在一起向吴小秦销售，违反了《反垄断法》第17条第1款第5项之规定。

六、滥用行政权力排除、限制竞争行为的法律责任

（一）现行条文

第五十一条　行政机关和法律、法规授权的具有管理公共事务职能的组织滥用行政权力，实施排除、限制竞争行为的，由上级机关责令改正；对直接负责的主管人员和其他直接责任人员依法给予处分。反垄断执法机构可以向有关上级机关提出依法处理的建议。

法律、行政法规对行政机关和法律、法规授权的具有管理公共事务职能的组织滥用行政权力实施排除、限制竞争行为的处理另有规定的，依照其规定。

（二）修改建议

第七十条　行政机关和法律、法规、规章授权的具有管理公共事务职能的组织滥用行政权力，实施排除、限制竞争行为的，由上级机关责令改正。对直接负责的主管人员和其他直接责任人员依法给予处分。经营者违反本法规定，参与行政性垄断行为的，由反垄断执法机构责令停止违法行为，没收违法所得，并处上一年度销售额百分之一以上百分之十以下的罚款；具有拒绝或消极执行等抵制行政性垄断行为情节的，反垄断执法机构可以酌情从轻或者减轻对该经营者的处罚。

反垄断执法机构可以向有关上级机关提出依法处理的建议。有关上级机关在收到处理建议后，应于二十日内向反垄断执法机构提交书面的处理意见。接受处理建议的，应立即停止违法行为并于三十日内向反垄断执法机构提交书面的处理决定；不接受处理建议或者对处理建议有异议的，应说明理由。上级机关无正当理由拒不采纳处理建议的，由其主管部门或上级机关责令改正，并对单位给予通报批评。

行政机关和法律、法规、规章授权的具有管理公共事务职能的组织滥用行政权力，实施排除、限制竞争行为，致使国家利益或者社会公共利益受到侵害的，反垄断执法机构可以向检察机关移送相关证据和线索，由检察机关依法实

行法律监督。

行政机关和法律、法规、规章授权的具有管理公共事务职能的组织及其工作人员涉嫌职务违法犯罪的，应依法接受监察机关的监督，并积极配合调查。对监察机关作出的处理决定应及时执行。无正当理由，拒不采纳、执行监察建议的行政机关和法律、法规、规章授权的具有管理公共事务职能的组织及其工作人员，依照《中华人民共和国监察法》、《中华人民共和国公务员法》等法律法规承担法律责任。构成犯罪的，依法追究刑事责任。

法律、行政法规对行政机关和法律、法规、规章授权的具有管理公共事务职能的组织利用行政权力不合理地实施排除、限制竞争行为的处理另有规定的，依照其规定。

（三）修改说明

1. 增加规定行政性垄断行为中受益经营者的法律责任

经营者因行政机关和法律、法规、规章授权的具有管理公共事务职能的组织滥用行政权力而从事垄断行为的法律责任已经由《禁止垄断协议暂行规定》和《禁止滥用市场支配地位行为暂行规定》进行规定，并规定了如经营者能够证明其从事垄断行为是被动遵守行政命令所导致的，可以依法从轻或者减轻处罚。《反垄断法》在修订中建议与已出台的暂行规定保持一致。

2. 增加规定上级机关收到反垄断执法机构处理建议后应采取的措施

根据现行《反垄断法》，我国反垄断执法机构对行政主体的行政性垄断行为只有“建议权”，建议权并不具有足够的威慑力。[1] 并且上级机关责令实施行政性垄断行为的行政主体改正自己的违法行为，现行《反垄断法》并未对此进行具体规范，上级机关责令改正的时间没有法律明确限制，未责令改正的后果也没有规定。我们在建议条文中规定了上级机关在收到反垄断执法机构的处理建议后提交书面处理意见的时间，20个工作日既为上级机关调查相关情况、提出相关处理意见留下充足时间，于行政性垄断行为而言也并未留下过长的达成、实施时间，危害后果不会过大，这个时间对于处理行政性垄断行为是恰当的。

---

〔1〕 参见丁茂中：“行政行为的竞争合规制度研究”，载《现代法学》2017年第02期；王先林：“国家战略视角的反垄断问题初探——写在《中华人民共和国反垄断法》实施十周年之际”，载《安徽大学学报（哲学社会科学版）》2018年第5期；许光耀：“反垄断法上的行政垄断分析”，载《行政管理改革》2014年第11期。

此外，建议条文明确规定了要向“反垄断执法机构”提交书面的处理决定，使反垄断执法机构处理行政性垄断行为有保障，监督上级机关履行自己的职责，确保每件行政性垄断案件都能得到有效、及时、公正地处理。

3. 发挥检察机关的作用

现行《反垄断法》只规定了“对直接负责的主管人员和其他直接责任人员依法给予处分”的后果，对于其他法律责任并未作出直接规定，不利于对行政性垄断行为进行规范。

人民检察院是国家的法律监督机关，可以监督纠正行政机关的行政违法行为。2018 年 3 月 2 日施行的《最高人民法院、最高人民检察院关于检察公益诉讼案件适用法律若干问题的解释》第 21 条规定，人民检察院在履行职责中发现生态环境和资源保护、食品药品安全、国有财产保护、国有土地使用权出让等领域负有监督管理职责的行政机关违法行使职权或者不作为，致使国家利益或者社会公共利益受到侵害的，应当向行政机关提出检察建议，督促其依法履行职责。我们在建议条文中明确规定反垄断执法机构可以向检察机关移送相关证据和线索，由此建立反垄断执法机构与检察机关的联动机制，使检察机关能够通过该机制及时规范行政主体的违法行为，保护国家利益与社会公共利益，规范市场竞争行为。

4. 发挥监察机关的作用

行政性垄断不仅具有经济性垄断行为的危害，还容易滋生腐败[1]，影响政府廉洁性，破坏政府公信力。2018 年 3 月 20 日，《监察法》实施，规定监察机关办理职务违法和职务犯罪案件，推进反腐败工作。《监察法》与《公务员法》等法律配合，共同打击职务违法犯罪行为。行政主体虽然有调控市场经济的社会管理职能，但在行使行政权力的过程中，行政主体及其工作人员容易受到利益的诱惑做出违法犯罪之事，破坏市场竞争。我们在建议条文中单独提出行政主体及其工作人员涉嫌职务违法犯罪的情况应当由监察机关进行处理，明确行政性垄断行为的法律责任。

目前，相关法规正在制定过程中，等到法规出台后，《监察法》《公务员法》等法律有了较完善的配套体系，与《反垄断法》配合，更加有利于对行政性垄断行为法律责任的追究。

---

〔1〕 参见时建中：“打破行政性垄断使市场在资源配置中起决定性作用——纪念《中华人民共和国反垄断法》实施十周年”，载《价格理论与实践》2018 年第 8 期。

（五）典型案件：山东省交通运输厅滥用行政权力指定交易案

据查明，2011年以来，山东省交通运输厅在贯彻落实交通运输部、公安部、国家安全监管总局关于开展道路运输车辆动态监管工作文件精神的过程中，多次印发有关文件，要求全省“两客一危”车辆必须直接接入省技术服务平台，重型载货汽车和半挂牵引车必须直接接入省北斗货运动态信息平台，并明确上述两平台的技术支持单位均为山东九通物联网科技有限公司；同时，要求进入山东省市场的车载卫星定位终端，必须通过省技术服务平台（即山东九通物联网科技有限公司）的统一调试，并公布2012年交通运输部北斗示范工程招标中标价格作为终端最高限价。

山东省交通运输厅的上述做法，排除和限制了监控平台市场和车载终端市场的竞争，剥夺了道路运输企业在车载终端和监控平台上的自主选择权，不合理地推高了平台服务费水平和车载终端的销售价格，增加了道路运输企业的经营成本。相关行为违反了《反垄断法》第8条“行政机关和法律、法规授权的具有管理公共事务职能的组织不得滥用行政权力，排除、限制竞争”的规定，属于第32条所列“限定或者变相限定单位或者个人经营、购买、使用其指定的经营者提供的商品”行为和第37条所列“制定含有排除、限制竞争内容的规定”行为。国家发改委调查后，山东省交通运输厅主动采取了以下整改措施：①放开重型载货汽车和半挂牵引车监控平台市场，实行平台服务商备案制，允许运输企业在通过备案的平台服务商中自主选用。截至目前，已对两批共19家平台服务商进行了备案；②放开道路运输车辆卫星定位终端市场，允许运输企业在交通运输部公布的卫星定位终端目录内自主选用，不再进行统一调试。

国家发改委认为，上述措施虽然纠正了部分违法行为，但尚未完全恢复公平竞争的市场秩序，包括：①未放开对“两客一危”车辆动态监控平台市场的限制；②虽然规定实行平台服务商备案制，但对备案提出了交通运输部有关规定以外的其他要求，对不符合要求的将不予备案；③未废止关于“终端价格（含安装费）不得高于交通运输部北斗示范工程招标中标价格”的规定。

根据《反垄断法》第51条“行政机关和法律、法规授权的具有管理公共事务职能的组织滥用行政权力，实施排除、限制竞争行为的，由上级机关责令改正；对直接负责的主管人员和其他直接责任人员依法给予处分。反垄断执法机构可以向有关上级机关提出依法处理的建议”的规定，国家发改委建议山东省人民政府办公厅责令交通运输厅改正相关行为。

七、不配合反垄断执法调查的法律责任

（一）现行条文

第五十二条　对反垄断执法机构依法实施的审查和调查，拒绝提供有关材料、信息，或者提供虚假材料、信息，或者隐匿、销毁、转移证据，或者有其他拒绝、阻碍调查行为的，由反垄断执法机构责令改正，对个人可以处二万元以下的罚款，对单位可以处二十万元以下的罚款；情节严重的，对个人处二万元以上十万元以下的罚款，对单位处二十万元以上一百万元以下的罚款；构成犯罪的，依法追究刑事责任。

（二）修改建议

第七十一条　对反垄断执法机构依法实施的审查和调查，拒绝提供有关材料、信息，或者提供虚假材料、信息，或者隐匿、销毁、转移证据，或者有其他拒绝、阻碍调查行为的，由反垄断执法机构责令改正，对个人可以处十万元以下的罚款，对单位可以处一百万元以下的罚款；情节严重的，对个人处十万元以上五十万元以下的罚款，对单位处一百万元以上五百万元以下的罚款；构成犯罪的，依法追究刑事责任。

（三）修改说明

本条的修改内容，主要是提高了罚款金额的上限。

本条规定了对于妨碍反垄断执法的法律责任。该项法律责任的规定不影响反垄断执法机构对于具体的垄断行为依据前述法律规定作出行政处罚。该条的修改主要涉及罚款数额是否合适的问题。我们认为，对比《治安管理处罚法》第60条，考虑到反垄断案件的特殊性、影响力以及经济水平的不断提高，对个人和企业的处罚力度也应适当加大。因此，我们建议调整处罚上限。

八、不服反垄断执法决定的救济

（一）现行条文

第五十三条　对反垄断执法机构依据本法第二十八条、第二十九条作出的决定不服的，可以先依法申请行政复议；对行政复议决定不服的，可以依法提起行政诉讼。

对反垄断执法机构作出的前款规定以外的决定不服的，可以依法申请行政复议或者提起行政诉讼。

（二）修改建议

第七十二条　对反垄断执法机构依据本法第三十二、第三十三条作出的决定不服的，可以先依法申请行政复议；对行政复议决定不服的，可以依法提起行政诉讼。

对反垄断执法机构作出的前款规定以外的决定不服的，可以依法申请行政复议或者提起行政诉讼。

（三）修改说明

本条规定了不服反垄断执法机构具体行政行为的救济途径。对原条文根据本法第28条、第29条规定的事项采取复议前置，是因为反垄断执法机构作出的禁止经营者实施集中或附条件批准经营者实施集中的决定，其专业性和技术性较强，先由行政复议机关处理较好。

九、反垄断执法机构工作人员的法律责任

（一）现行条文

第五十四条　反垄断执法机构工作人员滥用职权、玩忽职守、徇私舞弊或者泄露执法过程中知悉的商业秘密，构成犯罪的，依法追究刑事责任；尚不构成犯罪的，依法给予处分。

（二）修改建议

内容不作修改，改变条文序号为第七十三条。

（三）修改说明

本条规定了反垄断执法机构工作人员在执法中滥用职权、玩忽职守、徇私舞弊等行为的法律责任，包括行政责任和刑事责任两种。根据我国《公务员法》和《行政机关公务员处分条例》，行政机关公务员处分包括警告、记过、记大过、降级、撤职、开除六种。刑事责任则需援引我国《刑法》相关规定以及《最高人民检察院关于渎职侵权犯罪案件立案标准的规定》，构成犯罪的，依法追究刑事责任。

第九章 附则

一、滥用知识产权排除、限制竞争

(一) 现行条文

第五十五条 经营者依照有关知识产权的法律、行政法规规定行使知识产权的行为，不适用本法；但是，经营者滥用知识产权，排除、限制竞争的行为，适用本法。

(二) 建议条文

第七十四条 经营者可以利用知识产权参与公平竞争，但产生或可能产生排除、限制竞争效果的，适用本法。

(三) 修改说明

知识产权与反垄断法的关系是处理知识产权领域反垄断问题的理论基础。[1] 现行《反垄断法》对知识产权与反垄断法的关系认定为：经营者滥用知识产权，排除、限制竞争的行为适用《反垄断法》。但是大量涉及标准必要专利(SEP)许可的反垄断案表明“权利人依法行使知识产权的行为不能保证这种行为得到反垄断法的豁免”[2]，例如华为诉IDC案，IDC要求华为支付高额许可费的行为虽然不违反《专利法》，但是涉及《反垄断法》中的滥用市场支配地位

〔1〕 参见吕明瑜：“知识产权领域反垄断的政策选择——知识产权与反垄断法关系理论视角下的分析”，载《中国社会科学院研究生院学报》2014年第04期。

〔2〕 参见王晓晔：“标准必要专利反垄断诉讼问题研究”，载《中国法学》2015年第06期。

问题，这意味着我国现行《反垄断法》第55条存在问题，[1] 经营者依照知识产权的法律法规行使知识产权的行为也可能会违反《反垄断法》。世界贸易组织《与贸易有关的知识产权协定》（TRIPs）强调保护知识产权，但也“允许成员国立法限制知识产权的滥用和对相关市场上的竞争产生不利影响的许可做法或条件”[2]。虽然知识产权是某种意义上的“合法垄断”，但当它的使用对相关市场的竞争产生的负面影响大于正面影响时，也需要国家规制。因此我国《反垄断法》需要对第55条知识产权豁免制度进行相应的修改。

目前我国《反垄断法》第55条采用的是“不适用本法”这一短语，“不适用”的涵义容易使人误认为《反垄断法》不适用于知识产权领域，[3] 因此我们建议条文将“不适用”措辞删去。

而知识产权专有权和竞争法之间如何划界的问题存在补充说（在知识产权法之后提供补充保护）与并列说（在知识产权法之外提供独立保护）两种观点。这种分歧一方面是源于对我国《反垄断法》第55条的不同理解，即规制知识产权的垄断问题是否以知识产权被滥用为前提；另一方面是对解决这类问题的本位法存在争议。从本质上来说，知识产权法是权利保护法，而反垄断法是行为规制法。若权利行使对竞争所产生的积极效应大于负面效应，则《反垄断法》应当不予禁止，反之则认定其违法。因此，应根据行为的结果来构建《反垄断法》对知识产权的适用标准。

所以，我们建议条文采用“产生或可能产生排除、限制竞争效果”的规定，删去现行《反垄断法》第55条中的“滥用”一词，使产生负面效应的行使知识产权的行为被纳入《反垄断法》的规制中，通过正负行为效果的对比分析，使未滥用知识产权但违反《反垄断法》、损害市场竞争的案件也能在竞争法的规范下得到审理。

（四）相关立法或规定

1. 原国家工商行政管理总局《制止滥用行政权力排除、限制竞争行为暂行规定》（2015）

第二条 反垄断与保护知识产权具有共同的目标，即促进竞争和创新，提

---

[1] 参见王晓晔：“标准必要专利反垄断诉讼问题研究”，载《中国法学》2015年第06期。

[2] 周显志、张燕红：“浅议反垄断法中的知识产权豁免制度”，载《商场现代化》2005年第17期。

[3] 参见穆维博：“反垄断法知识产权豁免制度的完善”，载《人民论坛》2013年第18期。

高经济运行效率，维护消费者利益和社会公共利益。

经营者依照有关知识产权的法律、行政法规规定行使知识产权的行为，不适用《反垄断法》；但是，经营者滥用知识产权，排除、限制竞争的行为，适用《反垄断法》。

2. 欧盟《关于技术转让协议集体豁免的第316/2014号条例》(2014)[1]

(4) 技术转让协议涉及技术权利的许可。此类协议通常会增进经济效率，促进竞争，因为它们能够减少重复研发，增强原创研究与开发的动力，加速渐进型创新，促进传播并形成产品市场的竞争。

(5) 这种提高效率和促进竞争的效果能否超过技术转让协议中所含限制引起的任何反竞争效果，取决于相关企业的市场力量大小，因此，也就取决于这些企业在多大程度上面临拥有替代技术或生产替代产品的企业的竞争。

3. 美国司法部与联邦贸易委员会《知识产权许可的反托拉斯指南》(Antitrust Guidelines for the Licensing of Intellectual Property)(2017)

第1部分 知识产权保护和反托拉斯法

知识产权法和反托拉斯法的共同目的都是促进创新，并且提高消费者福利。通过为新颖实用性产品、更高效的方法和原创表达作品的创新者确立可执行的财产权，知识产权法激励创新及其传播和商业化。如果没有知识产权，仿冒者将可能更快地无偿利用发明者和投资者的努力成果。快速仿冒将降低创新的商业价值并打击投资的积极性，最终损害消费者利益。反托拉斯法通过禁止涉及现有或新的消费者服务方式的损害竞争行为，以此促进创新和消费者福利。

第3部分 反托拉斯问题和分析模式

3.1 问题性质

虽然知识产权许可安排通常是增加福利和有利竞争的，但反托拉斯问题仍可能出现。例如，许可安排可能包括这样的限制规定，即在本可能使用不同技术竞争的企业间划分市场从而对市场竞争造成负面影响。一项安排如果将相关领域两家实际或潜在竞争者的研发活动有效地合并在一起，它可能会损害开发新产品和服务的竞争。收购知识产权可以减弱相关市场的竞争。执法机构将关注安排的实际或可能影响，而不是形式上的条款。

---

[1] 全称为“Commission Regulation (EU) No 316/2014 of 21 March 2014 on the application of Article 101 (3) of the Treaty on the Functioning of the European Union to categories of technology transfer agreements”。

4. 日本《关于知识产权利用的反垄断法指南》(2016)

第 1 条　竞争政策与知识产权制度

保护与技术相关的知识产权的法律框架可以鼓励经营者进行研发，并且可以作为推动研发新技术及使用该技术的新产品的动力。它们可以被视为具有竞争优势。此外，技术交易通过结合不同技术可以提高技术使用效率，形成技术及其相关产品的新市场以及增加竞争者数量，从而有助于促进竞争。在自由市场经济中，知识产权制度可以激发经营者的创造力，并为国民经济的发展做出贡献。重要的是要确保尊重其基本目的，确保技术交易能够顺畅进行。

但是，在知识产权制度下，如果权利人不允许其他经营者使用其技术或在技术许可使用时对被许可者的研发、生产、销售或其他经营活动进行限制的，视该等限制行为的不用情形及内容，可能会对技术及产品的竞争产生负面影响。

因此，在针对与技术使用有关的限制适用《反垄断法》时，对于竞争政策而言，重要的是要使技术和产品的竞争免受任何偏离知识产权制度意图的限制所造成的负面影响，同时尽一切努力通过知识产权制度促进竞争。

（五）典型案件：高通滥用市场支配地位案

高通公司在 CDMA、WCDMA、LTE 无线通信标准必要专利许可市场和基带芯片市场具有市场支配地位，实施了以下滥用市场支配地位的行为：一是收取不公平的高价专利许可费。高通公司对我国企业进行专利许可时拒绝提供专利清单，过期专利一直包含在专利组合中并收取许可费。同时，高通公司要求我国被许可人将持有的相关专利向其进行免费反向许可，拒绝在许可费中抵扣反向许可的专利价值或提供其他对价。此外，对于曾被迫接受非标准必要专利一揽子许可的我国被许可人，高通公司在坚持较高许可费率的同时，按整机批发净售价收取专利许可费，这些因素的结合导致许可费过高。二是没有正当理由搭售非无线通信标准必要专利许可。在专利许可中，高通公司不将性质不同的无线通信标准必要专利与非无线通信标准必要专利进行区分并分别对外许可，而是利用在无线通信标准必要专利许可市场的支配地位，没有正当理由地将非无线通信标准必要专利许可进行搭售，我国部分被许可人被迫从高通公司获得非无线通信标准必要专利许可。三是在基带芯片销售中附加不合理条件。高通公司将签订和不挑战专利许可协议作为我国被许可人获得其基带芯片供应的条件。如果潜在被许可人未签订包含了以上不合理条款的专利许可协议，或者被许可人就专利许可协议产生争议并提起诉讼，高通公司均拒绝供应基带芯片。

由于高通公司在基带芯片市场具有市场支配地位，我国被许可人对其基带芯片高度依赖，高通公司在基带芯片销售时附加不合理条件，使我国被许可人被迫接受不公平、不合理的专利许可条件。

高通公司被国家发改委处以60.88亿人民币罚款，并被要求改变标准必要专利的收费模式，取消不合理的专利许可附加条件。整改内容主要包括：①对在我国境内销售的手机，由整机售价收取专利费改成收取整机售价65%的专利许可费；②向购买高通专利产品的中国企业提供专利清单，不再对过期专利收取许可费；③不再要求我国手机生产企业将专利进行免费反向许可；④在专利许可时，不再搭售非无线通信标准必要专利；⑤销售基带芯片时不再要求签订一切不合理的协议。

二、农业适用除外

（一）现行条文

第五十六条　农业生产者及农村经济组织在农产品生产、加工、销售、运输、储存等经营活动中实施的联合或者协同行为，不适用本法。

（二）修改建议

本条在实践中尚未适用，其面临哪些问题目前不得而知，故本条内容暂不作修改，仅调整条文序号为第七十五条。

三、实施日期

（一）现行条文

第五十七条　本法自2008年8月1日起施行。

（二）修改建议

根据实际日期调整。

附录1 《中华人民共和国反垄断法》（专家修改建议稿）全文

第一章 总则

第一条 为了预防和制止垄断行为，保护市场自由竞争与公平竞争，提高经济运行效率，鼓励创新，维护消费者利益和社会公共利益，促进社会主义市场经济健康发展，制定本法。

第二条 中华人民共和国境内的垄断行为，适用本法；中华人民共和国境外的垄断行为，对境内市场竞争产生排除、限制影响的，适用本法。

第三条 本法规定的垄断行为包括：

（一）经营者达成垄断协议；

（二）经营者滥用市场支配地位；

（三）具有或者可能具有严重排除、限制竞争效果的经营者集中。

第四条 行政机关和法律、法规、规章授权的具有管理公共事务职能的组织不得滥用行政权力，排除、限制竞争。

第五条 行政机关和法律、法规、规章授权的具有管理公共事务职能的组织制定或者起草涉及市场主体经济活动的规定，应当进行公平竞争审查。

第六条 国家制定和实施与社会主义市场经济相适应的竞争规则，坚持竞争政策的基础性地位，健全统一开放、竞争有序的市场体系。

第七条 关系国民经济命脉和国家安全的行业以及依法实行专营专卖的行业，国家对其经营者的合法经营活动予以保护，并对经营者的经营行为及其商品和服务的价格依法实施监管和调控，维护消费者利益，促进技术进步。

前款规定行业的经营者应当依法经营，公平公正地参与市场竞争，不得利用其控制地位或者专营专卖地位从事本法禁止的垄断行为。

第八条 国务院设立反垄断委员会，负责组织、协调、指导反垄断工作，履行下列职责：

（一）研究拟订有关竞争政策；

（二）组织调查、评估市场总体竞争状况，发布评估报告；

（三）制定、发布反垄断指南；

（四）协调反垄断行政执法工作和公平竞争审查工作；

（五）国务院规定的其他职责。

国务院反垄断委员会的组成和工作规则由国务院规定。

第九条 国务院规定的承担反垄断执法职责的机构（以下统称国务院反垄断执法机构）依照本法规定，负责反垄断法执法工作。

国务院反垄断执法机构根据工作需要，可以授权省、自治区、直辖市人民政府相应的机构，依照本法规定负责有关反垄断执法工作。

对本法规定的垄断行为，有关法律、行政法规规定由其他执法机构调查处理的，反垄断执法机构仍可以进行调查处理，必要时可以征求其他执法机构的意见。其他执法机构进行处理的，应当将调查情况和处理结果通报国务院反垄断委员会。

第十条 行业协会应当加强行业自律，引导本行业的经营者依法竞争，维护市场竞争秩序。

行业协会不得从事和组织本行业的经营者从事本法禁止的垄断行为。

第十一条 本法所称经营者，是指从事或参与商品生产、经营或者提供服务的自然人、法人和非法人组织。

本法所称相关市场，是指经营者在一定时期内就特定商品或者服务（以下统称商品）进行竞争的商品范围和地域范围。

第二章　垄断协议

第十二条 经营者之间不得达成、实施垄断协议。

本法所称垄断协议，是指具有排除、限制竞争目的或者效果的协议、决定或者协同行为。

认定协同行为，应当考虑下列因素：

（一）经营者的市场行为是否具有一致性；

（二）经营者之间是否进行过意思联络或者信息交流；

（三）经营者能否对行为的一致性作出合理解释；

（四）应当考虑的其他因素。

第十三条 禁止具有竞争关系的经营者达成下列垄断协议：

（一）固定或者变更商品价格；

（二）固定或者变更个人信息保护水平等质量方面的条件；

（三）限制商品的生产数量或者销售数量；

（四）分割销售市场或者原材料采购市场；

（五）限制购买新技术、新设备或者限制开发新技术、新产品；

（六）通过拒绝向交易相对人供应或者采购商品，联合抵制具有竞争关系的经营者；

（七）法律、行政法规规定的或者国务院反垄断执法机构、具有垄断案件管辖权的人民法院认定的其他垄断协议。

第十四条 禁止经营者与交易相对人达成下列垄断协议：

（一）固定向第三人转售商品的价格；

（二）限定向第三人转售商品的最低价格；

（三）协议一方市场份额超过百分之三十，限制经销商实施被动销售的地域限制或者客户限制；

（四）协议一方市场份额超过百分之三十，限制经销商之间交叉供货的地域限制或者客户限制；

（五）法律、行政法规规定的或者国务院反垄断执法机构、具有垄断案件管辖权的人民法院认定的其他垄断协议。

本法所称经销商，是指从事商品经销与服务的经营者。

本法所称被动销售，是指经销商应客户的主动要求销售商品。经销商通过不针对特定主体的互联网营销活动实施销售，视为被动销售。

本法所称交叉供货，是指同一上游经营者的经销商之间互相销售商品。

本法所称地域限制，是指限制经销商只能或者不得在特定区域销售商品。

本法所称客户限制，是指限制经销商只能或者不得向特定客户销售商品。

第十五条 经营者不得利用算法等技术手段达成本章禁止的垄断协议。

网络平台经营者不得组织或者协调平台内的经营者达成本章禁止的垄断协议。

第十六条 具有竞争关系的经营者达成的协议、决定或者协同行为不属于本法第十三条第一项至第六项所列情形，且协议各方在相关市场上的市场份额合计不超过百分之十五，可以推定协议不具有排除、限制竞争的效果，有证据证明协议排除、限制竞争的除外。

经营者与交易相对人达成的协议、决定或者协同行为不属于本法第十四条第一款第一项至第四项所列情形，且协议各方在相关市场上的市场份额均不超过百分之二十五，可以推定协议不具有排除、限制竞争的效果，有证据证明协议排除、限制竞争的除外。

第十七条 经营者能够证明只有达成垄断协议才能实现下列第一项至第六项的经济效率或者社会公共利益，协议不会排除或者严重限制相关市场的竞争，并且能够使消费者分享由此产生的利益的，不适用本法第十三条、第十四条、第十五条的禁止性规定：

（一）有利于改进技术、研究开发新产品的；

（二）统一产品规格、标准或者实行专业化分工，有利于提高产品质量、降低成本、增进效率的；

（三）有利于提高中小经营者经营效率，增强中小经营者竞争力的；

（四）有利于实现节约能源、保护环境、救灾救助等社会公共利益的；

（五）经济不景气时，有利于缓解销售量严重下降或者生产明显过剩的；

（六）能够实现经济效率或者社会公共利益的其他情形。

为保障对外贸易和对外经济合作中的正当利益而达成垄断协议的，不适用本法第十三条、第十四条、第十五条的禁止性规定。

第十八条 本法第十三条第一项至第六项、第十四条第一款第一项至第四项所列的垄断协议，可以推定具有排除、限制竞争的效果，经营者能够证明所达成的协议符合本法第十七条规定的，国务院反垄断执法机构可以豁免协议适用本法的禁止性规定。

第十九条 依据本法第十三条第七项、第十四条第一款第五项、第十五条认定经营者达成的垄断协议排除、限制竞争，可以考虑下列因素：

（一）经营者达成、实施垄断协议的事实；

（二）经营者在相关市场的市场份额及其对市场的控制力；

（三）相关市场的市场集中度；

（四）相关市场的竞争状况；

（五）垄断协议对商品价格、质量等方面的影响；

（六）垄断协议对市场进入、技术进步、创新的影响；

（七）垄断协议对消费者的影响；

（八）类似垄断协议的市场覆盖率；

（九）与认定垄断协议排除、限制竞争有关的其他因素。

第三章 滥用市场支配地位、相对优势地位

第二十条 具有市场支配地位的经营者，不得滥用市场支配地位，排除、限制竞争。

本法所称市场支配地位，是指经营者在相关市场内具有的能够独立于其竞争对手、交易相对人以及消费者而控制商品价格、数量或者其他交易条件的市场地位。

第二十一条 认定经营者具有市场支配地位，可以依据下列因素：

（一）该经营者在相关市场的市场份额，市场份额根据相关商品的销售金额、销售数量或者其他重要指标确定；

（二）相关市场的竞争状况，包括竞争者的数量及市场份额、相关市场的发展状况，以及创新和技术变化等因素；

（三）该经营者控制销售市场或者原材料采购市场的能力；

（四）该经营者相对于竞争对手的财务能力和技术条件；

（五）其他经营者对该经营者在交易上的依赖程度；

（六）该经营者拥有的用户数量以及用户对其产品或者服务的依赖程度；

（七）该经营者控制和处理相关数据的能力；

（八）交易相对人对该经营者的抗衡能力；

（九）其他经营者进入相关市场的难易程度；

（十）与认定该经营者市场支配地位有关的其他因素。

第二十二条 一个经营者在相关市场的市场份额达到二分之一的，可以推定其具有市场支配地位。

两个经营者作为整体在相关市场的市场份额合计达到三分之二的，或者三个经营者作为整体在相关市场的市场份额合计达到四分之三的，可以推定这些经营者拥有市场支配地位，但其中有的经营者市场份额不足十分之一的，不应当推定该经营者具有市场支配地位。

依据本条第二款推定两个以上经营者具有市场支配地位的，还应当考虑相关商品的同质化程度、相关市场的透明度以及经营者行为的一致性等因素。

被推定具有市场支配地位的经营者，有证据证明不具有市场支配地位的，不应当认定其具有市场支配地位。

第二十三条 具有市场支配地位的经营者，不得实施下列滥用市场支配地位的行为：

作出是否实施进一步审查的决定，并书面通知经营者。国务院反垄断执法机构作出决定前，经营者不得实施集中。经参与集中的经营者书面申请，国务院反垄断执法机构可以延长前款规定的审查期限，但最长不得超过二十个日历日。

国务院反垄断执法机构作出不实施进一步审查的决定或者逾期未作出决定的，经营者可以实施集中。

第三十条 国务院反垄断执法机构决定实施进一步审查的，应当自决定之日起九十个日历日内审查完毕，作出是否禁止经营者集中的决定，并书面通知经营者。作出禁止经营者集中的决定，应当说明理由。审查期间，经营者不得实施集中。

有下列情形之一的，国务院反垄断执法机构经书面通知经营者，可以延长前款规定的审查期限，但最长不得超过六十个日历日：

（一）经营者同意延长审查期限的；

（二）经营者提交的文件、资料不准确，需要进一步核实的；

（三）经营者申报后有关情况发生重大变化的。

国务院反垄断执法机构逾期未作出决定的，经营者可以实施集中。

第三十一条 审查经营者集中，应当考虑下列因素：

（一）相关市场的结构、集中度以及实际或者潜在竞争；

（二）参与集中的经营者在相关市场的竞争状况、融资和财务能力及其对市场和上下游供求关系的控制力；

（三）市场进入的难易程度、发展状况及趋势；

（四）经营者集中对消费者和其他有关经营者的影响；

（五）经营者集中对技术进步和创新的影响；

（六）经营者集中对国民经济发展的影响；

（七）国务院反垄断执法机构认为应当考虑的影响市场竞争的其他因素。

第三十二条 经营者集中具有或者可能具有严重排除、限制竞争效果的，国务院反垄断执法机构应当作出禁止经营者集中的决定。但是，经营者能够证明该集中对竞争产生的有利影响明显大于不利影响，或者符合社会公共利益的，国务院反垄断执法机构可以作出对经营者集中不予禁止的决定。

第三十三条 对不予禁止的经营者集中，国务院反垄断执法机构可以根据经营者提出的承诺，附加减少集中对竞争产生不利影响的限制性条件。

第三十四条 国务院反垄断执法机构应当将禁止经营者集中的决定或者对经营者集中附加限制性条件的决定，及时向社会公布。

第三十五条 对外资参与经营者集中，涉及国家安全的，除依照本法规定进行经营者集中审查外，还应当按照国家安全法律法规中的有关规定进行国家安全审查。

第五章 滥用行政权力排除、限制竞争

第三十六条 行政机关和法律、法规、规章授权的具有管理公共事务职能的组织不得滥用行政权力，限定或者变相限定单位或者个人经营、购买、使用其指定的经营者提供的商品。

第三十七条 行政机关和法律、法规、规章授权的具有管理公共事务职能的组织不得滥用行政权力，实施下列妨碍商品自由流通的行为：

（一）对外地商品设定歧视性收费项目、实行歧视性收费标准、实施歧视性补贴政策，或者规定歧视性价格；

（二）对外地商品规定与本地同类商品不同的技术要求、检验标准，或者对外地商品采取重复检验、重复认证等歧视性技术措施，阻碍、限制外地商品进入本地市场；

（三）采取专门针对外地商品的行政许可或者审批、备案方式，阻碍、限制外地商品进入本地市场；

（四）设置关卡或者采取其他手段，阻碍、限制外地商品进入或者本地商品运出；

（五）妨碍商品在地区之间自由流通的其他行为。

第三十八条 行政机关和法律、法规、规章授权的具有管理公共事务职能的组织不得滥用行政权力，实施下列影响招标投标活动公平竞争的行为：

（一）不依法发布或者不及时有效发布招标信息，排斥或者限制外地经营者参加本地的招标投标活动；

（二）对外地经营者设定歧视性资质要求，排斥或者限制外地经营者参加本地的招标投标活动；

（三）对外地经营者设定歧视性评审标准，排斥或者限制外地经营者参加本地的招标投标活动；

（四）通过设定与招标项目的具体特点和实际需要不相适应或者与合同履行无关的资格、技术和商务条件等方式，变相限制外地经营者参加本地招标投标活动。

第三十九条 行政机关和法律、法规、规章授权的具有管理公共事务职能

的组织不得滥用行政权力，对外地经营者实行歧视性待遇或者采取不合理限制，拒绝、限制或者强制外地经营者在本地投资或者设立分支机构。

第四十条 行政机关和法律、法规、规章授权的具有管理公共事务职能的组织不得滥用行政权力，在财政税收、环保标准、排污权限、政府采购、融资便利、土地出让等方面给予特定经营者不合理的优惠待遇，排除、限制竞争。

第四十一条 行政机关和法律、法规、规章授权的具有管理公共事务职能的组织不得利用行政权力，强制、组织经营者从事本法规定的垄断行为，或者要求经营者披露生产经营敏感信息，为特定经营者从事或组织垄断行为提供便利条件。

第四十二条 行政机关和法律、法规、规章授权的具有管理公共事务职能的组织不得滥用行政权力，以规定、办法、决定、公告、通知、意见、会议纪要等形式，制定、发布含有排除、限制竞争内容的市场准入、产业发展、招商引资、招标投标、政府采购、经营行为规范、资质标准等涉及市场主体经济活动的规章、规范性文件和其他政策措施。

第六章　公平竞争审查

第四十三条 行政机关和法律、法规、规章授权的具有管理公共事务职能的组织（以下统称审查义务主体）制定有关市场准入、产业发展、招商引资、招标投标、政府采购、经营行为规范、资质标准等涉及市场主体经济活动的规定时，应当在制定过程中进行公平竞争审查。

前款所称规定，包括规章、规范性文件，以及行政机关和法律、法规、规章授权的具有管理公共事务职能的组织负责起草的法律草案、行政法规草案和国务院其他规定送审稿、地方性法规草案。

第四十四条 审查义务主体在制定涉及市场主体经济活动的规定时，应当自行开展公平竞争审查。未经公平竞争审查的，不得出台。

对行政法规草案和国务院其他规定送审稿、地方性法规草案，由负责起草的行政机关和法律、法规、规章授权的具有管理公共事务职能的组织在起草过程中进行公平竞争审查。未经公平竞争审查的，不得提交审议。

第四十五条 审查义务主体开展公平竞争审查应当形成明确的书面审查结论。书面审查结论由审查义务主体存档。未形成书面审查结论出台相关规定的，视为未进行公平竞争审查。

审查义务主体开展公平竞争审查，应当征求利害关系人意见或者向社会公开征求意见，并在书面审查结论中说明征求意见情况。对规定出台前需要保密的，由审查义务主体按照相关法律法规处理。

前款规定的利害关系人，是指参与相关市场竞争的经营者、上下游经营者、消费者以及制度措施可能影响其公平参与市场竞争的其他市场主体。

第四十六条 对经公平竞争审查后出台的规定，审查义务主体应当对其影响全国统一市场和公平竞争的情况进行定期评估。经评估认为妨碍全国统一市场和公平竞争的，应当及时废止或者修改完善。

审查义务主体可以建立专门的定期评估机制，也可以在定期清理本地区、本部门规章和规范性文件时一并评估。

第四十七条 审查义务主体在开展公平竞争审查工作的以下阶段和环节，可以引入第三方评估：

（一）对拟出台的规定进行公平竞争审查；

（二）对经公平竞争审查出台的规定进行定期评估；

（三）对适用例外规定出台的规定进行逐年评估；

（四）对公平竞争审查制度实施前已出台的规定进行清理；

（五）对公平竞争审查制度实施情况进行综合评估；

（六）与公平竞争审查工作相关的其他阶段和环节。

第四十八条 对拟出台的规定进行公平竞争审查时，存在以下情形之一的，鼓励引入第三方评估：

（一）审查义务主体拟适用例外规定的；

（二）社会舆论普遍关注、对社会公共利益影响重大的；

（三）存在较大争议、部门意见难以协调一致的；

（四）被多个单位或者个人反映或者举报涉嫌违反公平竞争审查标准的。

第四十九条 经公平竞争审查认为相关规定存在影响市场准入和退出、限制商品和要素自由流动、增加经营者生产经营成本、影响经营者生产经营行为等违反公平竞争原则的内容，应当不予出台或者调整至符合公平竞争要求后出台。

没有法律、行政法规依据，行政机关和法律、法规、规章授权的具有管理公共事务职能的组织不得制定减损市场主体合法权益或者增加其义务的规定；不得违反本法，制定含有排除、限制竞争内容的规定。

第五十条 审查义务主体对相关规定进行公平竞争审查时，认为虽然具有一定的限制竞争的效果，但属于下列情形之一的，不适用本法第四十九条的规定：

（一）维护国家经济安全、文化安全或者国防建设的；

（二）为实现扶贫开发、救灾救助等社会保障目的的；

（三）为实现节约能源资源、保护生态环境等社会公共利益的；

（四）法律、行政法规规定的其他情形。

属于前款第一项至第三项情形，不适用本法第四十九条规定的，审查义务主体还应当说明相关规定对实现政策目标不可或缺，且不会严重排除和限制市场竞争，并明确实施期限。

审查义务主体应当逐年评估相关规定的实施效果。实施期限到期或者未达到预期效果的制度措施，应当及时停止执行或者进行调整。

第五十一条 审查义务主体涉嫌未进行公平竞争审查或者违反本法第四十九条的规定出台相关规定的，任何单位和个人有权向上级机关或者反垄断执法机构举报。举报采用书面形式并提供相关事实和证据的，上级机关应当进行核实，反垄断法执法机构应当进行必要的调查。

第七章 对涉嫌垄断行为的调查

第五十二条 反垄断执法机构依法对涉嫌垄断行为进行调查。

反垄断执法机构依据职权，或通过举报、其他机关移送等途径，发现涉嫌垄断行为。

对涉嫌垄断行为，任何单位和个人有权向反垄断执法机构举报。反垄断执法机构应当为举报人保密。举报采用书面形式并提供相关事实和证据的，反垄断执法机构应当进行初步的核查和评估。反垄断执法机构可以对举报本法所禁止的重大违法行为且符合相应奖励条件的单位或个人进行相应的奖励。

反垄断执法机构应结合案件具体情况，在合理期限内作出是否立案的决定，并书面通知举报人。

第五十三条 反垄断执法机构调查涉嫌垄断行为，可以采取下列措施：

（一）进入被调查的经营者的营业场所、设施或其他有关场所进行检查；

（二）询问被调查的经营者、利害关系人或者其他有关单位或者个人，要求其说明有关情况；

（三）查阅、复制被调查的经营者、利害关系人或者其他有关单位或者个人的有关单证、协议、会计账簿、业务函电、电子数据等文件、资料；

（四）指定并聘请专家证人或技术人员协助调查；

（五）查封、扣押相关证据；

（六）查询与经营者相关联的账户。

采取前款规定的措施，应当向反垄断执法机构主要负责人书面报告，并经批准。

第五十四条 反垄断执法机构调查涉嫌垄断行为，应当遵守下列规定：

（一）调查前须向反垄断执法机构负责人报告并经书面批准；

（二）行政执法人员不得少于二人，出示执法身份证件；

（三）当场告知当事人采取调查措施的理由、依据以及当事人依法享有的权利、救济途径；

（四）制作现场笔录，现场笔录由当事人和反垄断执法人员签名或者盖章，当事人拒绝的，在笔录中予以注明；

（五）当事人不到场的，邀请见证人到场，由见证人和执法人员在现场笔录上签名或者盖章。

第五十五条 反垄断执法机构及其工作人员，以及依法参与执法活动的第三人，对执法过程中知悉的商业秘密负有保密义务。

前款规定人员，对依法取得的资料或者了解的信息应仅供调查等执法活动使用，不得用于其他目的。

第五十六条 被调查的经营者、利害关系人或者其他有关单位或者个人应当配合反垄断执法机构依法履行职责，不得拒绝、阻碍反垄断执法机构的调查。

第五十七条 被调查的经营者、利害关系人有权进行陈述和申辩。

反垄断执法机构应当对被调查的经营者、利害关系人在陈述、申辩中提出的事实、理由和证据进行核实。

被调查的经营者、利害关系人提出的事实、理由成立的，反垄断执法机构应当采纳。反垄断执法机构不得因被调查的经营者、利害关系人的陈述、申辩加重处罚。

第五十八条 反垄断执法机构对涉嫌垄断行为调查核实后，认为构成垄断行为的，应当依法作出处理决定，并及时向社会公布。

反垄断执法机构作出较大数额罚款等行政处罚决定前，应当告知当事人有要求举行听证的权利；当事人要求听证的，反垄断执法机构应当组织听证。

第五十九条 对反垄断执法机构调查的涉嫌垄断行为，被调查的经营者在反垄断执法机构作出行政处罚事先告知前，可以作出采取具体措施消除该行为后果的承诺，并提出中止调查的申请。中止调查的申请应以书面形式提出，并由被调查经营者的主要负责人签字并盖章。

反垄断执法机构根据被调查经营者的承诺，在考虑行为的性质、持续时间、后果、社会影响、经营者承诺的措施及其预期效果等具体情况后，对是否同意中止调查作出决定。中止调查的决定应当以书面形式载明涉嫌垄断行为的事实、经营者承诺的具体措施、履行承诺的期限与方式、不履行或不完全履行承诺的法律后果等内容。

反垄断执法机构对被调查的经营者承诺的接受，不适用于具有严重排除或限制竞争的垄断协议或滥用市场支配地位行为。

第六十条 反垄断执法机构决定中止调查的，应当对经营者履行承诺的情况进行监督，并可要求经营者委托第三方监督受托人进行监督。经营者应当在规定的时限内向反垄断执法机构书面报告承诺履行情况。经营者已履行承诺或作出中止调查决定所依据的事实发生重大变化，且经营者的行为后果已有效消除的，反垄断执法机构可以决定终止调查，并制作终止调查决定书。终止调查决定书应当载明被调查经营者涉嫌垄断行为的事实、承诺的具体内容、履行承诺的情况、监督情况等内容。

有下列情形之一的，反垄断执法机构应当恢复调查：

（一）经营者未履行承诺的；

（二）作出中止调查决定所依据的事实发生重大变化，且经营者的行为后果未有效消除的；

（三）中止调查的决定是基于经营者提供的不完整或者不真实的信息作出的；

（四）发生其他应当恢复调查的情形的。

反垄断执法机构依据本条作出中止调查、恢复调查及终止调查决定前，应将决定内容向社会进行公示，并充分听取利害关系人及其他社会公众提出的意见。

第六十一条 反垄断执法机构发现涉嫌滥用行政权力排除、限制竞争行为后，应当进行立案调查，并及时将有关调查情况向社会公布。

反垄断执法机构可以要求涉嫌滥用行政权力排除、限制竞争的行政机关和法律、法规、规章授权的具有管理公共事务职能的组织就被调查事项提供证据，并提交书面说明。反垄断执法机构可以要求被调查的行政机关和法律、法规、规章授权的具有管理公共事务职能的组织的直接负责的主管人员、其他直接责任人员以及相关经营者就被调查事项说明情况。

被调查的行政机关和法律、法规、规章授权的具有管理公共事务职能的组织应当配合反垄断执法机构依法履行职责，反垄断执法机构可以建议有关上级机关对不予配合的行政机关和法律、法规、规章授权的具有管理公共事务职能的组织依法予以处理。

第六十二条 国务院反垄断执法机构根据工作需要，授权省、自治区、直辖市人民政府相应的机构，依照本法规定负责有关反垄断调查工作，国务院反垄断执法机构应当对被授权机构的调查工作进行监督，被授权机构不得再向下一级人民政府相应的机构进行授权。

第八章 法律责任

第六十三条 经营者违反本法规定，达成并实施垄断协议的，由反垄断执法机构责令停止违法行为，并处罚款。罚款数额为上一年度总销售额百分之十以下乘以违法行为实施期间；期间小于六个月的，以半年计；期间大于六个月但小于一年的，以一年计。违法行为实施超过三年的，按三年计算，从违法行为结束之日起向前追溯三年。对于上一年度总销售额极低或没有销售额的经营者，可以处五千万元以下的罚款；尚未实施所达成的垄断协议的，可以处五百万元以下的罚款。

对达成垄断协议不能排除其责任的经营者的董事、监事、高级管理人员或主要负责人及直接负责人，可以处五百万元以下的罚款。

经营者有本法第十三条第一项、第三项、第四项、第六项所列行为之一的，情节严重的，对其判处一千万元以下的罚金，并对直接负责的主管人员和其他直接责任人员，处三年以下有期徒刑或者拘役。

第六十四条 具有竞争关系的经营者达成垄断协议，参与的经营者主动向反垄断执法机构报告达成垄断协议的有关情况并提供重要证据的，反垄断执法机构可以酌情减轻或者免除处罚。

第一个主动报告达成垄断协议的有关情况并提供重要证据的，可以免除处罚或者按照不低于百分之八十的幅度减轻罚款；第二个主动报告达成垄断协议的有关情况并提供重要证据的，可以按照百分之三十至百分之六十的幅度减轻罚款；其他主动报告达成垄断协议的有关情况并提供重要证据的，可以按照不高于百分之四十的幅度减轻罚款。

前款适用对象的资格条件、重要证据的认定、减免处罚的具体规定以及其他程序性规范由国务院另行规定。

第六十五条 行业协会违反本法规定，组织本行业的经营者达成垄断协议的，反垄断执法机构可以处五百万元以下的罚款；情节严重的，社会团体登记管理机关可以依法撤销登记；对能够证明自身在垄断协议达成时明确表达异议或完全不知道垄断协议的存在，且没有实施该垄断协议的行业协会会员，可以减轻或者免除处罚。

第六十六条 经营者违反本法规定，滥用市场支配地位、相对优势地位的，由反垄断执法机构责令停止违法行为，并处罚款。罚款数额为上一年度销售额百分之十以下乘以违法行为实施年限。违法行为实施超过三年的，按三年计算，从违法行为结束之日起向前追溯三年；对于上一年度销售额极低或没有销售额的经营者，可以处五千万元以下的罚款。

第六十七条 经营者违反本法规定违反附加限制性条件的或者实施集中的，由国务院反垄断执法机构责令继续履行附加的限制性条件、停止实施集中、限期处分股份或者资产、限期转让营业以及采取其他必要措施恢复到集中前的状态，可以处上一年度营业收入百分之十以下的罚款。

经营者或者其实际控制人、控股股东、董事、监事、高级管理人员或者合伙人等，违反本法规定不履行经营者集中申报义务，或者不遵守审查期限内提供特定文件、材料的要求，或者违反附加的限制性条件的，国务院反垄断执法机构可以对其处每日五万元以上十万元以下的罚款。

第六十八条 对本法第六十三条、第六十五条、第六十六条、第六十七条规定的罚款，反垄断执法机构确定具体罚款数额时，应当考虑违法行为的性质、程度和持续的时间等因素。

经营者违反本法规定，受到行政处罚，拒不执行的，反垄断执法机构可以自改正期限届满的次日起，对其每日加处不超过上一年度平均日销售额的百分之五的罚款。

第六十九条 经营者实施垄断行为，给他人造成损失的，依法承担民事责任。

因本法所禁止的垄断行为而受到损失的自然人、法人和非法人组织，可以向人民法院提起诉讼，并有权要求损害额三倍的赔偿。对侵害消费者合法权益的垄断行为，中国消费者协会以及在省、自治区、直辖市设立的消费者协会，可以向人民法院提起诉讼。

第七十条 行政机关和法律、法规、规章授权的具有管理公共事务职能的组织滥用行政权力，实施排除、限制竞争行为的，由上级机关责令改正。对直接负责的主管人员和其他直接责任人员依法给予处分。经营者违反本法规定，参与行政性垄断行为的，由反垄断执法机构责令停止违法行为，没收违法所得，并处上一年度销售额百分之一以上百分之十以下的罚款；具有拒绝或消极执行等抵制行政性垄断行为情节的，反垄断执法机构可以酌情从轻或者减轻对该经营者的处罚。

反垄断执法机构可以向有关上级机关提出依法处理的建议。有关上级机关在收到处理建议后，应于二十日内向反垄断执法机构提交书面的处理意见。接受处理建议的，应立即停止违法行为并于三十日内向反垄断执法机构提交书面的处理决定；不接受处理建议或者对处理建议有异议的，应说明理由。上级机关无正当理由拒不采纳处理建议的，由其主管部门或上级机关责令改正，并对单位给予通报批评。

行政机关和法律、法规、规章授权的具有管理公共事务职能的组织滥用行政权力，实施排除、限制竞争行为，致使国家利益或者社会公共利益受到侵害的，反垄断执法机构可以向检察机关移送相关证据和线索，由检察机关依法实行法律监督。

行政机关和法律、法规、规章授权的具有管理公共事务职能的组织及其工作人员涉嫌职务违法犯罪的，应依法接受监察机关的监督，并积极配合调查。对监察机关作出的处理决定应及时执行。无正当理由，拒不采纳、执行监察建议的行政机关和法律、法规、规章授权的具有管理公共事务职能的组织及其工作人员，依照《中华人民共和国监察法》、《中华人民共和国公务员法》等法律法规承担法律责任。构成犯罪的，依法追究刑事责任。

法律、行政法规对行政机关和法律、法规、规章授权的具有管理公共事务职能的组织利用行政权力不合理地实施排除、限制竞争行为的处理另有规定的，依照其规定。

第七十一条 对反垄断执法机构依法实施的审查和调查，拒绝提供有关材料、信息，或者提供虚假材料、信息，或者隐匿、销毁、转移证据，或者有其他拒绝、阻碍调查行为的，由反垄断执法机构责令改正，对个人可以处十万元以下的罚款，对单位可以处一百万元以下的罚款；情节严重的，对个人处十万元以上五十万元以下的罚款，对单位处一百万元以上五百万元以下的罚款；构成犯罪的，依法追究刑事责任。

第七十二条 对反垄断执法机构依据本法第三十二条、第三十三条作出的决定不服的，可以先依法申请行政复议；对行政复议决定不服的，可以依法提起行政诉讼。

对反垄断执法机构作出的前款规定以外的决定不服的，可以依法申请行政复议或者提起行政诉讼。

第七十三条 反垄断执法机构工作人员滥用职权、玩忽职守、徇私舞弊或者泄露执法过程中知悉的商业秘密，构成犯罪的，依法追究刑事责任；尚不构成犯罪的，依法给予处分。

第九章 附则

第七十四条 经营者可以利用知识产权参与公平竞争，但产生或可能产生排除、限制竞争效果的，适用本法。

第七十五条 农业生产者及农村经济组织在农产品生产、加工、销售、运输、储存等经营活动中实施的联合或者协同行为，不适用本法。

第七十六条 本法自××××年××月××日起施行。

附录2 《中华人民共和国反垄断法》（专家修改建议稿）对比版

第一章 总则		
名称	现行条文	修改建议
立法目的	**第一条** 为了预防和制止垄断行为，保护市场公平竞争，提高经济运行效率，维护消费者利益和社会公共利益，促进社会主义市场经济健康发展，制定本法。	**第一条** 为了预防和制止垄断行为，保护市场自由竞争与公平竞争，提高经济运行效率，鼓励创新，维护消费者利益和社会公共利益，促进社会主义市场经济健康发展，制定本法。
适用范围	**第二条** 中华人民共和国境内经济活动中的垄断行为，适用本法；中华人民共和国境外的垄断行为，对境内市场竞争产生排除、限制影响的，适用本法。	**第二条** 中华人民共和国境内的垄断行为，适用本法；中华人民共和国境外的垄断行为，对境内市场竞争产生排除、限制影响的，适用本法。
垄断行为的范围	**第三条** 本法规定的垄断行为包括： （一）经营者达成垄断协议； （二）经营者滥用市场支配地位； （三）具有或者可能具有排除、限制竞争效果的经营者集中。	**第三条** 本法规定的垄断行为包括： （一）经营者达成垄断协议； （二）经营者滥用市场支配地位； （三）具有或者可能具有严重排除、限制竞争效果的经营者集中。
行政性垄断的一般规定	第八条 行政机关和法律、法规授权的具有管理公共事务职能的组织不得滥用行政权力，排除、限制竞争。	**第四条** 行政机关和法律、法规、规章授权的具有管理公共事务职能的组织不得滥用行政权力，排除、限制竞争。

续表

公平竞争审查制度的原则性规定		**第五条** 行政机关和法律、法规、规章授权的具有管理公共事务职能的组织制定或者起草涉及市场主体经济活动的规定，应当进行公平竞争审查。
竞争政策的基础性地位	**第四条** 国家制定和实施与社会主义市场经济相适应的竞争规则，完善宏观调控，健全统一、开放、竞争、有序的市场体系。	**第六条** 国家制定和实施与社会主义市场经济相适应的竞争规则，坚持竞争政策的基础性地位，健全统一开放、竞争有序的市场体系。
允许依法集中的规定	**第五条** 经营者可以通过公平竞争、自愿联合，依法实施集中，扩大经营规模，提高市场竞争能力。	删除
禁止滥用市场支配的一般规定	**第六条** 具有市场支配地位的经营者，不得滥用市场支配地位，排除、限制竞争。	总则中删除，调整至第三章规定。
特定行业的反垄断法适用	**第七条** 国有经济占控制地位的关系国民经济命脉和国家安全的行业以及依法实行专营专卖的行业，国家对其经营者的合法经营活动予以保护，并对经营者的经营行为及其商品和服务的价格依法实施监管和调控，维护消费者利益，促进技术进步。 前款规定行业的经营者应当依法经营，诚实守信，严格自律，接受社会公众的监督，不得利用其控制地位或者专营专卖地位损害消费者利益。	**第七条** 关系国民经济命脉和国家安全的行业以及依法实行专营专卖的行业，国家对其经营者的合法经营活动予以保护，并对经营者的经营行为及其商品和服务的价格依法实施监管和调控，维护消费者利益，促进技术进步。 前款规定行业的经营者应当依法经营，公平公正地参与市场竞争，不得利用其控制地位或者专营专卖地位从事本法禁止的垄断行为。
反垄断委员会	**第九条** 国务院设立反垄断委员会，负责组织、协调、指导反垄断工作，履行下列职责： （一）研究拟订有关竞争政策；	**第八条** 国务院设立反垄断委员会，负责组织、协调、指导反垄断工作，履行下列职责： （一）研究拟订有关竞争政策；

续表

	（二）组织调查、评估市场总体竞争状况，发布评估报告； （三）制定、发布反垄断指南； （四）协调反垄断行政执法工作； （五）国务院规定的其他职责。 国务院反垄断委员会的组成和工作规则由国务院规定。	（二）组织调查、评估市场总体竞争状况，发布评估报告； （三）制定、发布反垄断指南； （四）协调反垄断行政执法工作和公平竞争审查工作； （五）国务院规定的其他职责。 国务院反垄断委员会的组成和工作规则由国务院规定。
反垄断执法机构	**第十条** 国务院规定的承担反垄断执法职责的机构（以下统称国务院反垄断执法机构）依照本法规定，负责反垄断执法工作。 国务院反垄断执法机构根据工作需要，可以授权省、自治区、直辖市人民政府相应的机构，依照本法规定负责有关反垄断执法工作。	**第九条** 国务院规定的承担反垄断执法职责的机构（以下统称国务院反垄断执法机构）依照本法规定，负责反垄断法执法工作。 国务院反垄断执法机构根据工作需要，可以授权省、自治区、直辖市人民政府相应的机构，依照本法规定负责有关反垄断执法工作。 对本法规定的垄断行为，有关法律、行政法规规定由其他执法机构调查处理的，反垄断执法机构仍可以进行调查处理，必要时可以征求其他执法机构的意见。其他执法机构进行处理的，应当将调查情况和处理结果通报国务院反垄断委员会。
行业协会维护市场竞争秩序的义务	**第十一条** 行业协会应当加强行业自律，引导本行业的经营者依法竞争，维护市场竞争秩序。	**第十条** 行业协会应当加强行业自律，引导本行业的经营者依法竞争，维护市场竞争秩序。 行业协会不得从事和组织本行业的经营者从事本法禁止的垄断行为。
经营者和相关市场的定义	**第十二条** 本法所称经营者，是指从事商品生产、经营或者提供服务的自然人、法人和其他组织。	**第十一条** 本法所称经营者，是指从事或参与商品生产、经营或者提供服务的自然人、法人和非法人组织。

续表

	本法所称相关市场，是指经营者在一定时期内就特定商品或者服务（以下统称商品）进行竞争的商品范围和地域范围。	本法所称相关市场，是指经营者在一定时期内就特定商品或者服务（以下统称商品）进行竞争的商品范围和地域范围。
	第二章　垄断协议	
名称	现行条文	修改建议
禁止垄断协议的总体规定、垄断协议的含义	**第十三条第二款**　本法所称垄断协议，是指排除、限制竞争的协议、决定或者其他协同行为。	**第十二条**　经营者之间不得达成、实施垄断协议。 本法所称垄断协议，是指具有排除、限制竞争目的或者效果的协议、决定或者协同行为。 认定协同行为，应当考虑下列因素： （一）经营者的市场行为是否具有一致性； （二）经营者之间是否进行过意思联络或者信息交流； （三）经营者能否对行为的一致性作出合理解释； （四）应当考虑的其他因素。
横向垄断协议	**第十三条第一款**　禁止具有竞争关系的经营者达成下列垄断协议： （一）固定或者变更商品价格； （二）限制商品的生产数量或者销售数量； （三）分割销售市场或者原材料采购市场； （四）限制购买新技术、新设备或者限制开发新技术、新产品；	**第十三条**　禁止具有竞争关系的经营者达成下列垄断协议： （一）固定或者变更商品价格； （二）固定或者变更个人信息保护水平等质量方面的条件； （三）限制商品的生产数量或者销售数量； （四）分割销售市场或者原材料采购市场；

续表

	（五）联合抵制交易； （六）国务院反垄断执法机构认定的其他垄断协议。	（五）限制购买新技术、新设备或者限制开发新技术、新产品； （六）通过拒绝向交易相对人供应或者采购商品，联合抵制具有竞争关系的经营者； （七）法律、行政法规规定的或者国务院反垄断执法机构、具有垄断案件管辖权的人民法院认定的其他垄断协议。
纵向垄断协议	第十四条　禁止经营者与交易相对人达成下列垄断协议： （一）固定向第三人转售商品的价格； （二）限定向第三人转售商品的最低价格； （三）国务院反垄断执法机构认定的其他垄断协议。	**第十四条**　禁止经营者与交易相对人达成下列垄断协议： （一）固定向第三人转售商品的价格； （二）限定向第三人转售商品的最低价格； （三）协议一方市场份额超过百分之三十，限制经销商实施被动销售的地域限制或者客户限制； （四）协议一方市场份额超过百分之三十，限制经销商之间交叉供货的地域限制或者客户限制； （五）法律、行政法规规定的或者国务院反垄断执法机构、具有垄断案件管辖权的人民法院认定的其他垄断协议。 本法所称经销商，是指从事商品经销与服务的经营者。 本法所称被动销售，是指经销商应客户的主动要求销售商品。经销商通过不针对特定主体的互联网营销活动实施销售，视为被动销售。 本法所称交叉供货，是指同一上游经营者的经销商之间互相销售商品。

续表

		本法所称地域限制，是指限制经销商只能或者不得在特定区域销售商品。 本法所称客户限制，是指限制经销商只能或者不得向特定客户销售商品。
算法合谋及平台轴辐合谋		**第十五条**　经营者不得利用算法等技术手段达成本章禁止的垄断协议。 网络平台经营者不得组织或者协调平台内的经营者达成本章禁止的垄断协议。
安全港		**第十六条**　具有竞争关系的经营者达成的协议、决定或者协同行为不属于本法第十三条第一款第一项至第六项所列情形，且协议各方在相关市场上的市场份额合计不超过百分之十五，可以推定协议不具有排除、限制竞争的效果，有证据证明协议排除、限制竞争的除外。 经营者与交易相对人达成的协议、决定或者协同行为不属于本法第十四条第一款第一项至第四项所列情形，且协议各方在相关市场上的市场份额均不超过百分之二十五，可以推定协议不具有排除、限制竞争的效果，有证据证明协议排除、限制竞争的除外。

续表

垄断协议豁免	**第十五条** 经营者能够证明所达成的协议属于下列情形之一的，不适用本法第十三条、第十四条的规定： （一）为改进技术、研究开发新产品的； （二）为提高产品质量、降低成本、增进效率，统一产品规格、标准或者实行专业化分工的； （三）为提高中小经营者经营效率，增强中小经营者竞争力的； （四）为实现节约能源、保护环境、救灾救助等社会公共利益的； （五）因经济不景气，为缓解销售量严重下降或者生产明显过剩的； （六）为保障对外贸易和对外经济合作中的正当利益的； （七）法律和国务院规定的其他情形。 属于前款第一项至第五项情形，不适用本法第十三条、第十四条规定的，经营者还应当证明所达成的协议不会严重限制相关市场的竞争，并且能够使消费者分享由此产生的利益。	**第十七条** 经营者能够证明只有达成垄断协议才能实现下列第一项至第六项的经济效率或者社会公共利益，协议不会排除或者严重限制相关市场的竞争，并且能够使消费者分享由此产生的利益的，不适用本法第十三条、第十四条、第十五条的禁止性规定： （一）有利于改进技术、研究开发新产品的； （二）统一产品规格、标准或者实行专业化分工，有利于提高产品质量、降低成本、增进效率的； （三）有利于提高中小经营者经营效率，增强中小经营者竞争力的； （四）有利于实现节约能源、保护环境、救灾救助等社会公共利益的； （五）经济不景气时，有利于缓解销售量严重下降或者生产明显过剩的； （六）能够实现经济效率或者社会公共利益的其他情形。 为保障对外贸易和对外经济合作中的正当利益而达成垄断协议的，不适用本法第十三条、第十四条、第十五条的禁止性规定。
反竞争效果推定		**第十八条** 本法第十三条第一项至第六项、第十四条第一款第一项至第四项所列的垄断协议，可以推定具有排除、限制竞争的效果，经营者能够证明所达成的协议符合本法第十七条规定的，国务院反垄断执法机构可以豁免协议适用本法的禁止性规定。

续表

兜底条款及算法与平台条款的反竞争效果评估		**第十九条** 依据本法第十三条第七项、第十四条第一款第五项、第十五条认定经营者达成的垄断协议排除、限制竞争，可以考虑下列因素： （一）经营者达成、实施垄断协议的事实； （二）经营者在相关市场的市场份额及其对市场的控制力； （三）相关市场的市场集中度； （四）相关市场的竞争状况； （五）垄断协议对商品价格、质量等方面的影响； （六）垄断协议对市场进入、技术进步、创新的影响； （七）垄断协议对消费者的影响； （八）类似垄断协议的市场覆盖率； （九）与认定垄断协议排除、限制竞争有关的其他因素。
第三章 滥用市场支配地位、相对优势地位		
名称	现行条文	修改建议
禁止滥用市场支配地位的总体规定、市场支配地位的含义	**第十七条第二款** 本法所称市场支配地位，是指经营者在相关市场内具有能够控制商品价格、数量或者其他交易条件，或者能够阻碍、影响其他经营者进入相关市场能力的市场地位。	**第二十条** 具有市场支配地位的经营者，不得滥用市场支配地位，排除、限制竞争。 本法所称市场支配地位，是指经营者在相关市场内具有的能够独立于其竞争对手、交易相对人以及消费者而控制商品价格、数量或者其他交易条件的市场地位。

续表

市场支配地位的认定因素	**第十八条** 认定经营者具有市场支配地位,应当依据下列因素: (一)该经营者在相关市场的市场份额,以及相关市场的竞争状况; (二)该经营者控制销售市场或者原材料采购市场的能力; (三)该经营者的财力和技术条件; (四)其他经营者对该经营者在交易上的依赖程度; (五)其他经营者进入相关市场的难易程度; (六)与认定该经营者市场支配地位有关的其他因素。	**第二十一条** 认定经营者具有市场支配地位,可以依据下列因素: (一)该经营者在相关市场的市场份额,市场份额根据相关商品的销售金额、销售数量或者其他重要指标确定; (二)相关市场的竞争状况,包括竞争者的数量及市场份额、相关市场的发展状况,以及创新和技术变化等因素; (三)该经营者控制销售市场或者原材料采购市场的能力; (四)该经营者相对于竞争对手的财务能力和技术条件; (五)其他经营者对该经营者在交易上的依赖程度; (六)该经营者拥有的用户数量以及用户对其产品或者服务的依赖程度; (七)该经营者控制和处理相关数据的能力; (八)交易相对人对该经营者的抗衡能力; (九)其他经营者进入相关市场的难易程度; (十)与认定该经营者市场支配地位有关的其他因素。
市场支配地位的推定、共同市场支配地位	**第十九条** 有下列情形之一的,可以推定经营者具有市场支配地位:	**第二十二条** 一个经营者在相关市场的市场份额达到二分之一的,可以推定其具有市场支配地位。 两个经营者作为整体在相关市场的市场份额合计达到三分之二的,或者三个经营者作为整体在相关市场的

续表

	(一) 一个经营者在相关市场的市场份额达到二分之一的; (二) 两个经营者在相关市场的市场份额合计达到三分之二的; (三) 三个经营者在相关市场的市场份额合计达到四分之三的。 有前款第二项、第三项规定的情形,其中有的经营者市场份额不足十分之一的,不应当推定该经营者具有市场支配地位。 被推定具有市场支配地位的经营者,有证据证明不具有市场支配地位的,不应当认定其具有市场支配地位。	市场份额合计达到四分之三的,可以推定这些经营者拥有市场支配地位,但其中有的经营者市场份额不足十分之一的,不应当推定该经营者具有市场支配地位。 依据本条第二款推定两个以上经营者具有市场支配地位的,还应当考虑相关商品的同质化程度、相关市场的透明度以及经营者行为的一致性等因素。 被推定具有市场支配地位的经营者,有证据证明不具有市场支配地位的,不应当认定其具有市场支配地位。
滥用市场支配地位行为的表现	**第十七条第一款** 禁止具有市场支配地位的经营者从事下列滥用市场支配地位的行为: (一) 以不公平的高价销售商品或者以不公平的低价购买商品; (二) 没有正当理由,以低于成本的价格销售商品; (三) 没有正当理由,拒绝与交易相对人进行交易; (四) 没有正当理由,限定交易相对人只能与其进行交易或者只能与其指定的经营者进行交易; (五) 没有正当理由搭售商品,或者在交易时附加其他不合理的交易条件; (六) 没有正当理由,对条件相同的交易相对人在交易价格等交易条件上实行差别待遇; (七) 国务院反垄断执法机构认定的其他滥用市场支配地位的行为。	**第二十三条** 具有市场支配地位的经营者,不得实施下列滥用市场支配地位的行为: (一) 以不公平的交易价格销售或购买商品; (二) 以低于成本的价格销售商品; (三) 拒绝与交易相对人进行交易; (四) 限定或者变相限定交易相对人的交易对象; (五) 搭售商品或者在交易时附加其他不合理的交易条件; (六) 对不同的交易相对人在交易价格等交易条件上实行歧视性待遇; (七) 法律、行政法规规定的或国务院反垄断执法机构、具有垄断案件管辖权的人民法院认定的其他滥用市场支配地位的行为。 具有市场支配地位的经营者从事前款第二项至第六项行为,如果能够证明存在正当理由的,不予禁止。

续表

名称	现行条文	修改建议
滥用相对优势地位		**第二十四条** 具有相对优势地位的经营者，不得实施下列滥用相对优势地位的行为： （一）对交易相对人进行不合理收费或者要求交易相对人提供其他不当经济利益； （二）没有正当理由，限定或者变相限定交易相对人的交易对象； （三）没有正当理由，限制交易相对人与其他经营者的交易条件； （四）没有正当理由，对交易相对人附加其他不合理的交易条件。 本法所称的相对优势地位，是指经营者一方在具体交易中，因资金、技术、市场准入、原材料采购、销售渠道等方面具有优势，交易相对人对该经营者具有依赖性，难以转向其他经营者的市场地位。
第四章 经营者集中		
名称	现行条文	修改建议
经营者集中的类型	**第二十条** 经营者集中是指下列情形： （一）经营者合并； （二）经营者通过取得股权或者资产的方式取得对其他经营者的控制权； （三）经营者通过合同等方式取得对其他经营者的控制权或者能够对其他经营者施加决定性影响。	**第二十五条** 经营者集中是指下列情形： （一）合并； （二）通过取得股权或者资产的方式取得对其他经营者的控制； （三）通过合伙、合营、委托经营、租赁、管理合同等方式取得对其他经营者的控制； （四）通过持有少数股东权益、代理投票、表决权信托、一致行动和人事安排等其他方式取得对其他经营者的控制。

续表

		本条所称的控制，是指经营者直接或者间接、单独或者共同、在法律或者事实上对其他经营者的商业运营行使或者有权行使占有、管理的权利或者施加影响。 本条所称的资产，是指有形或者无形资产。
经营者集中的事先申报	**第二十一条** 经营者集中达到国务院规定的申报标准的，经营者应当事先向国务院反垄断执法机构申报，未申报的不得实施集中。	**第二十六条** 经营者集中达到国务院规定的申报标准的，经营者应当事先向国务院反垄断执法机构申报，未申报的不得实施集中。 经营者集中未达到申报标准的，但有证据表明该经营者集中具有或者可能具有严重排除、限制竞争效果的，国务院反垄断执法机构应当进行调查。
不需要申报的交易	**第二十二条** 经营者集中有下列情形之一的，可以不向国务院反垄断执法机构申报： （一）参与集中的一个经营者拥有其他每个经营者百分之五十以上有表决权的股份或者资产的； （二）参与集中的每个经营者百分之五十以上有表决权的股份或者资产被同一个未参与集中的经营者拥有的。	**第二十七条** 经营者集中有下列情形之一的，可以不向国务院反垄断执法机构申报： （一）依据《破产法》《商业银行法》《银行业监督管理法》《保险法》等法律法规实施的重整、清算、接管、重组或者整顿； （二）从事商业和贸易的经营者仅为投资目的取得其他经营者有表决权股份、财产份额或者资产，且取得不超过该经营者有表决权股份、财产份额或者资产的10%； （三）从事金融服务的经营者仅为投资目的取得有表决权股份、财产份额或者资产，其行使表决权的目的是为了维护投资价值和处置资产，且在一年内予以转售的；

续表

		(四)取得股份、财产份额或者资产没有直接或间接增加经营者占其他经营者拥有证券、财产份额或者资产百分比的交易; (五)国务院反垄断执法机构规定的其他情形。
申报材料及审查程序	**第二十三条** 经营者向国务院反垄断执法机构申报集中,应当提交下列文件、资料: (一)申报书; (二)集中对相关市场竞争状况影响的说明; (三)集中协议; (四)参与集中的经营者经会计师事务所审计的上一会计年度财务会计报告; (五)国务院反垄断执法机构规定的其他文件、资料。 申报书应当载明参与集中的经营者的名称、住所、经营范围、预定实施集中的日期和国务院反垄断执法机构规定的其他事项。 **第二十四条** 经营者提交的文件、资料不完备的,应当在国务院反垄断执法机构规定的期限内补交文件、资料。经营者逾期未补交文件、资料的,视为未申报。 **第二十五条** 国务院反垄断执法机构应当自收到经营者提交的符合本法第二十三条规定的文件、资料之日起三十日内,对申报的经营者集中进行初步审查,作出是否实施进一步审查的决定,并书面通知经营者。国务院反	**第二十八条** 经营者向国务院反垄断执法机构申报集中,应当提交下列文件、资料: (一)申报书; (二)集中对相关市场竞争状况影响的说明; (三)集中协议; (四)参与集中的经营者经会计师事务所审计的上一会计年度财务会计报告; (五)国务院反垄断执法机构规定的其他文件、资料。 申报书应当载明参与集中的经营者的名称、住所、经营范围、预定实施集中的日期和国务院反垄断执法机构规定的其他事项。 经营者提交的文件、资料不完备的,应当在国务院反垄断执法机构规定的期限内补交文件、资料。经营者逾期未补交文件、资料的,视为未申报。 **第二十九条** 国务院反垄断执法机构应当自收到经营者提交的符合本法规定的文件、资料之日起三十个日历日内,对申报的经营者集中进行初步审查,作出是否实施进一步审查的决定,并书面通知经营者。

续表

	垄断执法机构作出决定前，经营者不得实施集中。 国务院反垄断执法机构作出不实施进一步审查的决定或者逾期未作出决定的，经营者可以实施集中。 **第二十六条** 国务院反垄断执法机构决定实施进一步审查的，应当自决定之日起九十日内审查完毕，作出是否禁止经营者集中的决定，并书面通知经营者。作出禁止经营者集中的决定，应当说明理由。审查期间，经营者不得实施集中。 有下列情形之一的，国务院反垄断执法机构经书面通知经营者，可以延长前款规定的审查期限，但最长不得超过六十日： （一）经营者同意延长审查期限的； （二）经营者提交的文件、资料不准确，需要进一步核实的； （三）经营者申报后有关情况发生重大变化的。 国务院反垄断执法机构逾期未作出决定的，经营者可以实施集中。	国务院反垄断执法机构作出决定前，经营者不得实施集中。经参与集中的经营者书面申请，国务院反垄断执法机构可以延长前款规定的审查期限，但最长不得超过二十个日历日。 国务院反垄断执法机构作出不实施进一步审查的决定或者逾期未作出决定的，经营者可以实施集中。 **第三十条** 国务院反垄断执法机构决定实施进一步审查的，应当自决定之日起九十个日历日内审查完毕，作出是否禁止经营者集中的决定，并书面通知经营者。作出禁止经营者集中的决定，应当说明理由。审查期间，经营者不得实施集中。 有下列情形之一的，国务院反垄断执法机构经书面通知经营者，可以延长前款规定的审查期限，但最长不得超过六十个日历日： （一）经营者同意延长审查期限的； （二）经营者提交的文件、资料不准确，需要进一步核实的； （三）经营者申报后有关情况发生重大变化的。 国务院反垄断执法机构逾期未作出决定的，经营者可以实施集中。
经营者集中审查标准和审查因素	**第二十七条** 审查经营者集中，应当考虑下列因素： （一）参与集中的经营者在相关市场的市场份额及其对市场的控制力；	**第三十一条** 审查经营者集中，应当考虑下列因素： （一）相关市场的结构、集中度以及实际或者潜在竞争；

续表

	（二）相关市场的市场集中度； （三）经营者集中对市场进入、技术进步的影响； （四）经营者集中对消费者和其他有关经营者的影响； （五）经营者集中对国民经济发展的影响； （六）国务院反垄断执法机构认为应当考虑的影响市场竞争的其他因素。 **第二十八条** 经营者集中具有或者可能具有排除、限制竞争效果的，国务院反垄断执法机构应当作出禁止经营者集中的决定。但是，经营者能够证明该集中对竞争产生的有利影响明显大于不利影响，或者符合社会公共利益的，国务院反垄断执法机构可以作出对经营者集中不予禁止的决定。	（二）参与集中的经营者在相关市场的竞争状况、融资和财务能力及其对市场和上下游供求关系的控制力； （三）市场进入的难易程度、发展状况及趋势； （四）经营者集中对消费者和其他有关经营者的影响； （五）经营者集中对技术进步和创新的影响； （六）经营者集中对国民经济发展的影响； （七）国务院反垄断执法机构认为应当考虑的影响市场竞争的其他因素。 **第三十二条** 经营者集中具有或者可能具有严重排除、限制竞争效果的，国务院反垄断执法机构应当作出禁止经营者集中的决定。但是，经营者能够证明该集中对竞争产生的有利影响明显大于不利影响，或者符合社会公共利益的，国务院反垄断执法机构可以作出对经营者集中不予禁止的决定。
附加限制性条件的决定	**第二十九条** 对不予禁止的经营者集中，国务院反垄断执法机构可以决定附加减少集中对竞争产生不利影响的限制性条件。	**第三十三条** 对不予禁止的经营者集中，国务院反垄断执法机构可以根据经营者提出的承诺，附加减少集中对竞争产生不利影响的限制性条件。
决定的公告	**第三十条** 国务院反垄断执法机构应当将禁止经营者集中的决定或者对经营者集中附加限制性条件的决定，及时向社会公布。	**第三十四条** 国务院反垄断执法机构应当将禁止经营者集中的决定或者对经营者集中附加限制性条件的决定，及时向社会公布。

续表

国家安全审查	**第三十一条** 对外资并购境内企业或者以其他方式参与经营者集中，涉及国家安全的，除依照本法规定进行经营者集中审查外，还应当按照国家有关规定进行国家安全审查。	**第三十五条** 对外资参与经营者集中，涉及国家安全的，除依照本法规定进行经营者集中审查外，还应当按照国家安全法律法规中的有关规定进行国家安全审查。
第五章 滥用行政权利排除、限制竞争		
名称	现行条文	修改建议
行政性限定交易	**第三十二条** 行政机关和法律、法规授权的具有管理公共事务职能的组织不得滥用行政权力，限定或者变相限定单位或者个人经营、购买、使用其指定的经营者提供的商品。	**第三十六条** 行政机关和法律、法规、规章授权的具有管理公共事务职能的组织不得滥用行政权力，限定或者变相限定单位或者个人经营、购买、使用其指定的经营者提供的商品。
妨碍商品的自由流通	**第三十三条** 行政机关和法律、法规授权的具有管理公共事务职能的组织不得滥用行政权力，实施下列行为，妨碍商品在地区之间的自由流通： （一）对外地商品设定歧视性收费项目、实行歧视性收费标准，或者规定歧视性价格； （二）对外地商品规定与本地同类商品不同的技术要求、检验标准，或者对外地商品采取重复检验、重复认证等歧视性技术措施，限制外地商品进入本地市场； （三）采取专门针对外地商品的行政许可，限制外地商品进入本地市场； （四）设置关卡或者采取其他手段，阻碍外地商品进入或者本地商品运出； （五）妨碍商品在地区之间自由流通的其他行为。	**第三十七条** 行政机关和法律、法规、规章授权的具有管理公共事务职能的组织不得滥用行政权力，实施下列妨碍商品自由流通的行为： （一）对外地商品设定歧视性收费项目、实行歧视性收费标准、实施歧视性补贴政策，或者规定歧视性价格； （二）对外地商品规定与本地同类商品不同的技术要求、检验标准，或者对外地商品采取重复检验、重复认证等歧视性技术措施，阻碍、限制外地商品进入本地市场； （三）采取专门针对外地商品的行政许可或者审批、备案方式，阻碍、限制外地商品进入本地市场； （四）设置关卡或者采取其他手段，阻碍、限制外地商品进入或者本地商品运出； （五）妨碍商品在地区之间自由流通的其他行为。

续表

排斥或者限制外地经营者参加招投标	**第三十四条** 行政机关和法律、法规授权的具有管理公共事务职能的组织不得滥用行政权力，以设定歧视性资质要求、评审标准或者不依法发布信息等方式，排斥或者限制外地经营者参加本地的招标投标活动。	**第三十八条** 行政机关和法律、法规、规章授权的具有管理公共事务职能的组织不得滥用行政权力，实施下列影响招标投标活动公平竞争的行为： （一）不依法发布或者不及时有效发布招标信息，排斥或者限制外地经营者参加本地的招标投标活动； （二）对外地经营者设定歧视性资质要求，排斥或者限制外地经营者参加本地的招标投标活动； （三）对外地经营者设定歧视性评审标准，排斥或者限制外地经营者参加本地的招标投标活动； （四）通过设定与招标项目的具体特点和实际需要不相适应或者与合同履行无关的资格、技术和商务条件等方式，变相限制外地经营者参加本地招标投标活动。
限制投资或设立分支机构	**第三十五条** 行政机关和法律、法规授权的具有管理公共事务职能的组织不得滥用行政权力，采取与本地经营者不平等待遇等方式，排斥或者限制外地经营者在本地投资或者设立分支机构。	**第三十九条** 行政机关和法律、法规、规章授权的具有管理公共事务职能的组织不得滥用行政权力，对外地经营者实行歧视性待遇或者采取不合理限制，拒绝、限制或者强制外地经营者在本地投资或者设立分支机构。
不合理给予经营者特惠		**第四十条** 行政机关和法律、法规、规章授权的具有管理公共事务职能的组织不得滥用行政权力，在财政税收、环保标准、排污权限、政府采购、融资便利、土地出让等方面给予特定经营者不合理的优惠待遇，排除、限制竞争。

续表

强制经营者从事垄断行为	**第三十六条** 行政机关和法律、法规授权的具有管理公共事务职能的组织不得滥用行政权力，强制经营者从事本法规定的垄断行为。	**第四十一条** 行政机关和法律、法规、规章授权的具有管理公共事务职能的组织不得利用行政权力，强制、组织经营者从事本法规定的垄断行为，或者要求经营者披露生产经营敏感信息，为特定经营者从事或组织垄断行为提供便利条件。
制定含有排除、限制竞争内容的规定	**第三十七条** 行政机关不得滥用行政权力，制定含有排除、限制竞争内容的规定。	**第四十二条** 行政机关和法律、法规、规章授权的具有管理公共事务职能的组织不得滥用行政权力，以规定、办法、决定、公告、通知、意见、会议纪要等形式，制定、发布含有排除、限制竞争内容的市场准入、产业发展、招商引资、招标投标、政府采购、经营行为规范、资质标准等涉及市场主体经济活动的规章、规范性文件和其他政策措施。
第六章 公平竞争审查		
名称	现行条文	修改建议
审查对象		**第四十三条** 行政机关和法律、法规、规章授权的具有管理公共事务职能的组织（以下统称审查义务主体）制定有关市场准入、产业发展、招商引资、招标投标、政府采购、经营行为规范、资质标准等涉及市场主体经济活动的规定时，应当在制定过程中进行公平竞争审查。 前款所称规定，包括规章、规范性文件，以及行政机关和法律、法规、规章授权的具有管理公共事务职能的组织负责起草的法律草案、行政法规草案和国务院其他规定送审稿、地方性法规草案。

续表

自我审查机制		**第四十四条** 审查义务主体在制定涉及市场主体经济活动的规定时，应当自行开展公平竞争审查。未经公平竞争审查的，不得出台。 对行政法规草案和国务院其他规定送审稿、地方性法规草案，由负责起草的行政机关和法律、法规、规章授权的具有管理公共事务职能的组织在起草过程中进行公平竞争审查。未经公平竞争审查的，不得提交审议。
书面审查		**第四十五条** 审查义务主体开展公平竞争审查应当形成明确的书面审查结论。书面审查结论由审查义务主体存档。未形成书面审查结论出台相关规定的，视为未进行公平竞争审查。 审查义务主体开展公平竞争审查，应当征求利害关系人意见或者向社会公开征求意见，并在书面审查结论中说明征求意见情况。对规定出台前需要保密的，由审查义务主体按照相关法律法规处理。 前款规定的利害关系人，是指参与相关市场竞争的经营者、上下游经营者、消费者以及制度措施可能影响其公平参与市场竞争的其他市场主体。
定期评估		**第四十六条** 对经公平竞争审查后出台的规定，审查义务主体应当对其影响全国统一市场和公平竞争的情况进行定期评估。经评估认为妨碍全国统一市场和公平竞争的，应当及时废止或者修改完善。 审查义务主体可以建立专门的定期评估机制，也可以在定期清理本地区、本部门规章和规范性文件时一并评估。

续表

第三方评估		**第四十七条** 审查义务主体在开展公平竞争审查工作的以下阶段和环节，可以引入第三方评估： （一）对拟出台的规定进行公平竞争审查； （二）对经公平竞争审查出台的规定进行定期评估； （三）对适用例外规定出台的规定进行逐年评估； （四）对公平竞争审查制度实施前已出台的规定进行清理； （五）对公平竞争审查制度实施情况进行综合评估； （六）与公平竞争审查工作相关的其他阶段和环节。 **第四十八条** 对拟出台的规定进行公平竞争审查时，存在以下情形之一的，鼓励引入第三方评估： （一）审查义务主体拟适用例外规定的； （二）社会舆论普遍关注、对社会公共利益影响重大的； （三）存在较大争议、部门意见难以协调一致的； （四）被多个单位或者个人反映或者举报涉嫌违反公平竞争审查标准的。
审查标准		**第四十九条** 经公平竞争审查认为相关规定存在影响市场准入和退出、限制商品和要素自由流动、增加经营者生产经营成本、影响经营者生产经营行为等违反公平竞争原则的内容，应当不予出台或者调整至符合公平竞争要求后出台。

续表

		没有法律、行政法规依据，行政机关和法律、法规、规章授权的具有管理公共事务职能的组织不得制定减损市场主体合法权益或者增加其义务的规定；不得违反本法，制定含有排除、限制竞争内容的规定。
例外规定		**第五十条** 审查义务主体对相关规定进行公平竞争审查时，认为虽然具有一定的限制竞争的效果，但属于下列情形之一的，不适用本法第四十九条的规定： （一）维护国家经济安全、文化安全或者国防建设的； （二）为实现扶贫开发、救灾救助等社会保障目的的； （三）为实现节约能源资源、保护生态环境等社会公共利益的； （四）法律、行政法规规定的其他情形。 属于前款第一项至第三项情形，不适用本法第四十九条规定的，审查义务主体还应当说明相关规定对实现政策目标不可或缺，且不会严重排除和限制市场竞争，并明确实施期限。 审查义务主体应当逐年评估相关规定的实施效果。实施期限到期或者未达到预期效果的制度措施，应当及时停止执行或者进行调整。
社会监督		**第五十一条** 审查义务主体涉嫌未进行公平竞争审查或者违反本法第四十九条的规定出台相关规定的，任何单位和个人有权向上级机关或者反垄断

续表

		执法机构举报。举报采用书面形式并提供相关事实和证据的，上级机关应当进行核实，反垄断法执法机构应当进行必要的调查。
第七章　对涉嫌垄断行为的调查		
名称	现行条文	修改建议
调查程序的启动	**第三十八条**　反垄断执法机构依法对涉嫌垄断行为进行调查。 对涉嫌垄断行为，任何单位和个人有权向反垄断执法机构举报。反垄断执法机构应当为举报人保密。 举报采用书面形式并提供相关事实和证据的，反垄断执法机构应当进行必要的调查。	**第五十二条**　反垄断执法机构依法对涉嫌垄断行为进行调查。 反垄断执法机构依据职权，或通过举报、其他机关移送等途径，发现涉嫌垄断行为。 对涉嫌垄断行为，任何单位和个人有权向反垄断执法机构举报。反垄断执法机构应当为举报人保密。举报采用书面形式并提供相关事实和证据的，反垄断执法机构应当进行初步的核查和评估。反垄断执法机构可以对举报本法所禁止的重大违法行为且符合相应奖励条件的单位或个人进行相应的奖励。 反垄断执法机构应结合案件具体情况，在合理期限内作出是否立案的决定，并书面通知举报人。
调查措施	**第三十九条**　反垄断执法机构调查涉嫌垄断行为，可以采取下列措施： （一）进入被调查的经营者的营业场所或者其他有关场所进行检查； （二）询问被调查的经营者、利害关系人或者其他有关单位或者个人，要求其说明有关情况； （三）查阅、复制被调查的经营者、利害关系人或者其他有关单位或者个	**第五十三条**　反垄断执法机构调查涉嫌垄断行为，可以采取下列措施： （一）进入被调查的经营者的营业场所、设施或其他有关场所进行检查； （二）询问被调查的经营者、利害关系人或者其他有关单位或者个人，要求其说明有关情况； （三）查阅、复制被调查的经营者、利害关系人或者其他有关单位或者

续表

	人的有关单证、协议、会计账簿、业务函电、电子数据等文件、资料； （四）查封、扣押相关证据； （五）查询经营者的银行账户。 采取前款规定的措施，应当向反垄断执法机构主要负责人书面报告，并经批准。	个人的有关单证、协议、会计账簿、业务函电、电子数据等文件、资料； （四）指定并聘请专家证人或技术人员协助调查； （五）查封、扣押相关证据； （六）查询与经营者相关联的账户。 采取前款规定的措施，应当向反垄断执法机构主要负责人书面报告，并经批准。
调查程序的基本要求	**第四十条** 反垄断执法机构调查涉嫌垄断行为，执法人员不得少于二人，并应当出示执法证件。 执法人员进行询问和调查，应当制作笔录，并由被询问人或者被调查人签字。	**第五十四条** 反垄断执法机构调查涉嫌垄断行为，应当遵守下列规定： （一）调查前须向反垄断执法机构负责人报告并经书面批准； （二）行政执法人员不得少于二人，出示执法身份证件； （三）当场告知当事人采取调查措施的理由、依据以及当事人依法享有的权利、救济途径； （四）制作现场笔录，现场笔录由当事人和反垄断执法人员签名或者盖章，当事人拒绝的，在笔录中予以注明； （五）当事人不到场的，邀请见证人到场，由见证人和执法人员在现场笔录上签名或者盖章。
执法机构和人员的保密义务	**第四十一条** 反垄断执法机构及其工作人员对执法过程中知悉的商业秘密负有保密义务。	**第五十五条** 反垄断执法机构及其工作人员，以及依法参与执法活动的第三人，对执法过程中知悉的商业秘密负有保密义务。 前款规定人员，对依法取得的资料或者了解的信息应仅供调查等执法活动使用，不得用于其他目的。

续表

被调查人的配合义务	**第四十二条** 被调查的经营者、利害关系人或者其他有关单位或者个人应当配合反垄断执法机构依法履行职责，不得拒绝、阻碍反垄断执法机构的调查。	不作修改，调整为第五十六条
陈述、申辩和听证	**第四十三条** 被调查的经营者、利害关系人有权陈述意见。反垄断执法机构应当对被调查的经营者、利害关系人提出的事实、理由和证据进行核实。	**第五十七条** 被调查的经营者、利害关系人有权进行陈述和申辩。 反垄断执法机构应当对被调查的经营者、利害关系人在陈述、申辩中提出的事实、理由和证据进行核实。被调查的经营者、利害关系人提出的事实、理由成立的，反垄断执法机构应当采纳。反垄断执法机构不得因被调查的经营者、利害关系人的陈述、申辩加重处罚。
对垄断行为的处理决定	**第四十四条** 反垄断执法机构对涉嫌垄断行为调查核实后，认为构成垄断行为的，应当依法作出处理决定，并可以向社会公布。	**第五十八条** 反垄断执法机构对涉嫌垄断行为调查核实后，认为构成垄断行为的，应当依法作出处理决定，并及时向社会公布。 反垄断执法机构作出较大数额罚款等行政处罚决定前，应当告知当事人有要求举行听证的权利；当事人要求听证的，反垄断执法机构应当组织听证。
中止/终止调查程序	**第四十五条** 对反垄断执法机构调查的涉嫌垄断行为，被调查的经营者承诺在反垄断执法机构认可的期限内采取具体措施消除该行为后果的，反垄断执法机构可以决定中止调查。中止调查的决定应当载明被调查的经营者承诺的具体内容。	**第五十九条** 对反垄断执法机构调查的涉嫌垄断行为，被调查的经营者在反垄断执法机构作出行政处罚事先告知前，可以作出采取具体措施消除该行为后果的承诺，并提出中止调查的申请。中止调查的申请应以书面形式提出，并由被调查经营者的主要负责人签字并盖章。

续表

	反垄断执法机构决定中止调查的，应当对经营者履行承诺的情况进行监督。经营者履行承诺的，反垄断执法机构可以决定终止调查。 有下列情形之一的，反垄断执法机构应当恢复调查： （一）经营者未履行承诺的； （二）作出中止调查决定所依据的事实发生重大变化的； （三）中止调查的决定是基于经营者提供的不完整或者不真实的信息作出的。	反垄断执法机构根据被调查经营者的承诺，在考虑行为的性质、持续时间、后果、社会影响、经营者承诺的措施及其预期效果等具体情况后，对是否同意中止调查作出决定。中止调查的决定应当以书面形式载明涉嫌垄断行为的事实、经营者承诺的具体措施、履行承诺的期限与方式、不履行或不完全履行承诺的法律后果等内容。 反垄断执法机构对被调查的经营者承诺的接受，不适用于具有严重排除或限制竞争的垄断协议或滥用市场支配地位行为。 **第六十条** 反垄断执法机构决定中止调查的，应当对经营者履行承诺的情况进行监督，并可要求经营者委托第三方监督受托人进行监督。经营者应当在规定的时限内向反垄断执法机构书面报告承诺履行情况。 经营者已履行承诺或作出中止调查决定所依据的事实发生重大变化，且经营者的行为后果已有效消除的，反垄断执法机构可以决定终止调查，并制作终止调查决定书。终止调查决定书应当载明被调查经营者涉嫌垄断行为的事实、承诺的具体内容、履行承诺的情况、监督情况等内容。 有下列情形之一的，反垄断执法机构应当恢复调查： （一）经营者未履行承诺的； （二）作出中止调查决定所依据的事实发生重大变化，且经营者的行为后果未有效消除的；

续表

		（三）中止调查的决定是基于经营者提供的不完整或者不真实的信息作出的； （四）发生其他应当恢复调查的情形的。 反垄断执法机构依据本条作出中止调查、恢复调查及终止调查决定前，应将决定内容向社会进行公示，并充分听取利害关系人及其他社会公众提出的意见。
对滥用行政权力排除、限制竞争行为的调查		**第六十一条** 反垄断执法机构发现涉嫌滥用行政权力排除、限制竞争行为后，应当进行立案调查，并及时将有关调查情况向社会公布。 反垄断执法机构可以要求涉嫌滥用行政权力排除、限制竞争的行政机关和法律、法规、规章授权的具有管理公共事务职能的组织就被调查事项提供证据，并提交书面说明。 反垄断执法机构可以要求被调查的行政机关和法律、法规、规章授权的具有管理公共事务职能的组织的直接负责的主管人员、其他直接责任人员以及相关经营者就被调查事项说明情况。 被调查的行政机关和法律、法规、规章授权的具有管理公共事务职能的组织应当配合反垄断执法机构依法履行职责，反垄断执法机构可以建议有关上级机关对不予配合的行政机关和法律、法规、规章授权的具有管理公共事务职能的组织依法予以处理。

续表

授权执法的监督与报告程序		**第六十二条**　国务院反垄断执法机构根据工作需要，授权省、自治区、直辖市人民政府相应的机构，依照本法规定负责有关反垄断调查工作，国务院反垄断执法机构应当对被授权机构的调查工作进行监督，被授权机构不得再向下一级人民政府相应的机构进行授权。
第八章　法律责任		
名称	现行条文	修改建议
垄断协议的法律责任	**第四十六条**　经营者违反本法规定，达成并实施垄断协议的，由反垄断执法机构责令停止违法行为，没收违法所得，并处上一年度销售额百分之一以上百分之十以下的罚款；尚未实施所达成的垄断协议的，可以处五十万元以下的罚款。 经营者主动向反垄断执法机构报告达成垄断协议的有关情况并提供重要证据的，反垄断执法机构可以酌情减轻或者免除对该经营者的处罚。 行业协会违反本法规定，组织本行业的经营者达成垄断协议的，反垄断执法机构可以处五十万元以下的罚款；情节严重的，社会团体登记管理机关可以依法撤销登记。	**第六十三条**　经营者违反本法规定，达成并实施垄断协议的，由反垄断执法机构责令停止违法行为，并处罚款。罚款数额为上一年度总销售额百分之十以下乘以违法行为实施期间；期间小于六个月的，以半年计；期间大于六个月但小于一年的，以一年计。对于上一年度总销售额极低或没有销售额的经营者，可以处五千万元以下的罚款；尚未实施所达成的垄断协议的，可以处五百万元以下的罚款。 对达成垄断协议不能排除其责任的经营者的董事、监事、高级管理人员或主要负责人及直接负责人，可以处五百万元以下的罚款。 经营者有本法第十三条第一项、第三项、第四项、第六项所列行为之一的，情节严重的，对其判处一千万元以下的罚金，并对直接负责的主管人员和其他直接责任人员，处三年以下有期徒刑或者拘役。

续表

		第六十四条 具有竞争关系的经营者达成垄断协议，参与的经营者主动向反垄断执法机构报告达成垄断协议的有关情况并提供重要证据的，反垄断执法机构可以酌情减轻或者免除处罚。 第一个主动报告达成垄断协议的有关情况并提供重要证据的，可以免除处罚或者按照不低于百分之八十的幅度减轻罚款；第二个主动报告达成垄断协议的有关情况并提供重要证据的，可以按照百分之三十至百分之六十的幅度减轻罚款；其他主动报告达成垄断协议的有关情况并提供重要证据的，可以按照不高于百分之四十的幅度减轻罚款。 前款适用对象的资格条件、重要证据的认定、减免处罚的具体规定以及其他程序性规范由国务院另行规定。 **第六十五条** 行业协会违反本法规定，组织本行业的经营者达成垄断协议的，反垄断执法机构可以处五百万元以下的罚款；情节严重的，社会团体登记管理机关可以依法撤销登记；对能够证明自身在垄断协议达成时明确表达异议或完全不知道垄断协议的存在，且没有实施该垄断协议的行业协会会员，可以减轻或者免除处罚。

续表

滥用市场支配地位行为、相对优势地位行为的法律责任	**第四十七条** 经营者违反本法规定，滥用市场支配地位的，由反垄断执法机构责令停止违法行为，没收违法所得，并处上一年度销售额百分之一以上百分之十以下的罚款。	**第六十六条** 经营者违反本法规定，滥用市场支配地位、相对优势地位的，由反垄断执法机构责令停止违法行为，并处罚款。罚款数额为上一年度总销售额百分之十以下乘以违法行为实施期间；期间少于六个月的，以半年计；期间多于六个月但少于一年的，以一年计。违法行为实施超过三年的，按三年计算，从违法行为结束之日起向前追溯三年。对于上一年度销售额极低或没有销售额的经营者，可以处五千万元以下的罚款。
违反经营者集中规定的法律责任	**第四十八条** 经营者违反本法规定实施集中的，由国务院反垄断执法机构责令停止实施集中、限期处分股份或者资产、限期转让营业以及采取其他必要措施恢复到集中前的状态，可以处五十万元以下的罚款。	**第六十七条** 经营者违反本法规定违反附加限制性条件的或者实施集中的，由国务院反垄断执法机构责令继续履行附加的限制性条件、停止实施集中、限期处分股份或者资产、限期转让营业以及采取其他必要措施恢复到集中前的状态，可以处上一年度营业收入百分之十以下的罚款。 经营者或者其实际控制人、控股股东、董事、监事、高级管理人员或者合伙人等，违反本法规定不履行经营者集中申报义务，或者不遵守审查期限内提供特定文件、材料的要求，或者违反附加的限制性条件的，国务院反垄断执法机构可以对其处每日五万元以上十万元以下的罚款。

续表

罚款数额的考虑因素、日罚款	**第四十九条** 对本法第四十六条、第四十七条、第四十八条规定的罚款，反垄断执法机构确定具体罚款数额时，应当考虑违法行为的性质、程度和持续的时间等因素。	**第六十八条** 对本法第六十三条、第六十五条、第六十六条、第六十七条规定的罚款，反垄断执法机构确定具体罚款数额时，应当考虑违法行为的性质、程度和持续的时间等因素。 经营者违反本法规定，受到行政处罚，拒不执行的，反垄断执法机构可以自改正期限届满的次日起，对其每日加处不超过上一年度平均日销售额的百分之五的罚款。
垄断行为的民事责任	**第五十条** 经营者实施垄断行为，给他人造成损失的，依法承担民事责任。	**第六十九条** 经营者实施垄断行为，给他人造成损失的，依法承担民事责任。 因本法所禁止的垄断行为而受到损失的自然人，法人和非法人组织，可以向人民法院提起诉讼，并有权要求损害额三倍的赔偿。对侵害消费者合法权益的垄断行为，中国消费者协会以及在省、自治区、直辖市设立的消费者协会，可以向人民法院提起诉讼。
滥用行政权力排除、限制竞争行为的法律责任	**第五十一条** 行政机关和法律、法规授权的具有管理公共事务职能的组织滥用行政权力，实施排除、限制竞争行为的，由上级机关责令改正；对直接负责的主管人员和其他直接责任人员依法给予处分。反垄断执法机构可以向有关上级机关提出依法处理的建议。	**第七十条** 行政机关和法律、法规、规章授权的具有管理公共事务职能的组织滥用行政权力，实施排除、限制竞争行为的，由上级机关责令改正。对直接负责的主管人员和其他直接责任人员依法给予处分。经营者违反本法规定，参与行政性垄断行为的，由反垄断执法机构责令停止违法行为，没收违法所得，并处上一年度销售额百分之一以上百分

续表

	法律、行政法规对行政机关和法律、法规授权的具有管理公共事务职能的组织滥用行政权力实施排除、限制竞争行为的处理另有规定的，依照其规定。	之十以下的罚款；具有拒绝或消极执行等抵制行政性垄断行为情节的，反垄断执法机构可以酌情从轻或者减轻对该经营者的处罚。 反垄断执法机构可以向有关上级机关提出依法处理的建议。有关上级机关在收到处理建议后，应于二十日内向反垄断执法机构提交书面的处理意见。接受处理建议的，应立即停止违法行为并于三十日内向反垄断执法机构提交书面的处理决定；不接受处理建议或者对处理建议有异议的，应说明理由。上级机关无正当理由拒不采纳处理建议的，由其主管部门或上级机关责令改正，并对单位给予通报批评。 行政机关和法律、法规、规章授权的具有管理公共事务职能的组织滥用行政权力，实施排除、限制竞争行为，致使国家利益或者社会公共利益受到侵害的，反垄断执法机构可以向检察机关移送相关证据和线索，由检察机关依法实行法律监督。 行政机关和法律、法规、规章授权的具有管理公共事务职能的组织及其工作人员涉嫌职务违法犯罪的，应依法接受监察机关的监督，并积极配合调查。对监察机关作出的处理决定应及时执行。无正当理由，拒不采纳、执行监察建议的行政机关和法律、法规、规章授权的具有管理公共事务职能的组织及其工作人员，依照《中华人民共和国监察

续表

		法》、《中华人民共和国公务员法》等法律法规承担法律责任。构成犯罪的，依法追究刑事责任。 法律、行政法规对行政机关和法律、法规、规章授权的具有管理公共事务职能的组织利用行政权力不合理地实施排除、限制竞争行为的处理另有规定的，依照其规定。
不配合调查的法律责任	**第五十二条** 对反垄断执法机构依法实施的审查和调查，拒绝提供有关材料、信息，或者提供虚假材料、信息，或者隐匿、销毁、转移证据，或者有其他拒绝、阻碍调查行为的，由反垄断执法机构责令改正，对个人可以处二万元以下的罚款，对单位可以处二十万元以下的罚款；情节严重的，对个人处二万元以上十万元以下的罚款，对单位处二十万元以上一百万元以下的罚款；构成犯罪的，依法追究刑事责任。	**第七十一条** 对反垄断执法机构依法实施的审查和调查，拒绝提供有关材料、信息，或者提供虚假材料、信息，或者隐匿、销毁、转移证据，或者有其他拒绝、阻碍调查行为的，由反垄断执法机构责令改正，对个人可以处十万元以下的罚款，对单位可以处一百万元以下的罚款；情节严重的，对个人处十万元以上五十万元以下的罚款，对单位处一百万元以上五百万元以下的罚款；构成犯罪的，依法追究刑事责任。
不服反垄断执法决定的救济	**第五十三条** 对反垄断执法机构依据本法第二十八条、第二十九条作出的决定不服的，可以先依法申请行政复议；对行政复议决定不服的，可以依法提起行政诉讼。 对反垄断执法机构作出的前款规定以外的决定不服的，可以依法申请行政复议或者提起行政诉讼。	**第七十二条** 对反垄断执法机构依据本法第三十二、第三十三条作出的决定不服的，可以先依法申请行政复议；对行政复议决定不服的，可以依法提起行政诉讼。 对反垄断执法机构作出的前款规定以外的决定不服的，可以依法申请行政复议或者提起行政诉讼。

续表

执法人员责任	**第五十四条** 反垄断执法机构工作人员滥用职权、玩忽职守、徇私舞弊或者泄露执法过程中知悉的商业秘密，构成犯罪的，依法追究刑事责任；尚不构成犯罪的，依法给予处分。	内容不作修改，调整为第七十三条。
第九章 附则		
名称	现行条文	修改建议
滥用知识产权排除、限制竞争	**第五十五条** 经营者依照有关知识产权的法律、行政法规规定行使知识产权的行为，不适用本法；但是，经营者滥用知识产权，排除、限制竞争的行为，适用本法。	**第七十四条** 经营者可以利用知识产权参与公平竞争，但产生或可能产生排除、限制竞争效果的，适用本法。
农业领域行为	**第五十六条** 农业生产者及农村经济组织在农产品生产、加工、销售、运输、储存等经营活动中实施的联合或者协同行为，不适用本法。	内容不作修改，调整为第七十五条。
实施日期	**第五十七条** 本法自2008年8月1日起施行。	根据实际日期修改，调整为第七十六条。